2015 减贫与发展高层论坛

文　集

世界知识出版社

编辑委员会

目　录

第二部分 2015 减贫与发展高层论坛国际发展议程
与精准扶贫高级别会议

第三部分　2015减贫与发展高层论坛
社会扶贫论坛

第四部分　2015减贫与发展高层论坛
电商扶贫论坛

第五部分　2015减贫与发展高层论坛
扶贫开发金融服务论坛

第六部分 2015减贫与发展高层论坛产业扶贫论坛
——资产收益扶贫

第七部分 2015减贫与发展高层论坛
青年扶贫论坛

第八部分　2015减贫与发展高层论坛
乡村发展论坛——资产收益扶贫

第九部分　2015减贫与发展高层论坛
残疾人精准扶贫论坛

第一部分

2015 减贫与发展高层论坛
论坛大会

2015减贫与发展高层论坛开幕辞

中国国务院副总理、扶贫开发领导小组组长
汪　洋

尊敬的各国元首和政府首脑，

尊敬的各位使节，

各位嘉宾，女士们，先生们，朋友们：

上午好！欢迎大家在金秋的北京，出席2015减贫与发展高层论坛！刚刚结束不久的联合国发展峰会，通过了以消除贫困为首要目标的2015年后发展议程，得到了广大发展中国家和国际社会的积极反应。

明天，是中国的第二个扶贫日，也是第23个国际消除贫困日。中国政府决定在今天举办减贫与发展高层论坛，就是期许通过高层论坛呼应联合国发展峰会2015年后发展议程，推进中国和全球的减贫事业。习近平主席出席了今天的论坛，并将发表主旨演讲。

首先，请允许我介绍出席论坛大会的外国领导人和嘉宾：

乍得总统代比先生，克罗地亚总统基塔罗维奇女士，柬埔寨首相洪森先生，老挝国会主席巴妮女士，玻利维亚副总统加西亚先生，联合国秘书长潘基文特别代表、联合国开发计划署署长克拉克女士，世界卫生组织总干事陈冯富珍女士，金砖国家新开发银行行长卡马特先生，亚洲基础设施投资银行候任行长金立群先生。

下面，请中华人民共和国国家主席习近平先生发表主旨演讲！

3

携手消除贫困，促进共同发展

——在2015减贫与发展高层论坛的主旨演讲

中华人民共和国国家主席 习近平

尊敬的代比总统，

尊敬的基塔罗维奇总统，

尊敬的洪森首相，

尊敬的巴妮主席，

尊敬的加西亚副总统，

尊敬的克拉克署长，

尊敬的陈冯富珍总干事，

尊敬的卡马特行长，

尊敬的金立群候任行长，

尊敬的各位使节、各位贵宾，

女士们、先生们、朋友们：

消除贫困，自古以来就是人类梦寐以求的理想，是各国人民追求幸福生活的基本权利。第二次世界大战结束以来，消除贫困始终是广大发展中国家面临的重要任务。

在2000年召开的联合国千年首脑会议上，各国领导人通过了以减贫为首要目标的千年发展目标。那时以来，各国为实现千年发展目标采取行动，进行不懈努力。到今年，全球在消除贫困、普及教育、防治疟疾和肺结核等传染病、提供清洁饮用水、改善贫民窟居住条件等方面取得积极进展，特别是千年发展目标中的减贫目标基本完成，全球减贫事业取得重大积极进展。

在上个月召开的联合国发展峰会上，各国通过了以减贫为首要目标的2015年后发展议程，再次向世界展示了国际社会携手消除贫困的决心和信心。

由于种种原因，贫富悬殊和南北差距扩大问题依然严重存在，贫困及其衍生出来的饥饿、疾病、社会冲突等一系列难题依然困扰着许多发展中国家。"足寒伤心，民寒伤国。"我们既为11亿人脱贫而深受鼓舞，也为8亿多人仍然在挨饿而深为担忧。实现全球减贫目标依然任重道远。

今天，我们相聚在北京，就是要向世界表明，我们将加强减贫发展领域交流合作，互学互鉴，共享经验，积极呼应和推动2015年后发展议程的落实。

女士们，先生们，朋友们！

中国是世界上最大的发展中国家，一直是世界减贫事业的积极倡导者和有力推动者。改革开放30多年来，中国人民积极探索、顽强奋斗，走出了一条中国特色减贫道路。我们坚持改革开放，保持经济快速增长，不断出台有利于贫困地区和贫困人口发展的政策，为大规模减贫奠定了基础、提供了条件。

我们坚持政府主导，把扶贫开发纳入国家总体发展战略，开展大规模专项扶贫行动，针对特定人群组织实施妇女儿童、残疾人、少数民族发展规划。

我们坚持开发式扶贫方针，把发展作为解决贫困的根本途径，既扶贫又扶志，调动扶贫对象的积极性，提高其发展能力，发挥其主体作用。我们坚持动员全社会参与，发挥中国制度优势，构建了政府、社会、市场协同推进的大扶贫格局，形成了跨地区、跨部门、跨单位、全社会共同参与的多元主体的社会扶贫体系。

我们坚持普惠政策和特惠政策相结合，先后实施《国家八七扶贫攻坚计划（1994-2000年）》《中国农村扶贫开发纲要（2001-2010年）》《中国农村扶贫开发纲要（2011-2020年）》，在加大对农村、农业、农民普惠政策支持的基础上，对贫困人口实施特惠政策，做到应扶尽扶、应保尽保。

经过中国政府、社会各界、贫困地区广大干部群众共同努力以及国际社会积极帮助，中国6亿多人口摆脱贫困。2015年，联合国千年发展目标在中国基本实现。中国是全球最早实现千年发展目标中减贫目标的发展中国家，为全球减贫事业作出了重大贡献。

回顾中国几十年来减贫事业的历程，我有着深刻的切身体会。上个世纪60年代末，我还不到16岁，就从北京来到了陕北一个小村庄当农民，一干就是7年。那时，中国农村的贫困状况给我留下了刻骨铭心的记忆。我当时和村民们辛苦劳作，目的就是要让生活能够好一些，但这在当年几乎比登天还难。

40多年来，我先后在中国县、市、省、中央工作，扶贫始终是我工作的一个重要内容，我花的精力最多。我到过中国绝大部分最贫困的地区，包括陕西、甘肃、宁夏、贵州、云南、广西、西藏、新疆等地。这两年，我又去了十几个贫困地区，到乡亲们家中，同他们聊天。他们的生活存在困难，我感到揪心。他们生活每好一点，我都感到高兴。

25年前，我在中国福建省宁德地区工作，我记住了中国古人的一句话："善为国者，遇民如父母之爱子，兄之爱弟，闻其饥寒为之哀，见其劳苦为之悲。"至今，这句话依然在我心中。

女士们，先生们，朋友们！

当前，中国人民正在为实现全面建成小康社会目标、实现中华民族伟大复兴的中国梦而努力。全面建成小康社会，实现中国梦，就是要实现人民幸福。尽管中国取得了举世瞩目的发展成就，但中国仍然是世界上最大的发展中国家，缩小城乡和区域发展差距依然是我们面临的重大挑战。

全面小康是全体中国人民的小康，不能出现有人掉队。未来5年，我们将使中国现有标准下7000多万贫困人口全部脱贫。这是中国落实2015年后发展议程的重要一步。

为了打赢这场攻坚战，我们将把扶贫开发作为经济社会发展规划的主要内容，大幅增加扶贫投入，出台更多惠及贫困地区、贫困人口的政策措施，提高市场机制的益贫性，推进经济社会包容性发展，实施一系列更有针对性的重大发展举措。

现在，中国在扶贫攻坚工作中采取的重要举措，就是实施精准扶贫方略，找到"贫根"，对症下药，靶向治疗。我们坚持中国制度的优势，构建省市县乡村五级一起抓扶贫，层层落实责任制的治理格局。

我们注重抓六个精准，即扶持对象精准、项目安排精准、资金使用精准、措施到户精准、因村派人精准、脱贫成效精准，确保各项政策好处落到扶贫对象身上。

我们坚持分类施策，因人因地施策，因贫困原因施策，因贫困类型施策，通过扶持生产和就业发展一批，通过易地搬迁安置一批，通过生态保护脱贫一批，通过教育扶贫脱贫一批，通过低保政策兜底一批。我们广泛动员全社会力量，支持和鼓励全社会采取灵活多样的形式参与扶贫。

授人以鱼，不如授人以渔。扶贫必扶智，让贫困地区的孩子们接受良好教育，是扶贫开发的重要任务，也是阻断贫困代际传递的重要途径。我们正在采取一系列措施，让贫困地区每一个孩子都能接受良好教育，让他们同其他孩子站在同一条起跑线上，向着美好生活奋力奔跑。

女士们，先生们，朋友们！

消除贫困是人类的共同使命。中国在致力于自身消除贫困的同时，始终积极开展南南合作，力所能及向其他发展中国家提供不附加任何政治条件的援助，支持和帮助广大发展中国家特别是最不发达国家消除贫困。

60多年来，中国共向166个国家和国际组织提供了近4000亿元人民币援助，派遣60多万援助人员，其中700多名中国好儿女为他国发展献出了宝贵生命。中国先后7次宣布无条件免除重债穷国和最不发达国家对华到期政府无息贷款债务。中国积极向亚洲、非洲、拉丁美洲和加勒比地区、大洋洲的69个国家提供医疗援助，先后为120多个发展中国家落实千年发展目标提供帮助。

消除贫困依然是当今世界面临的最大全球性挑战。未来15年，对中国和其他发展中国家都是发展的关键时期。我们要凝聚共识、同舟共济、攻坚克难，致力于合作共赢，推动建设人类命运共同体，为各国人民带来更多福祉。为此，我愿提出如下倡议。

第一，着力加快全球减贫进程。在未来15年内彻底消除极端贫困，将每天收入不足1.25美元的人数降至零，是2015年后发展议程的首要目标。如期实现这一目标，发达国家要加大对发展中国家的发展援助，发展中国家要增强内生发展动力。

在前不久召开的联合国系列峰会上，我代表中国政府提出了帮助发展中国家发展经济、改善民生的一系列新举措，包括中国将设立"南南合作援助基金"，首期提供20亿美元，支持发展中国家落实2015年后发展议程；继续增加对最不发达国家投资，力争2030年达到120亿美元；免除对有关最不发达国家、内陆发展中国家、小岛屿发展中国家截至2015年底到期未还的政府间无息贷款债务；未来5年向发展中国家提供"6个100"的项目支持，包括100个减贫项目、100个农业合作项目、100个促贸援助项目、100个生态保护和应对气候变化项目、100所医院和诊所、100所学校和职业培训中心；向发展中国家提供12万个来华培训和15万个奖学金名额，为发展中国家培养50万名职业技术人员，设立南南合作与发展学院，等等。

"仁义忠信，乐善不倦"。中国人民历来重友谊、负责任、讲信义，中华文化历来具有扶贫济困、乐善好施、助人为乐的优良传统。在此，我愿重申中国对全球减贫事业的坚定承诺。

第二，着力加强减贫发展合作。推动建立以合作共赢为核心的新型国际减贫交流合作关系，是消除贫困的重要保障。

中国倡导和践行多边主义，积极参与多边事务，支持联合国、世界银行等继续在国际减贫事业中发挥重要作用；将同各方一道优化全球发展伙伴关系，推进南北合作，加强南南合作，为全球减贫事业提供充足资源和强劲动力；将落实好《中国与非洲联盟加强减贫合作纲要》、《东亚减贫合作倡议》，更加注重让发展成果惠及当地民众。

中国将发挥好中国国际扶贫中心等国际减贫交流平台作用，提出中国方案，贡献中国智慧，更加有效地促进广大发展中国家交流分享减贫经验。

第三，着力实现多元自主可持续发展。中国坚定不移支持发展中国家消除贫困，推动更大范围、更高水平、更深层次的区域合作，对接发展战略，推进工业、农业、人力资源开发、绿色能源、环保等各领域务实合作，帮助各发展中国家把资源优势转化为发展优势。

前不久，我在联合国主持召开了南南合作圆桌会，同20多位国家领导人和国际组织负责人一道，交流南南合作经验，达成广泛深入的共识。中方愿同广大发展中国家不断深化减贫等各领域的南南合作，携手增进各国人民福祉。

第四，着力改善国际发展环境。维护和发展开放型世界经济，推动建设公平公正、包容有序的国际经济金融体系，为发展中国家发展营造良好外部环境，是消除贫困的重要条件。

中国提出共建丝绸之路经济带和21世纪海上丝绸之路，倡议筹建亚洲基础设施投资银行，设立丝路基金，就是要支持发展中国家开展基础设施互联互通建设，帮助他们增强自身发展能力，更好融入全球供应链、产业链、价值链，为国际减贫事业注入新活力。

最后，我呼吁，让我们携起手来，为共建一个没有贫困、共同发展的人类命运共同体而不懈奋斗！祝这次论坛圆满成功！

谢谢大家。

2015减贫与发展高层论坛致辞

乍得总统　代　比

尊敬的习近平主席，

各位国家元首、政府首脑，

各位来宾，

女士们、先生们：

在21世纪有一个领域实现了突飞猛进的发展，那就是中非合作。中非合作在今天堪称典范，因此，我想要借此机会向中非人民致以我崇高的敬意。

中非人民相互信任、携手努力，共同开创未来。我也想要借此机会，代表乍得人民，向中国人民表达我的谢意，两国人民发展了很好的相互关系。我也想要向我的朋友，习近平主席致以谢意，感谢您邀请我参加本届减贫与发展高层论坛。

我们常说，贫穷是世界上，特别是非洲所有问题的根源，贫穷滋生恐怖主义，恐怖势力不断做大，影响到我们的国家。

各位国家元首、政府首脑：

今天，我们无法接受在世界上还有相当一部分人民，他们无法拥有足够的资源，无法享受最基本的服务和产品，过上体面的生活。

确实，很多国家都通过落实减贫战略切实地减少了贫穷，也正如世界银行所预测的，在2015年世界上极端贫困人口第一次降到了10%以下。但是，减贫战略并没有达到预期效果，因为我们缺乏足够的、适当的配套措施。

女士们、先生们、各位来宾！

撒哈拉以南的非洲是世界上最为贫穷的地区，也是世界上最令人担忧的地区，因为贫穷使我们所有的努力都变得无济于事。但是，我们并没有就此认命，我们应当尽快行动起来，扭转这一趋势。

也是本着这样的精神，我们举办了今天的论坛。习近平主席也在最近的联合国大会上宣布了将为发展中国家提供"6个100"的项目支持。这些都为我们提供了宝贵的机遇。我想要借此机会，向习主席表示感谢。您的这一举措也再次证明了中国这个美丽、伟大的国家的善意。中国也向世界表明我们可以改变自身的地位，可以让一个贫穷的国家变得富裕，感谢亲爱的中国朋友带给我们的这一启示！

主席先生，各位国家元首、政府首脑，各位来宾，朋友们：

中国是成功的典范，是我们的榜样。中国的改革改变了国家的面貌，也使中国成为世界认可的超级强国。中国通过自身的战略，在短短几年间实现了3亿多人脱贫。

主席先生，各位来宾，我的国家乍得当前面临着艰难的局面。极端贫困问题还没有解决，但是另一个威胁——恐怖主义已经为我们的国家带来了严峻的挑战。

我们用于减贫的所有资源不得不重新进行部署，来打击一直活跃在乍得湖盆地的"博科圣地"。我们也积极参与在马里北部的反恐行动，这项行动也为我们的财政支出带来了沉重的负担。

石油价格不断走低更是让我们的财政雪上加霜。地区安全问题也影响到了我们同邻国的贸易，特别是同喀麦隆、利比亚和尼日利亚的贸易，因为我们的进出口有赖于邻国的出海口。对贸易的影响也直接导致物价上涨，以及经济失调。

地区反恐机制让我们有机会能够战胜博科圣地这个恐怖组织，但是这一机制很难完成其使命，因此，我郑重地希望中国能够给予我们支持，这关乎到整个非洲的利益。

同时，乍得湖作为3000多万人民的生命之源，正面临着干涸的风险，同时它也面临着气候变化所带来的影响。在上世纪50年代，乍得湖的面积还有2.5万平方公里，但是今天其面积已经不足5000平方公里，更令人担忧的是乍得湖中的渔业资源在不断地减少，严重地影响到了沿岸国家人民的生活，包括喀麦隆、尼日尔、尼日利亚和乍得。

与此同时，沙漠在加速推进，这使得曾经可耕种、人们赖以生存的土地变得非常贫瘠。我们由衷地希望能够实现农业机械化和现代化，但是我们很难达成这一目标，因为我们缺乏必要的措施和技术。

乍得其实有丰富的水资源，但是令人遗憾也非常矛盾的是，我们的农业仍然有赖于雨水。沙漠的不断蔓延不仅仅影响到了农民和牧民，它更使得非洲的年轻人出走他乡。每年有数千人丧生沙漠和海洋。这些人想要逃离非洲的苦难，希望能够在西方国家过上更好的生活，但是西方国家对他们关上了大门，沙漠和海洋最终成为他们的坟墓。

我们都觉得非洲慷慨地向世界打开了大门，但不幸的是，世界并没有对非洲以礼相待。主席先生，乍得虽然面临着上述困难，但是在过去几年当中，得益于我们的决心和正确的选择，我们减少了贫穷，实现了经济高速增长。

我给大家举一些数字，2003年到2011年，贫困发生率由55%下降到了46.7%，我们制定了2013-2015国家发展规划，根据规划我们积极扶贫，在规划落实的头两年，我们取得了显著的扶贫成果。

购买力或者说是人均收入，由2013年的1604美元增加到了2014年的1622美元。农业占GDP比重在2014年达到了30%，超过了2015年25%的目标。粮食产量在2013年的基础上增加了5%，和过去5年的平均水平相比增加了12%。面临粮食安全问题的人口比重由2013年的22%降到2014年的20%。全国全年通车路段由2000年的20%增加到了2014年的87%。能够获得饮用水的人口比例由2011年的37%增加到了2014年的52.5%。

在社会领域，我们重点关注教育和卫生，在这两个领域近5年相关指标也明显改善。为了实现真正的包容性增长，我们最近制定了2016-2020

年社会保障战略，这一战略的目标就是要织起安全网，不落下任何一个人。

我们希望能够推动经济增长，重点关注有附加值的生产领域。同时，我们希望依靠道路和能源、基础设施以及信息、通信技术调整国家的经济结构。年轻人将为我们带来人口红利，他们将推动实现真正的以人为本的发展，让人民掌握自己的命运，我们将切实落实这些举措，实现到2030年建成新兴区域强国的战略目标。

目前，我们正在研究实现这一目标的路径和手段。为此，我们将制定三个五年发展目标。第一个目标将覆盖2016-2020年。

主席先生，各位来宾：

我们常说，在世界上还存在很多不公正的现象，任何国家都没有办法独自解决这些问题。也正因此，我们希望中国能够继续在国际治理当中发挥其领导作用。同样的，我们支持中国推动联合国改革，特别是增加小国在安理会当中的代表性。这也符合非洲埃祖尔韦尼共识的一贯立场。

主席先生，我们相信互利共赢的伙伴关系，公共部门和私营部门间丰富多样的合作将是我们的解决之道。乍得拥有巨大的潜力，我们拥有将近4000万公顷的可耕地面积，牲畜存栏量达到1600万头，还有非常丰富的油矿资源，这些都为我们两国实现共同繁荣提供了无与伦比的机遇。

我们也可以充分利用互利共赢成果丰硕的南南合作。中国为非洲提供了丰富多样的支持，同时，也让我们可以在相互尊重、相互理解的基础上实现对外关系的多样化。

未来是我们的，我们有责任扎实工作、打牢基础，我预祝本届论坛取得圆满成功。

谢谢大家！

2015减贫与发展高层论坛致辞

克罗地亚总统　基塔罗维奇

尊敬的习近平主席阁下，

各位领导人，

尊敬的代表们，

女士们、先生们：

首先，我想感谢中方邀请我参加今天的论坛。我非常高兴全球减贫事业取得了进展，并且极大地改善了超过10亿人口的生活。但是我们必须进一步努力，我们目前正处在历史的转折点，并且必须继续合作来完全消除贫困。

上个月在纽约我们成功地通过了新的可持续发展目标，我们的热情不应该消退，我们应该继续尽我们所能来弘扬这一积极的精神，并且共同推动行动和具体成果。

讨论我们在减贫方面的经验和挑战能够极大地推动变革，并且推动我们的工作实现全面进展。为了取得更大的成绩，我们一方面应该看到已经取得的成就，但更重要的是，我们必须认识到我们还需要做出进一步的努力。我们应该看到，千年发展目标是历史上最为成功的全球减贫的努力。各国政府、国际组织以及各国公民团体共同努力将全球的极端贫困率降低了一半。

毫无疑问，我们一定要看到中国在建设小康社会以及减贫方面所取得的重大成就。在过去的30年当中将4.39亿人口脱贫，这极大地推动了全球千年发展目标的实现，尽管在全球层面，我们取得了重大的成就，但是仍然有 8 亿人口仍然生活在极端贫困当中。

在减少饥饿方面的成就进一步放缓，而且生活在饥饿当中的人口数量非常高，占全球人口的 1/8，而且全球在 5 岁以下的儿童当中，1/6 体重都不达标。儿童人口占全球人口的 1/3，根据联合国儿童基金会的规定，每天生活的费用不到 1.25 美元的人口当中有 47% 的人不到 18 岁。

与此同时，在全球最富裕的国家陷入经济衰退之后，有越来越多的儿童陷入贫困，这就表明儿童贫困是一个全球性的挑战，它需要各国共同合作来应对。

另外，我们在实现充分就业，尤其是青年人的就业方面做得还不够，就业人口的比例实际上从 1991 年的 62% 降低到了 2015 年的 40%，而且随着全球经济危机的发生，这一比例又进一步下滑，在克罗地亚，这一比例是非常低的，是 42%，使得我们的经济复苏非常困难。消除贫困对于克罗地亚来说是一个工作重点，对我们的内政外交来说都是如此。

在克罗地亚，全球经济危机和国内经济衰退使得我们有很多儿童越来越多地依赖社会救济，失业率非常高，而且有很多工人都拿不到工资，我们有 50% 的人口获得的养老金低于平均水平，年轻人的失业率也是欧盟成员国当中最高的。

克罗地亚认为，消除贫困是一个非常复杂的、涉及方方面面的工作，它必须获得源源不断的支持和协调。我们主要的目标应该是实现发展，并且改善个人和家庭的生活水平。

克罗地亚有一个消除贫困和社会包容的战略，它的目的是为了提高基本的生活水平以及性别平等，包括对所有脆弱的社会群体的赋权，确保社会经济和环境长期可持续发展，降低管理风险，并且增强社会的韧性。

社会保障是一个有力的工具，它能够帮助我们减贫，解决粮食不安全，并且实现人民的赋权，最近的经济危机表明社会保障有一个根本性的作用，那就是能够充当自动的稳定器来保护人民、增强韧性，并且推动经济的复苏。

要实现未来的繁荣和经济增长，我们必须进一步努力，来确保被边缘化的群体能够参与到决策当中。尤其是为女性提供和男性同样的机会。我认为管理和降低风险并且增强社会的韧性对于消除贫困来说非常重要。我们必须进一步增强韧性，增强团结，来确保发展成就不会倒退。

我们必须时刻意识到气候变化以及新出现的全球新问题可能会影响到我们的减贫工作。过去几十年的经验告诉我们，经济增长非常重要，但仅仅是经济增长是不够的，我们必须加大教育投资，只有教育才能带来真正的变化。我们必须有强有力的政治意愿，积极地制定发展方面的政策。

克罗地亚和包括中国在内的其他国家一样，积累了一些宝贵的经验，我们曾经是发展援助的受援国，现在也为其他的发展中国家提供发展援助。我们必须基于这些经验，继续进行消除贫困的努力，推动全世界各国的减贫工作。我们必须把关注的焦点放在改善那些最脆弱人群的生活状况之上。

国际社会有一个新的共识，那就是完全消除极端贫困和饥饿在我们这代人的实践当中是可以实现的，因此，我们必须抓紧时间推动2030年可持续发展议程的落实。检验我们真正成功的标准就是一些具体和及时的成果，我们都有责任来确保通过强有力的政治意愿和推动变革的决心来共同实现这一目标。

我们必须实现跨越，这就意味着要通过开放的全球贸易来实现经济增长，这应该受到各国政府的支持，政府应该确保有效的管理平台，并且为私营企业打造一个良好的经商环境。

中国是经济增长增速最快的国家之一，因此在这方面的经验交流当中中国是必不可少的参与者。我们完全认识到中国的重要性，所以我们期待着继续与中国实现这方面的对话和合作，共同推动这个新的发展议程的落实。

我在纽约联大讲话当中曾经说，在判断一个国家人和问题的时候不应该只看它的大小，我们不应该只看数字，不要受到词汇、法律术语和边界的限制。从规模来看克罗地亚和其他的一些欧盟国家并不是大国，但是我们坚信我们在国际事务当中的参与度和重要性是能够远远超过我们的规模的。

我们都面临着全球性的挑战，我认为我们要发挥领导力就必须共同寻找共识，并且开展对话。

谢谢！

2015减贫与发展高层论坛致辞

柬埔寨首相　洪　森

尊敬的中华人民共和国主席习近平阁下，

尊敬的各位来宾，

女士们、先生们：

今天我非常荣幸来参加2015减贫与发展高层论坛。首先，我想向中华人民共和国政府表示我们诚挚的感谢，感谢中方如此出色地主办了这次高层论坛，并且感谢中方给予我和柬埔寨代表的热情接待。

今天论坛的主题是"携手消除贫困·实现共同发展"，这个主题非常重要而且选得恰逢其时，因为各国刚刚通过了全球的发展议程，在未来的15年当中，我们将会继续聚焦减贫工作。

作为一个亮点，本次论坛的召开也是为了纪念全球消除贫困日23周年，以及中国减贫日2周年。这个论坛很重要，它能够让各国的领导人和其他相关各方共同就减贫战略交换意见和看法。

当然，在过去的20年当中，通过实施联合国的千年发展目标，以及实施各个国家各自的政策和战略，贫困，尤其是极端贫困已经得到了大幅的削减。

根据联合国千年发展目标的实施报告，1990年到2015年期间，大约有10亿人脱离了极端贫困，在这10亿人当中，发展中国家每天收入不到1.25美元的贫困人口数量已经从1990年的50%降低到了2015年的14%。

东南亚在实现减少贫困人口这一目标方面做出了良好的表率。我们的贫困率从1990年的46%降低到了2015年的7%。我想借此机会，祝贺中华人民共和国，祝贺中方将贫困率从90年代初期的60%降低到了2015年的4%，这是一项重大的成就。

和全世界其他国家一样，柬埔寨也实施了一些各部门和跨部门的政策和战略，并且对经济和社会基础设施进行了大量的投资，包括道路、电力、水利、灌溉、教育、健康、卫生以及其他的一些社会服务。

我们的目的是为了推动包容性和可持续的增长，社会经济发展，并且确保我们每年都能够实现1%的减贫目标。

柬埔寨在过去的20年当中，年均经济增长率达到7.7%，被世界银行列为全球增速最快的8个国家之一。我们的人均GDP从1998年的253美元大幅上升到2015年的1225美元。因此，我们的贫困率已经从2004年的53.2%降低到了2014年的13.5%。

在减贫方面，柬埔寨被列位全世界第四大成功的国家，我们在2015年年底之前早早地就实现了柬埔寨自身的千年发展目标以及其他的4个目标，包括儿童死亡率、孕产妇健康以及其他的一些目标。

柬埔寨上述的这些成就都要归功于柬埔寨所有的发展伙伴所给予我们的支持和帮助，尤其是我们的中国朋友。中国帮助柬埔寨进行基础设施方面的投资，进行能力建设，发展人力资源，在这方面，我想说的是中华人民共和国不仅仅在自身消除贫困方面取得了成功，而且也极大地推动了全世界很多国家的减贫工作。

我们见证了中国自己的成绩，以及帮助其他国家所做的努力。因此，我想代表柬埔寨政府和人民，向中华人民共和国政府和人民表示感谢，感谢中方对于全球减贫事业所做出的贡献。

此外，我还想重申我们支持并且高度赞赏中方在推动地区发展方面所发挥的关键作用。中方推动成立了亚洲基础设施投资银行，以及习近平主席阁下所提出的21世纪海上丝绸之路和其他的一些相关倡议，所有这些努力都推动了2015年后发展议程的实现。我们最近在联合国峰会上刚刚通过了2015年后发展议程。

各位尊敬的来宾，女士们、先生们！我们对于减贫方面的成就感到非常自豪，我认为完全地消除剩下的贫困人口，并且改善脱贫人口的生活水平仍然是我们的首要挑战。

有些人的生活仍然接近贫困状况，还有一些人生活在农村地区，有些人没有办法获得政府的保护，还有一些人获得的经济发展机会非常少，所有这些人在发生经济冲击以及像干旱这样的自然灾害时，或者当粮食的价格上升、石油价格上升时就有可能再度返贫。

现有的全球化的经济和社会框架，以及各国在社会和经济环境方面依存度不断上升，包括在一些地区所发生的政治冲突、社会不稳定、全球经济和金融的不稳定，农产品价格下跌等所有这些问题都给我们未来的减贫工作带来了挑战。

由于贫困是一个涉及方方面面的问题，为了确保我们在未来消除贫困的努力能够成功，我认为我们必须创造机会，让所有的人都能够充分参与到社会经济活动当中，我们采取以下的一些措施：

首先，我们必须保持长期的高速经济增长，并且推动经济结构的改变，提高生产力。尤其是通过鼓励中小企业的发展，吸引投资，并且增加在基础设施方面的投资，从而实现农村与城市之间更好的互联互通，并且与本地区其他国家和市场相连接。

第二，由于贫困人口当中绝大部分都是农民，因此，在农产品价格下跌的时候，我们就必须重视对于农业和相关基础设施进行投资。包括灌溉、水利系统，我们必须进一步提供支持性的服务，包括一些新的技术以及其他的投入，从而推动农业的生产力、产量以及出口。

此外，像旱灾和洪灾这样的自然灾害，预计将会发生得更加频繁，这是由于气候变化的影响。因此，解决粮食安全，将成为我们的一个更加紧迫的任务。尤其要应对和减缓气候变化的负面影响，并且使我们的农业系统更加适应频繁发生的自然灾害。

第三，我们要加快贸易自由化政策的落实，尤其是通过进一步推动贸易的便利化，为发展中国家提供优惠的待遇，减少贸易壁垒，实现本地区以及全世界各国出口产品和市场的多样化。

第四，我们必须提升教育和技能培训的质量，因为这能够产生更多的附加值，尤其是在科技和工程方面，我们也必须鼓励职业发展，加强职业教育，以及更好地落实其他的一些重要的社会保障计划。

第五，我们必须提倡包容性的金融，降低融资门槛，使所有人都有机会得益于金融服务。

尊敬的来宾，女士们、先生们！

显然，各个国家都不可能单打独斗地实现消除贫困这一任务，我们必须一起努力来实现这一目标。这就意味着我们必须要加强减少和消除贫困方面的全球联盟，这将成为2015年后发展议程，以及可持续发展目标当中的一个中心议题。

秉持着这一精神，柬埔寨敦促所有国家和相关各方，都能够展示出政治意愿，做出经济和金融方面的承诺，共同实现这一首要目标。最后，我祝论坛圆满成功，并且祝各位女士们和先生们身体健康、万事如意。

谢谢！

2015减贫与发展高层论坛致辞

老挝国会主席　巴　妮

中共中央总书记、中华人民共和国主席习近平阁下，

尊敬的代表们，

女士们、先生们：

我想诚挚地感谢中国政府，感谢中方邀请老挝代表团参加此次论坛。

此次论坛的主题是"携手消除贫困·实现共同发展"，我也感谢中方给予老挝代表团的热情接待和欢迎。我非常赞赏本次论坛所选择的主题，这是一个迫切的议题，而且也吻合本地区各国发展新阶段的努力。另外也符合我们在推动9月份联大期间所通过的可持续发展议程的落实。

我要代表老挝代表团支持习近平主席所提出的扶贫方面的一些倡议，尤其是支持发展中国家以及内陆国家方面的倡议。我相信，有了这样的一个意愿和支持，相关国家一定能从这些倡议当中获益，并且实现各国人民的减贫。

尊敬的各位代表，对于全世界在过去的15年当中实施千年发展目标方面所取得的进展，我们感到非常骄傲，这极大地推动了全球减贫工作的开展，但是各国仍面临非常严重的挑战。

中国国家主席习近平阁下提出了"一带一路"的倡议，这给全世界不同地区的各个国家都提供了一个很好的机会，共同努力推动共同发展，解决贫困，尤其是推动成立亚洲基础设施投资银行的这一决定，能够帮助那些在财政上有困难的国家获得社会经济发展、基础设施发展所需要的资金，这能够推动这些国家本身的减贫工作。

老挝政府一直以来非常重视农村地区的发展以及减贫，我们把这两者列为五年国家社会经济发展计划的工作重点。为了能够实现我们在减贫方面的目标，老挝政府推动落实了一些重要和必须的机制、政策和措施，并且推动了一些具体项目和活动的开展，从而确保千年发展目标的实现。

我们还推动了增强地方政府管理的"三个建设"的政策，就是把各个省、各个区以及各个村庄都打造成一个战略整体。我们鼓励人民全面参与我们的这些计划。

所有的这些努力都推动了老挝千年发展目标的实现，我们将贫困家庭的数量从2011年的18.8%降低到2015年初的6.59%。我们正在制定一个2016-2020年的五年社会经济发展目标，在这个目标当中，我们将会着重突出17个可持续发展目标，以及在这一框架下的169个具体目标的落实。我们的目标是在2020年脱离最不发达国家的行列。

各位尊敬的代表，我们非常重视也赞赏中国在减贫方面所取得的重大成就，中国在相对较短的时间内使得数亿人口脱贫，中国在这方面的经验能够为老挝进行减贫提供宝贵的经验。

长期以来，老挝和中国的关系不断加强，我们也将这一关系提升到了全面战略伙伴。中国与老挝的贸易和投资以及向老挝提供的发展援助每年都在增长，这也极大地推动了老挝在发展农村地区减贫以及实现千年发展目标方面的努力。

我想借此机会代表老挝政府向我们的朋友，尤其是中华人民共和国政府和人民以及其他的相关各方表示我们的感谢，感谢你们长期以来向老挝提供的支持和帮助，我希望未来还能够继续获得你们的帮助和支持。

我深信，通过这次论坛上就减贫和发展交流经验，所有的国家，尤其是本地区的国家，都能够继续努力，推动合作，相互支持帮助，交流经验，共同实现9月份联大期间各国领导人所通过的可持续发展目标，给各国人民带来好处。

最后，预祝这次论坛取得圆满成功。

谢谢！

2015减贫与发展高层论坛致辞

玻利维亚副总统　加西亚

大家早上好！特别要问候中华人民共和国国家主席习近平阁下，以及各国参加本次论坛的元首。我们最主要的使命之一就是消除贫困，改善人民福祉和促进社会的公平正义。

在玻利维亚，最近9年中，在我们总统的领导下，我们开展了这样的工作，我们的这一工作主要基于六个支柱的三个目标。这三个目标和六个战略性支柱构成了玻利维亚消除贫困、促进发展以及社会公平正义的整体框架。

我们的第一个目标就是经济的可持续发展，最近9年当中，玻利维亚保持了年均5%的经济增长率，这9年当中GDP实际增长250%。

第二个目标，伴随着经济的可持续发展，要促进财富更好地分配也就是要促进国家的金融稳定和储蓄的增长。

最近几年玻利维亚的国际储备已经达到了GDP的45%，我们的外债只占国内生产总值的25%。同时，我们居民的储蓄占GDP的60%。玻利维亚的经济有五个金融引擎，国家税收、外汇储备、居民储备、国外融资和国外对玻利维亚的投资。

我们消除贫困的一个重要途径就是促进财富的再分配，最近9年，我们的绝对贫困率下降了50%。20%的玻利维亚人口迈入了中产阶级。在此期间，我们国家的绝对贫困率和中产阶级保持了同步的下降和增长，同时还大幅度提高了玻利维亚的最低工资。

这3个目标的实现是基于6个战略性的支柱，一是我们对于国家创造财富来源的国有化，确保国家对于财富资源的控制，以使我们能够根据平等和公平的原则将这些财富更好地进行分配。

二是更好地为中小企业提供政治、经济、金融和技术方面的支持，为私有投资和外国投资提供可靠的法律保障体系。

三是制定国家削减贫困战略，扩大出口以及国内市场，在最近9年，我们的外贸出口增长了4倍，与此同时，我们一半的经济增长来源于国内消费市场的增长。这主要得益于我们最低工资的不断提高，居民购买力的不断增强。

我们非常清楚地知道，外部市场并不总是能够可以预见的，因此我们更加注重保持稳定的国内市场。

四是保证在农业、住房基础设施建设等领域公共投资，我们保证了在这些重要的经济命脉领域的政府投资，创造了大量的就业，同时还将我们的失业率稳定维持在3%以下。

五是对我们国家的初级产品产业进行了再工业化。玻利维亚的一个重要的产品就是自然资源，玻利维亚是一个资源非常丰富的国家，我们通过这样的再工业化，促进了我们的天然气、锂矿等资源的附加值改善。

最后一个支柱就是央行保证了低息和低利率的政策，保持了我们货币的稳定，我们采取了一个稳定、谨慎的货币政策，但是在面对经济下行和国际经济乏力的大环境下，我们又采取了非常大胆的货币刺激政策。我们的这些政策使得玻利维亚不仅在自然资源价格高的时期，同时在当前大宗商品和自然资源价格下降的时期，也能够保持经济的稳定增长，以保证我们在削减贫困方面的延续性。

同时，我们着力推动市场上的公平，尤其是金融市场的公平。我们需要同时推动和加强整个拉美地区的市场，不光是初级产品、自然资源，还应推动在金融、资本和工业产品的地区市场的形成。

第三，我们应该推动技术转让，不光是发达国家向发展中国家，也应该推动发展中国家内部的技术转让，使我们能够在掌握新技术和新知识的基础上推动国家的持续发展。

最后，我们应该非常清楚，知识是21世纪发展的源泉，同时也是我们保护环境等一切努力的来源。习近平主席阁下，167年前，卡尔·马克思不仅预见了我们全球化的开始，同时还预见到世界经济的重心将会逐渐转移到太平洋地区。玻利维亚也非常愿意与中国共同参与到新的经济中心的转移当中。在21世纪共同推动我们更加公平、公正的金融经济秩序，为各国人民带来更好的福祉。

谢谢！

2015 减贫与发展高层论坛致辞

联合国副秘书长、开发计划署署长
海伦·克拉克

尊敬的中华人民共和国主席习近平阁下，

各位国家元首和政府首脑，

各位来宾，

女士们、先生们：

在我发言之前，请允许我邀请大家先看一下来自联合国秘书长潘基文的简短致辞视频。

潘基文致辞

尊敬的中华人民共和国主席习近平阁下，

尊敬的国务院副总理汪洋阁下，

各位来宾，

女士们、先生们：

千年发展目标成功地帮助全世界十亿多人摆脱极端贫困，中国在此领域取得了举世瞩目的成就，这一成就占据了全球减贫的3/4。上个月在纽约，习主席和世界各国的领导人通过了2030年可持续发展目标议程，我们致力于在接下来15年内消除全球贫困，同时也争取在一个健康的世界里促进共享繁荣。

我们必须不让任何一个人掉队。我很高兴地看到，中国做出了一系列的承诺，包括将在2020年前使7000万农村人口摆脱贫困，同时中国也致力于在今年12月份巴黎气候变化会议之际，采取措施，应对气候变化。在今年的联大期间，习主席提出了一系列非常重要和慷慨的倡议，来推动全球的和平与发展。在这一系列领域，联合国都期待着进一步的发展同中国之间这种不可或缺的伙伴关系，以实现我们各自所做出的承诺，以及全球范围的目标。让我们携起手来为所有人创造一个有尊严的生活。谢谢大家。

主席先生，我知道我们今天的时间非常有限，我们这里所有的人也非常赞赏我们所通过的新的全球议程，我们大家也都致力于消除全球贫困。联合国开发计划署非常赞赏中国在全球范围为全球可持续发展所做出的努力，正如秘书长先生刚才所提到的。他也进一步地指出了中国在国内及在全球层面为消除贫困以及推动多边主义所做出的努力，在这些问题上我们都十分赞赏。我们也赞赏中国在推动筹建亚洲基础设施投资银行，金砖国家新开发银行、"一带一路"倡议等方面所做出的努力。现在我们必须要携起手来开始艰巨的工作。

每一个国家都应该考虑如何把这些可持续发展的目标纳入各自国内的发展议程中，而中国现在就面临着一个非常好的机会，因为中国制定了一系列的倡议，包括在2020年之前实现一系列的减贫目标，我们必须加强全球的团结，包括南北合作、南南合作以及三方合作，最近所召开的一系列联合国的会议都强调了这一点。联合国开发计划署以及所有的联合国开发机构都将支持联合国成员国在这方面的努力。

女士们、先生们，联合国开发计划署在过去30多年里一直是中国非常紧密的发展伙伴，我们现在同中国已经建立了战略伙伴关系，我们将继续在南南合作和三方合作中加强与中国的合作，我们也愿意与大家一起努力推动可持续发展目标的实现。在这一过程中，所有的联合国发展机构都将全力以赴。

谢谢大家！

2015减贫与发展高层论坛致辞

世界卫生组织总干事　陈冯富珍

尊敬的中华人民共和国主席习近平阁下，

尊敬的各位国家元首、政府首脑，

女士们、先生们：

首先请允许我感谢习主席和中华人民共和国政府在国际减贫日之际组织此次重要的减贫与发展高层论坛，现在我们全球社会的重点正在转向实现可持续发展的议程，我们最重要的目标就是要消除一切形式的贫困。

让我强调一点，中国主办此次会议是非常合适的，因为中国在减贫方面所做出的努力首先是有赖于中国政府和中国人民，同时我们也知道，在短短的30年到40年之间，中国成功地使多达6亿的人口脱贫，不是600万，也不是6000万，而是6亿，实际上是6亿7千万。

但是中国所取得的这些成功也具有全球的影响。这一全球影响也展示了中国的作用，中国在全球减贫过程中发挥了重要的作用。女士们、先生们，我非常同意今天早上各位发言人所做的发言，我的发言会非常短。我只是就全球健康说几句话。

全球的健康和卫生在减贫方面是非常重要的，卫生与健康至少在三方面都是紧密联系的。首先，贫困会影响人们的健康，包括那些贫困的、不健康的、不卫生的环境、失业、缺乏营养以及使用药物或者烟草，这些都对于精神和身体的健康产生挑战。

第二，更好的健康使得人们能够更容易摆脱贫困，人们被禁锢在贫困中，而且这种贫困往往会从一代传到下一代。如果人们健康，人们就可以在学校中学习更长的时间，如果是健康的妇女，尤其如果这些妇女有非常好的卫生条件的话，她们也会有更健康的生活。同时，数据也告诉我们，女性可以利用她们收入的增加来加强家庭的营养，教育他们的孩子，这一点也非常重要。

第三，如果没有健康保险，或者没有其他的社会保障体制，医疗的支出成本就会导致贫困。我们知道，在中国现在还有7000万的贫困人口，其中40%都是因为高额的医疗支出。在中国我们把它称作"看病难、看病贵"，"因病致贫、因病返贫"，我也非常赞赏中国的领导人，直面这一非常重要的问题。所有的这些战略，女士们、先生，所有这些减贫的战略都应该有助于使得所有的人们都有相应的医疗健康的涵盖，使得他们不至于致贫。

全世界每年有1.5亿人因为医疗的支出而致贫。所以，女士们、先生们，作为世界卫生组织的总干事，我呼吁大家，致力于同时也采取具体的措施来帮助人们提高他们的健康。我希望你们都把这个作为你们工作的重中之重。我们希望能够建立一个良好的具有韧性的卫生体系，这能够帮助所有的国家应对一系列的挑战，包括疾病、气候变化以及其他的挑战。

女士们、先生们，世卫组织愿意帮助大家，支持你们所做出的努力，使得我们的世界变得更加美好，为人们带来更多的福祉。

谢谢大家！

第二部分

2015 减贫与发展高层论坛
国际发展议程与精准扶贫高级别会议

在2015减贫与发展高层论坛
高级别会议上的演讲

中国国家发展和改革委员会副主任

何立峰

尊敬的各位来宾，

女士们、先生们、朋友们：

大家好！按照论坛安排，我就中国全面建成小康社会进程中的减贫政策，重点对集中连片特殊困难地区的一揽子扶贫政策做介绍和展望。

中国高度重视贫困地区开发建设和贫困人口脱贫工作。中国改革开放以来，在全国范围内有计划有组织地实施大规模开发式扶贫，先后制定了《国家八七扶贫攻坚计划（1994-2000年）》和2001-2010、2011-2020年两个十年农村扶贫开发纲要，明确了不同时期的扶贫开发工作目标、对象、任务和政策框架，扶贫工作取得巨大成效，贫困地区面貌发生显著变化。中国成为全球最早实现联合国千年发展目标中贫困人口减半的发展中国家，为世界减贫事业作出了重要贡献。

习近平主席、李克强总理等中国政府领导高度重视扶贫开发工作，经常赴贫困地区考察调研，多次作出重要指示批示，对新时期扶贫开发工作提出了明确要求。自2011年以来，中国政府在"十二五"规划中，将集中连片特困地区作为全国扶贫攻坚主要区域，编制实施区域发展与扶贫攻坚规划，完善精准扶贫工作机制，每年下达全国农村减贫人口计划，不断丰富减贫政策体系，有力推动了贫困地区减贫与发展步伐。在推动集中连片特困地区减贫与发展方面，我们主要开展了以下几方面的工作：

一是编制实施集中连片特困地区区域发展与扶贫攻坚规划。按照"区域发展带动扶贫开发，扶贫开发促进区域发展"的思路，2011、2012 年，中央政府先后批准实施了武陵山区、乌蒙山区、秦巴山区等 11 个集中连片特困地区区域发展与扶贫攻坚规划，连同西藏和青海等四省藏区、新疆南疆三地州 3 个特殊贫困地区实施规划，一共明确了 14 个集中连片特困地区未来十年的发展目标、空间布局、主要任务、支持政策等。各有关省（区、市）也相应编制了集中连片特困地区省级实施规划，进一步细化了国家规划中明确的主要任务和支持政策。

二是制定出台了一系列扶持集中连片特困地区加快发展的政策。在基础设施、社会事业、生态建设、扶贫开发等领域，中央政府对集中连片特困地区予以投资倾斜支持。大幅度提高农村公路、农村危房改造、农田水利、农村电网改造等公益性建设项目中央政府的投资补助标准，减免贫困地区市、县两级政府投资配套。初步统计，"十二五"时期，安排集中连片特困地区的中央预算内投资超过 6000 亿元，占同期中央预算内投资总规模约 40%。在集中连片特困地区率先实施了农村义务教育阶段学生营养改善计划、定向招生专项计划以及儿童营养改善试点项目，惠及一大批贫困家庭少年儿童。

三是加快推进集中连片特困地区重大基础设施项目建设。在编制实施国家综合交通运输体系、公路网、中型水库建设、基本公共服务等"十二五"专项建设规划中，将集中连片特困地区重大项目优先列入规划范围，并安排投资给予重点支持。对于需要中央政府批准的重大公益性建设项目，加快项目审批（核准）进度，及时足额安排中央政府投资，加快在建项目的建设进程。目前，集中连片特困地区区域发展与扶贫攻坚规划中明确的交通、能源、通信、水利、生态环保、社会事业等重大基础设施项目，大部分已开工建设，部分已建成并投入使用。

四是建立中央政府部门对集中连片特困地区的联系工作机制。为加强对集中连片特困地区扶贫开发工作的协调指导和督促规划实施，中国政府明确每个集中连片特困地区由1至2个国务院部门负责具体联系。牵头联系部门每年都召开多部门参加的联席会议，对集中连片特困地区区域发展与扶贫攻坚规划实施中面临的困难和问题进行现场协调解决。各部门积极创新联系工作方式，结合职能出台特殊支持政策，深入贫困县贫困村开展实地调研，派遣优秀干部到贫困地区挂职锻炼，有力推动了集中连片特困地区减贫与发展步伐。

在各方面的大力支持和贫困地区不懈努力下，"十二五"以来，集中连片特困地区经济发展速度明显加快，基础设施明显改善，社会事业明显进步，人民生活水平明显提高，减贫步伐明显加快。2011-2014年，14个集中连片特困地区贫困人口减少2517万人，同比减幅达41.7%；贫困发生率下降了11.9个百分点，高于全国总体降幅6.4个百分点；农村居民人均纯收入增加了2096元，同比增长49.8%，高于全国平均增幅8个百分点。

女士们、先生们！

虽然中国贫困地区特别是集中连片特困地区减贫与发展取得了巨大成就，但扶贫攻坚任务依然艰巨，这些地区自我发展能力总体偏弱，贫困发生率依然较高，与全国同步进入全面小康社会的难度依然较大。截至2014年底，按照农民人均纯收入2300元（2010年不变价）的国家扶贫标准，中国仍有7017万贫困人口，贫困发生率达7.2%；在14个集中连片特困地区，仍有贫困人口3518万人，占全国贫困人口的一半以上，贫困发生率高达17.1%，比全国平均水平高出10个百分点。要确保贫困地区特别是集中连片特困地区与全国同步进入全面小康社会，需要进一步加大支持力度，采取更有力有效的政策举措。

今后一个时期，中国政府将坚持发展经济与改善民生相结合，坚持区域发展与精准扶贫相结合，更加注重推动改革创新和对外开放，更加注重精准扶贫精准脱贫，进一步加强顶层设计、完善政策体系、加大投入力度，推动贫困地区特别是集中连片特困地区加快减贫与发展步伐，让贫困人口与全国人民一道同步进入全面小康社会。

一是积极推动贫困地区融入国家战略和规划。将扶贫开发纳入国民经济和社会发展第十三个五年规划，并作为重要内容。支持相关贫困地区特别是集中连片特困地区主动融入和对接"一带一路"建设、京津冀协同发展、长江经济带建设等重大国家战略，有序承接东部沿海地区产业转移，大力发展外向型经济。编制实施"十三五"扶贫开发规划，明确未来五年扶贫工作思路、目标和任务。组织编制集中连片特困地区区域发展与扶贫攻坚"十三五"省级实施规划，科学谋划和布局一批事关全局和长远发展的重大工程。

二是进一步加大对贫困地区的投入力度。大幅增加对贫困地区基础设施建设的投入，加快建设一批能够辐射带动贫困地区发展的骨干铁路、国家高速公路、水利枢纽、信息基础设施等重大工程。加大对教育、卫生等社会事业投入力度，大幅提升贫困地区基本公共服务能力。加大重点生态功能区转移支付力度，大力实施天然林保护、石漠化综合治理等重点生态工程，在安排新一轮退耕还林任务时向贫困地区倾斜。稳妥推进贫困地区能源资源开发，支持因地制宜发展风电、水电等清洁能源，尽快将能源资源优势转化为经济优势。

三是加快实施一批惠及贫困人口的精准扶贫工程。目前，中国政府正在大力推动实施扶持生产和促进就业一批、易地扶贫搬迁一批、低保政策兜底一批、医疗救助扶持一批等精准扶贫工程。特别是在易地扶贫搬迁方面，中国政府将在坚持农民自愿、积极稳妥的前提下，加大政府投入力度，创新投融资机制和管理模式，对"一方水土养不起一方人"地区的约1000万贫困人口实施易地搬迁，推动搬迁对象能够就业和稳定脱贫。与此同时，中国政府还将加快实施教育扶贫、农村公路建设、农村电力保障、农村危旧房改造、农房抗震改造、以工代赈等一批重点扶贫工程，推动7000多万贫困人口在现有扶贫标准下全部脱贫。

四是大力支持贫困地区体制机制改革创新。支持贫困地区开展新型城镇化试点，积极构建城乡一体化发展格局，加快工业化、城镇化步伐。在贫困地区率先开展生态文明示范区建设，支持开展跨区域、跨流域生态补偿试点，提升绿色化发展水平。鼓励贫困地区在农村土地制度、农村金融制度等方面进行改革创新，增强农村内生发展动力和活力。

女士们、先生们！

中国已经把扶贫开发作为全面建成小康社会的一项重大任务。我们坚信，通过不断加大政府投入力度、完善减贫政策，在社会各界的大力支持和贫困地区、贫困人口的共同努力下，到2020年，中国一定能够全面完成扶贫攻坚任务，实现全面建成小康社会的宏伟目标。

谢谢大家！

在2015减贫与发展高层论坛
高级别会议上的演讲

亚洲基础设施投资银行候任行长　金立群

女士们、先生们：

参加今天的会议我感到非常的荣幸和高兴，这个会议对我们来说意义深远。我想简单谈一下我们亚洲基础设施投资银行所做的工作和所处的状态，以及对我们来说为什么要以最高的标准进行创新。

大家可能已经注意到了，从我们银行的原则上来讲，并没有提到扶贫的问题，但这并不是因为减贫和推动可持续发展不重要，而是说我们相信，关注于基础设施建设实际上是关注我们减贫的基础，这也正是一个新型发展银行所需要做的事情。基础设施投资、经济发展以及减贫之间的联系也正是研究所支持的。所以我相信，这样一种联系无论是在概念上还是在实践上都是非常紧密的。从概念上来说，基础设施的服务可以推动需求和就业，完整的基础设施可以增强生产力，降低教育成本和其他成本，因此也能够改进经济效率。

中国在现代的基础设施方面还是很缺乏的，尤其是在1978年的时候几乎是没有的，所以1978年邓小平推出了改革开放政策，当时我们什么都没有，没有电气化的铁路，没有高铁，也没有集装箱码头，也没有现在的机场，没有最先进的电站。当时最多的就是人，但是人的素质又不高，所以当时大量的投资都进入了基础设施，从80年代开始就是如此。中国充分发挥了多边机构像亚洲开发银行、世界银行等的一些优势。与此同时，中国也充分利用了国际资本市场以及一些私有部门的投资。当时有人就提出疑问说，中国当时是一个低收入的国家，再去借外国人的钱，把这些钱放在基础设施里面，像道路和铁路，看起来它并不能产生外汇，因此有些人很担忧，说这些债务是不可持续的。可是跟这些悲观人想的不一样，中国并没有陷入不可持续的债务或者是陷入债务危机，和其他国家不同的是，我们当时借钱并不是为了消费，而是为了投资于基础设施。

基础设施建设在10-15年当中得到极大的发展。所以说，中国的经济在20世纪90年代中期开始起飞，在一个技术广泛的社会基础之上，中国开始离开低收入国家的群体，脱贫人口高达6亿多，现在仍然还有7000多万人要脱贫。但是，和我们在过去30年当中所做的艰苦的工作相比，我认为7000万人不是什么难事。所以，中国的经验可以充分说明基础设施投资对于减贫的重要性，这也就是为什么中国领导人习近平主席提出了这样一个想法，要建设亚洲基础设施投资银行。而我们也相信，这是一个非常基本的方法，可以帮助一些亚洲国家来减贫，我们也非常高兴这样一个倡议得到了这么多国家广泛的支持。亚投行目前有亚洲国家作为主要控股方，这是第一个由发展中国家作为主要控股方来管理的银行，同时有一些非亚洲的国家，他们也是非常主动地支持了在亚洲的基础设施投资。因为他们相信，亚洲的发展将会产生很好的外部性，对欧洲和其他世界各地区都有好处，所以说这真的是一个非常好的南南合作的典范和南北合作的经典。

我觉得对于任何要想成功的制度和机构，治理很重要。而亚洲基础设施投资银行正是这样一种新的机构，在很多方面亚洲基础设施投资银行和现有的一些多边开发银行不会有什么不同，但是我们却有一些创新，我们将会做一些不同的事情，以不同的方式去做。当我们最初提出倡议的时候，人们有一些担忧，说这个银行是不是完全不考虑环境保护，完全不考虑人民的生活会受到基础设施投资项目的负面影响。经过很多轮的磋商，包括跟国际社会和各国成员国政府还有民间团体的探讨之后，我们开始去了解我们需要什么样的社会和什么样的保障机制。我很高兴地告诉大家，我们现在这些磋商已经到了最后阶段，所以我们有很多的机会来进行合作，在我们银行和其他的多边开发银行之间有很多的合作机会和领导交流，以及在工作层面的交流。非常高兴新开发银行的行长卡马特先生愿意跟我们合作，在此特别感谢卡马特先生对我们的支持，我们将会合作携手共进。

我认为，亚洲基础设施投资银行将会对全亚洲的减贫做出重大贡献。虽然我们是一个区域性的发展银行，可是我们有全球的维度，对全球减贫有影响力，它实际上是一个全球性的开发机构，它将会在今后的全球减贫事业中做出贡献。非常感谢你们的支持！因为有你们的支持，我们将会非常的成功。

在2015减贫与发展高层论坛
高级别会议上的演讲

新开发银行行长

卡马特（Vaman Kundapur Kamath）

尊敬的各位来宾，

女士们、先生们：

能够跟大家一起来探讨减贫战略问题，我感到非常荣幸。非常感谢中国国务院扶贫办主任刘永富先生邀请我跟大家分享我的一些想法。我赞赏中国政府在扶贫方面做出的努力，也赞赏各国在减贫和实现千年发展目标中所做出的努力。

联合国制定的2015年后发展议程，对我们来说，是一个未来的指向和方向。金立群行长刚才介绍了亚洲基础设施投资银行，在这里我介绍一下新开发银行。正如金行长前面提到的，亚洲基础设施投资银行实际上与我们的方向是一致的，我们的目的也很相似，因此我们在做很多事情和战略方面都会有进一步的协作。

我们在开展2015后发展目标方面合作的时候需要更多的协作，尤其是南南国家之间的合作，这也象征着我们时代的变化。现在我们看到了一个转变，那就是南南合作越来越多地补充了以前的南北合作，这一点是非常重要的。在现在这样一个知识转移的社会，大家知道在一个南方国家的知识如何能够被转移到另外一个国家。同样，一个国家与另一个处于相近发展阶段的国家合作，这种合作伙伴关系是平等的国家之间的合作，是相互之间最佳实践的交流，并且在政府和事业部门之间同时进行。在新开发银行建立前的几个月，我们就一直在思考：我们如何更好地支持这样一种合作，如何把最佳实践结合起来？我知道和其他一些组织，包括亚洲基础设施投资银行和其他多边机构一起合作，我们一定可以做得更多，来推动我们的减贫事业。有一点可以让我们这样一个战略变得更加清晰，那就是不要让任何一个人落在后面。千年发展目标有8个子目标，其中减贫是一个非常重要的目标；而2015后发展议程有17个这样的目标，同样减贫也非常重要，所以我们现在要注意，不要把这些目标变成我们行业所谓的术语，而是要真正地关注他们。

我们要想实现可持续发展，不能仅仅停留在纸面上，停留在空谈上，而一定要变成事实和实践。中国在这中间扮演着非常重要的作用，在千年发展目标的实践方面中国作出了实质性重大贡献，促进就业，让人民脱贫，维护稳定和经济发展。大家知道，要达到2015后发展议程中所制定的目标，我们一定要有稳定的经济发展，这是我从中国这么多年发展中得到的经验。我认为，中国实现千年发展目标取得积极成效有几个关键的因素：一是关注水的管理，关注农业，关注农副产品的生产；二是开发和建设基础设施，基础设施打下了基础，使得中国制造业得以快速发展。同时，服务业的发展也打下了基础。因此，制造业发展和服务业发展加起来是4个推动力。还有第五个推动力，那就是执行力。因为无论你制定了什么样的战略，无论你觉得你能做什么，没有卓越的执行力是干不成事情的。今天，我们听了很多发言，我们看到中国有很多宏观的目标和计划，我想下一步就是要不懈努力去执行，去达成你们的目标，这是我们需要学习的。

我觉得刚才提的5点非常重要，它也会融入到我们所做的每一件事情当中去。我们做了这么多工作，就是要确保能把我们的社会环境以及社会资源持续下去，这些是我们取得成功最根本的东西。在15年前，减贫是千年发展目标中最重要的一个目标，减贫也是所有其他目标的一个重要基础。在今天的发展背景下，我们可以在这个基础上再加一点东西，这也是我最后对大家的一点展望。第一，我们要利用技术来提高我们的生产力，并且促进整个国家的发展；第二，要加强技能，在投资教育和科研方面做些提升；第三，我们还要有一个融资模式，不仅是银行，还有一些存款信贷的机构等都可以参与其中。我们看到，现在新发展银行还有亚洲基础设施投资银行都是资金充足的，他们会借用全世界的流动性，利用这样的流动性促进社会的福祉，让这些资金流入需要的国家，这样我们可以以持续的方式让大家获得资金；最后，要建立好的制度，做任何事情都要有制度安排。千年发展目标就是这样的，我们看到了在全球要建立起这个合作的框架，在地区一级要建立合作伙伴关系，等等，充分利用好全球的资源为自己服务。我们现在非常有雄心壮志，我们有这么好的一个议程，有这么好的一个计划，我们有信心一定会增加它的价值。

最后预祝此次会议取得圆满成功。

谢谢大家！

消除妇女贫困　促进妇女全面发展

全国妇联副主席、书记处书记　崔　郁

女士们、先生们、朋友们：

非常高兴受邀参加此次高层论坛并发言。首先，请允许我代表中华全国妇女联合会，向主办方表示诚挚的感谢！

减贫是世界最重要的人权事业之一。在世界范围内推动减贫和可持续发展是国际社会的广泛共识，是联合国千年发展目标和刚刚召开的联合国发展峰会通过的2015年后发展议程的重要内容，更是发展中国家实现经济社会同步发展的现实基础。而减贫问题与妇女息息相关。正如中国国家主席习近平同志在全球妇女峰会上所讲到的，环顾世界，各国各地区妇女发展水平仍然不平衡，男女权利、机会、资源分配仍然不平等，社会对妇女潜能、才干、贡献的认识仍然不充分。现在全球8亿贫困人口中，一半以上是妇女。每当战乱和疫病来袭，妇女往往首当其冲。面对恐怖和暴力肆虐，妇女也深受其害。因此，在当今世界实现大规模减贫的基础上，如何解决好占贫困人口半数以上的妇女群体的精准脱贫和全面发展问题尤为重要。

改革开放30多年来，中国政府持续开展大规模减贫计划，贫困人口减少了4.39亿，是首个实现千年发展目标贫困人口比例减半的国家。特别是中国政府始终把妇女减贫作为国家减贫战略的重要组成部分，制定实施有利于妇女减贫和全面发展的政策措施，积极开展针对妇女的减贫工作，使2亿多妇女脱贫，2600多万城乡贫困妇女拥有了最低生活保障，国家扶贫开发工作重点县的妇女贫困发生率从2005年的20.3%下降到

2010年的9.8%。中国妇女减贫取得的成就是举世瞩目的，为世界各国提供了宝贵经验。

中华全国妇女联合会是中国最大的妇女组织，其基本职能是代表和维护妇女权益、促进男女平等。多年以来，全国妇联把妇女减贫和全面发展作为一项重点工作，持续推动从社会性别角度关注贫困妇女，在经济、政治、教育、健康等各领域赋权妇女，务求精准扶贫，取得了明显成效。在这里，我愿意和各位与会者共同分享我们推动妇女减贫的情况。

一是赋权妇女，保障贫困妇女平等享有脱贫机会。全国妇联推动国家民政部出台文件，在全国村"两委"（党支部和村委会）换届选举中确保农村妇女参选当选。目前，中国563,621个行政村"两委"中有女性成员，占全国行政村总数的94.9%，赋予了妇女在最基层议事机制中的话语权与决策权；倡导在实施《农村土地承包法》和农村土地确权登记中，切实保障农村妇女的土地承包经营权及其他相关财产权益；参与制定《中国农村扶贫发展纲要》，推动将妇女儿童作为重点扶贫对象纳入国家全方位扶贫战略；协助政府制定实施《中国妇女发展纲要》，将妇女减贫纳入国家工作目标；推动逐步完善性别统计制度，将分性别统计指标纳入扶贫统计监测体系，确保每年脱贫人口中妇女比例不低于40%。

二是投资妇女，促进贫困妇女通过小额贷款获得经济发展。2009年，全国妇联与国家财政部、国家人力资源和社会保障部、中国人民银行联合下发了《关于完善小额担保贷款财政贴息政策，推动妇女创业就业工作的通知》，政策关注的主要人群就是深度贫困的农村妇女和下岗失业的返贫妇女。五年来，共向妇女发放小额贴息贷款2,342亿元人民币，带动和扶持一千多万妇女摆脱贫困、实现创业就业。妇女小额贷款政策的实施，使许多贫困妇女第一次有了优先贷款权，第一次有了自己名字的印章和银行存折，第一次在家庭生活中有了自主权。收入的增加，极大地提升了这些妇女在家庭和社会中的地位，对于加快推进男女平等进程更有着积极的意义。

三是培训妇女，不断提升贫困妇女的发展能力。多年来，全国妇联面向贫困地区基层妇联干部、女科技带头人、有创业意愿和能力的返乡妇女及失学女童等，开展多渠道、多层次、多样化的培训，推动妇女在政府各类培训项目中的受益比例逐步提高到40%以上，累计帮助中国西部不发达地区2,400多万农村妇女提高生产技能。通过培训，妇女的综合素质和创业就业能力不断提升，为平等参与经济社会发展奠定了坚实基础。

四是健康妇女，推动妇女乳腺癌和宫颈癌免费检查常态化。2009年以来，全国妇联与国家卫生计生委共同实施了农村妇女"两癌"免费检查项目，已累计为4,271万和615万名农村妇女分别进行了宫颈癌和乳腺癌免费检查。同时，我们积极争取财政部中央彩票公益金，设立"贫困母亲两癌救助专项基金"，累计救助了31,077名贫困患病妇女。"两癌"是对妇女健康的主要威胁，"两癌"免费检查项目的实施，大大提高了"两癌"早诊早治率和患者的生活质量，降低了治疗成本和患者死亡率，减少了妇女因病致贫、因病返贫的机率。

五是针对城镇化进程中的贫困妇女，引导妇女实现创业就业。中国在城镇化进程中，衍生出大批农村留守妇女、进城务工妇女、失地失业妇女。全国妇联采取一系列措施，积极帮助这些妇女实现创业就业。组织农村留守妇女发展传统手工编织，特别是利用少数民族地区"人人会手工、家家有绣娘"优势，引导妇女通过一把剪子一根针脱贫致富，探索出具有民族地域和妇女特色的扶贫模式。打造巾帼家政服务品牌，帮助进城务工妇女和失地失业妇女创业就业。截至目前，已建立5,000多个妇女手工编织基地，带动5万多个社区和乡村的近千万名妇女就近就地就业，年安置60万妇女在家政服务领域就业。

特别值得一提的是，多年来，全国妇联依托中国妇女发展基金会和中国儿童少年基金会两个国家5A级公益平台，打造立体化扶贫项目体系，成为助推妇女脱贫致富的重要手段。如，中国妇基会实施的"母亲水窖"项目已达15年，规模8.5亿元，为有效解决"干旱致贫"的世界性难题提供了成功范式。最近国际小行星中心命名委员会将207715号小行星命名为"母亲水窖星",有美国同行说他们也要建"母亲水窖"。此外,中国妇基会设立的母亲健康快车、母亲创业循环金、母亲邮包等公益项目,使近2,800多万贫困妇女及家庭受益。中国儿基会累计投入公益资金14.7亿元,开展"春蕾计划"、"安康计划"、"消除婴幼儿贫血行动"、"守护童年"、"恒爱行动——百万家庭亲情一线牵"等公益项目和活动,约180多万贫困儿童、孤残儿童及边疆少数民族地区儿童从中受益。

女士们、先生们、朋友们!

中国是发展中大国,中国的减贫对世界减贫事业的发展至关重要。确保贫困人口到2020年如期脱贫,实现"两不愁、三保障"(即不愁吃、不愁穿,保障其义务教育、基本医疗和住房),实现贫困县全部减贫摘帽,是中国党和政府对中国人民的郑重承诺,也是对世界的庄严宣示。当前,中国仍然有近3500万妇女生活在贫困线以下,在实现中华民族伟大复兴中国梦的历史征程上,如何解决工业化、信息化、城镇化、农业现代化同步发展给妇女带来的新挑战,帮助贫困妇女改变自身素质、健康状况、发展资源、参与权话语权等方面存在的不足,阻断贫困母亲和家庭对贫困的代际传递,我们深感任重而道远。

为此,我们建议:

一是全社会要认真贯彻男女平等基本国策,共同倡导减贫领域的性别平等,消除对妇女的歧视和偏见,保障妇女平等享有发展权利、平等分享发展成果,创新政策手段,激发妇女潜力,为妇女与中国经济社会同步协调发展创造有利条件和环境;二是国际组织和金融机构应高度重视妇女减贫和发展问题,加强妇女贫困领域的国际发展合作,加大对发展中国家的资金和技术援助,缩小各国妇女发展的差距;三是各类妇女组织要共同关注妇女贫困状况,引导妇女积极参与社会和经济活动,推动妇女在创业就业、参与决策、文化教育、医疗健康、社会保障中享有平等资源和机会,为实现妇女减贫和全面发展发挥应有作用。

女士们、先生们、朋友们!

消除妇女贫困、实现共同富裕,是我们共同的职责,全国妇联将一如既往与大家携手同行，加速行动，为共建共享一个对所有妇女、对所有人更加美好的世界而不懈努力。

预祝本次论坛取得圆满成功！

谢谢大家！

在2015减贫与发展高层论坛
高级别会议上的演讲

非洲开发银行副行长
利　　兹（Janvier Litse）

女士们、先生们、会议主办方：

大家好！我很荣幸参加这次会议，我所代表的是非洲开发银行。由于我们的行长正好有一个其他的活动要参加，没有办法来参加这次会议，他要求我代表他来发言。

非开行要感谢中国的努力，感谢中国对非洲发展做出的卓越贡献；感谢中国作为非开行的股东，参与了旨在加强非开行的很多工作。中国在全球减贫方面做出了大量的贡献和努力，同时在南南合作方面也做出了典范，中国一直在提供技术以及财政支持来帮助非洲国家实现千年发展目标。非洲现在也在发生着变化，从一个令人绝望的大洲，变成了充满希望的大洲。在过去15年中，非洲变化很大。资本增长从过去的负增长到现在正增长，至少有6个快速增长的经济体是在非洲，过去十几年间人均GDP从730美元增加到2300美元。虽然最近大宗商品价格的下降给一些国家带来了挑战，但是我觉得这样一些趋势还是会继续保持下去，这是由于我们在非洲正在进行一些改革。

挑战仍然存在。的确，我们所面临的很多挑战现在还没有找到很好的解决方案，像收入分配不公问题、贫富差距问题，在南部非洲有很多的人生活在贫困状态中，非洲一些国家在民主转型中出现了一些人口的变化，人口从12亿增加到25亿。另外，非洲年轻人就业也面临着很大的挑战，有15%的年轻人找不到工作，很多年轻人每天的生活费不到2美元，这个数字仍然会继续增加。还有非洲的城市化问题，城市化的速度加快，对城市的能源、供水等的要求也会越来越高，所以需要创造出更多的城市就业机会。其他的统计数据有很多，非洲现在还有很多人生活在没有电的状态，有7亿人没有安全的饮用水，每年有百万人死于污染，这些挑战都需要我们集体的努力。可持续发展目标就是要向着正确方向转变，它是全球国际合作和发展在未来的蓝图，也将是今后15年的发展蓝图。

大家知道，可持续发展目标作为2015年后的发展目标，需要有实质性的行动。我们相信，对于非洲来说，虽然挑战很大，但是希望也很大。这个大洲要想实现可持续发展目标，面临的挑战不仅是要让很多人摆脱贫困，同时还要实现绿色增长，这也是非开行十年发展计划的一个核心内容。这个计划中包括基础设施、区域融合、绿色增长以及性别平等。我们成功执行了十年战略，但是现在非洲依然面临着一些挑战，我们的努力还需要加强，以便能够克服我们在某些领域仍然面临的障碍和限制。这方面，非开行行长在2015年9月上任伊始就提出了几个优先考虑的领域：一要给非洲人民赋权；二要为非洲人民提供足够的食物；三要提高他们的生活水平。我们在最近加强的磋商内容中，也就几个重点领域采取了各种各样内部和外部的措施。非开行实施了一个所谓"非洲新政"，就是要加强能源的可持续性，并且要建立起合作伙伴关系，来增强可再生能源的发展。我们会和非盟合作，在非洲充分发掘可再生能源资源。现在我们正在修改农业政策，增强对农业、农产品生产的投资。实际上，非洲能否充分发挥农业的潜力，是我们减贫的关键。因为只有发展好农业，我们才能不那么依赖食品的进口，才可以保障足够的稳定。

我们现在正在建设一种在农业融资方面的合作伙伴关系以及粮食安全合作伙伴关系，我们要把非洲建成未来的世界粮仓。当然我们也会关注气候变化、脆弱性等问题，我们不会忽视这些问题。我们现在也在开发和利用一些新的机会，提供更多的企业家培训，提供更多的技术，推动中小型企业的发展；我们支持非洲的工业化，使非洲的工业走到价值链的顶端；我们要提供更多高质量的工作机会，使我们的年轻人能够留在非洲；我们会关注职业培训以及各种教育体系的建设，以适应市场的需求——我们现在和非盟、国际劳工组织合作，制定一个新的创业计划。这些努力将会和其他机构共同来进行，也包括跟中国及其他国家的合作。借此机会，我想要感谢中国给我们提供帮助，和我们建立持续性合作伙伴关系，在投资、贸易以及其他开发方面，共同实施项目，我们对未来的合作充满希望。同时，我也宣布，非洲开发银行将会设立非洲发展基金，投入 20 亿美元来支持非洲各国的发展。我们将拿出 11 亿美元作为埃及的开发基金（埃及将建设一个机场，因为这个对于埃及的发展和其他方面都非常重要）。我们也将在非洲的其他国家支持各种基础设施建设项目。

最后，我想表达一下非洲开发银行的坚定承诺，我们将与中国深化合作伙伴关系，期待我们今天能够播下一颗希望的种子。

谢谢！

在2015减贫与发展高层论坛
高级别会议上的发言

北京大学校务委员会副主任、教授

李　强

尊敬的各位领导，

各位来宾、女士们、先生们：

大家好！经过多方紧张而有序的认真筹备，2015减贫与发展高层论坛今天在北京隆重开幕。首先，我谨代表北京大学向论坛的顺利举办表示最热烈的祝贺！

贫困问题是人类社会发展的难题，消除贫困是人类的共同目标。中国政府高度重视发展减贫工作，改革开放以来通过不懈努力，已经使国内六亿多人口脱贫，成为全球首个实现联合国千年发展目标使贫困人口减半的国家，为人类减贫事业作出了巨大贡献。

不久前，习近平总书记在贵州调研时强调，要科学谋划好"十三五"时期扶贫开发工作，确保贫困人口到2020年如期脱贫。这可以说是中国共产党和中国政府对中国人民的庄严承诺，也是一项具有划时代意义的承诺。因为中国作为世界上最大的发展中国家，通过社会主义制度，通过全社会的动员，再经过不到5年的努力，全面建成消除贫困奔小康的社会，这无疑将在全世界特别是广大发展中国家中树立起一个了不起的中国样板，不仅具有广泛的现实意义，而且具有深远的历史意义；不仅具有重要的中国意义，也具有重要的国际意义。

今年8月3日，联合国193个成员国达成了关于未来15年新发展议程的协议。协议提出了消除全球各种类型的贫困，确保教育质量等19项新发展目标和169项具体目标。联合国秘书长潘基文先生表示，"我们可以成为消除全球贫困的第一代人"。

应该看到，中国目前还有14个集中连片特殊贫困地区，有592个国家级贫困县，12.8万个贫困村，7,000多万贫困人口，这些地区和人口贫困程度更深、脱贫时间又紧迫，中国未来的扶贫工作会非常艰苦。这就特别需要我们按照习总书记提出的"精准扶贫、扶真贫、真扶贫"指导思想，以更大的勇气、更加务实的态度、更加坚忍不拔的作风，更加有效的创新实践，扎实苦干，精准实干，确保2020年全面脱贫奔小康的宏伟目标实现。

以天下为己任，心系人民是北京大学的传统。在中国扶贫开发事业的第一线，经常能看到北大人的身影，师生们探索着具有中国特色的扶贫理论与开发实践，积极充当政府扶贫开发工作的智囊。如2005年，80岁高龄的著名经济学家厉以宁先生，率领北京大学各学科专家教授在全国高校中率先成立了专门从事贫困欠发达地区可持续减贫和发展研究的机构——北京大学贫困地区发展研究院，将环境保护、生态建设与扶贫开发结合起来，指导了10多个省区因地制宜地开展扶贫实践，召开一年一度的理论研讨会，系统梳理和总结各地扶贫开发工作的经验。在研究院的带领下，十年来北京大学已建立起了一支高水平的专家队伍，形成了一批有份量的减贫发展研究成果，为形成中国特色的扶贫开发理论奠定了基础。大学应当在国家的扶贫开发工作中有所作为、有所建树，大学应该在各国的扶贫开发工作中，建设成为一个有智慧、有效率、有行动力，能够持续服务国家和社会需求的高级智库。

治贫先治愚、扶贫先扶教。教育扶贫，是中国扶贫开发的一个重要方面，本着"教育好一个贫困孩子，可以挖掉一个家庭穷根"的思想，2013年初北京大学全面启动了对口帮扶贫困地区教育培训的工作，在云南大理州开展了以智力帮扶的教育扶贫。2014年10月，在国务院扶贫办的倡导下，北京大学经与清华大学以及中国科学院、中国社会科学院、国务院发展研究中心等机构一起，共同发起减贫与发展高层论坛，以进一步整合社会各方的扶贫研究力量，搭建起中国扶贫研究的网络，实现论坛主题所倡导的"携手消除贫困，实现共同发展"崇高目标。

北京大学将一如既往地全力支持论坛的举办，为中国的扶贫事业贡献一份力量，希望通过本次论坛的举办能够进一步推动和加强扶贫理论、政策、实践的多方对话，进一步推进国际减贫交流合作，进一步营造全社会参与扶贫的良好氛围，进一步践行精准扶贫的工作理念，为促进扶贫开发实现共同富裕伟大的中国梦做出更大的贡献。

最后，我代表北京大学祝愿大家在这个论坛上发表精彩的见解，预祝本次论坛圆满成功！

谢谢各位！

在2015减贫与发展高层论坛
高级别会议上的发言

牛津大学贫困与人类发展研究中心主任、教授
阿尔基尔（Sabina Alkire）

尊敬的各位嘉宾，

女士们、先生们：

大家好！我很荣幸能够在国际消除贫困日来到这里演讲。我们愿意使用我们各种各样的专业知识和工具抗击贫困，帮助需要的人，就像是之前很多的嘉宾一样，我也知道可持续发展的目标的实现很难，因此必须要把贫困放在这个背景之下。

贫困有很多的形式，也包括很多的特征和维度。但是我们如何加快这个进程，更快的实现我们的减贫目标呢？在这里我想简单跟大家说一说多维贫困这个话题，并且再给大家提供一个有用的工具。我们知道，联合国开发计划署和牛津大学贫困与人类研究中心都致力于提高人民的生活福祉。因此，在2010年我们设定了标准，希望制定可持续发展的一些指标。那要如何衡量呢？我们从每个人开始，看究竟有哪些方面会影响到他/她的贫困状况，比如营养，有没有饮用水，甚至我们要计算出每一个致贫的因素的比例和权重，要放在多维贫困的背景下，以此确定一个贫困线。我们知道这在学术上是非常严谨的，比如说三分之一的贫困人口，他们可能基本上都会缺少同样的一些资源，或者说刚才提到的非洲国家，他们和我们有很多的资源缺乏都是一样的。因此，多维发展指数在2015年的时候已经覆盖到20亿人，这里面有13亿人也是我们研究的

对象。

我们观察到，随着时间的发展，这些多维指标也在发生变化，而要想知道这对中国的政策制定有什么样的影响，就要把这个指数和指标数据进行细化，按照性别、年龄进行分类，这样就会把每一个人都包含在其中。但是，说到政策研究，我们不仅要分列这些指标，还要有一个宏观的东西——我们必须知道贫困形成的背后原因，看看我们资源分配、政策指向是不是和贫困分布是一致的，因为有的时候是错位的。地方社会、公民社会还有其他组织都可以参与进来，可以成为反贫困的参与者，尤其是有些机构在某些地区的影响力是超出政府和其他机构的。那么，中国在全球多维发展指标当中是怎么样的？我们知道，中国做得很好，中国的多维贫困率只有5.2%，也就是说他们被剥夺率实际上大概是5.2%，多维发展指数是非常小的。如果要再细究中国的具体情况，我们可以看到，农村地区的贫困状况非常严重，尤其在中部、西部的贫困非常严重。同时，按照其他指标再分列一下，在不同的省份有三个维度，这三个是致贫的非常重要的三个方面。

最后，你可能会问，有些人是收入贫困，有些人是多维贫困，他们是不是同样的人？2015年，12.3%的人是收入贫困，其中只有5.2%的人是多维贫困。多维贫困是比较小的范畴。在中国还有其他的一些国家按照这种模式来看，我们可以看到很多的数据，这两个测量的指标就像两只眼睛，这样就会把整个贫困状况非常清晰地显示出来。我们依据全球多维贫困指数（MPI）采取一些防范措施，或者是用来解决问题的措施，这样更有利于实现千年发展目标。全球的MPI对所有国家都是一样的，它只能是粗略的衡量，很多的国家都有测量自己贫困问题的工具。比如对教育、就业、社会保障或者儿童的生活状况，在2009年的时候，墨西哥、哥伦比亚、南非、菲律宾、智利等国家都采用多维贫困测量方式。同时，在南南合作方面，我们也有一个多维贫困网络，有些国家像中国和哥伦比亚也互相分享经验，他们利用一体化的工具作为政策咨询工具，从而让大家的减贫工作更加有效。

　　最后，我简单说一下，多维贫困测量是在减贫实践中的一个工具，我们需要很多的社会服务，需要制度环境，还需要其他的一些因素相配合。就像习近平主席所说的，中国要实现小康社会，我们和中国在减贫方面还需要继续加强合作。

　　谢谢大家！

2015后发展议程和中国的挑战及应对

清华大学国情研究院院长

胡鞍钢　教授

2015年9月25日，联合国发展峰会正式通过了《2015后可持续发展议程》(简称SDG目标)，提出了到2030年消除全球贫困的核心目标，绘就了世界可持续发展蓝图，是对千年发展目标（简称MDG目标）的继承和升级。与MDG目标不同，SDG目标将在全世界普遍实施，要求所有国家必须参与并实现，还特别包括环境问题和可持续发展。具体地讲，包括17个可持续发展目标和169个具体目标，涵盖消除贫困与饥饿、健康、教育、性别平等、水与环境卫生、能源、气候变化等。这一议程为未来15年世界各国发展和国际发展合作指引方向，也是我们前瞻性地考虑和设计2030年中国可持续发展战略目标的国际背景。特别是习近平主席在联合国发展峰会上的讲话，明确提出了共同走出一条公平、开放、全面、创新的发展之路，这就为中国实现SDG目标的发展理念、发展目标、发展途径。形象地讲，不仅提出了"过河"的目标，也给出了"过河"的"桥"和"船"。

一、中国面临消除绝对贫困的挑战

中国在实现千年发展目标（MDG）取得令世界所公认的成绩。按世界银行提供的数据，每人每日（简称"人日均"）低于1.25美元的绝对贫困人口从1990年的6.94亿减少至2014年的4,000万人，贫困发生率从60.7%减少至3%左右；人日均低于2美元的绝对贫困人口从1990年的

9.646亿减少至2014年的1.8亿人，贫困发生率从85.0%减少至13.2%左右，其中，2010—2014年下降了10个百分点，平均每年下降2.5个百分点（见表1）。

2015年10月，世界银行按照购买力评价计算，将国际贫困线标准从人日均1.25美元上调至1.9美元，提高了52%。为此，他们重新估计了1990—2015年世界绝对贫困人口及贫困发生率（见表2）。但是没有给出各国的数据，包括中国的数据。为此，我们按世界银行原来估计的国际贫困线标准人日均低于2美元，2015年，中国还有1.8亿左右的绝对贫困人口。

按照中国国家贫困线标准（人均年收入低于2,300元），已经从2010年的16,567万人减少至2014年的7,014万人，贫困发生率从17.2%下降至7.2%（见表3），减少了10个百分点，平均每年减少2.5个百分点。

无论是按中国的国家贫困线标准还是按世界银行提出的最新贫困线标准，中国在消除绝对贫困方面，将成为今后15年（2015—2030年）发展的核心目标。

二、2020年中国：全面建成小康社会目标与消除绝对贫困目标

作为有十几亿人口的中国，全面建成小康社会的核心是在"全面建成"四个字上。全面建成小康社会的短板之短板就是那些占总人口比例小、但人口规模大的特殊人群，采取特殊办法、有针对性的做法（包括针对家庭和个人），也让他们能过上体面的小康生活。诚如习近平主席所言：小康不小康，关键看老乡，关键在贫困的老乡能不能脱贫。

"十三五"规划就是全面建成小康社会的规划，基本消除中国国家贫困线标准贫困人口，既是制订规划的核心目标，还是最繁重、最艰难的发展任务，更是落实规划的重点和难点。

我们也应当充分看到，改革初期中国的绝对贫困人口占了总人口的绝大多数，而今天仅占总人口的极少数，这就有更多的有利条件，不仅可以集中国家财力，而且可以利用90%以上的人口力量来消除不到10%

的绝对贫困人口。所谓"众人拾柴火焰高","众人能移万座山",这里的"众人"非同一般的众人,至少是13亿人口,来一起帮助1亿人口消除绝对贫困。

我们保守并乐观地估计,按照2010—2014年的做法和减贫趋势,到2020年,各类贫困发生率都会明显下降:按中国国家贫困线标准,将从2014年的7.2%下降至1%以内,不足1,000万人;按国际贫困线标准(低于2美元),将从2014年的13.2%减少至3%以内,不足3,000万人。这意味着中国有可能提前10年实现世界银行提出的2030年消除极端贫困人口目标,即贫困发生率小于3%;也意味着中国还将会对实现2030年SDG的减贫目标作出重要贡献。

三、2030年中国:全面建设共同富裕社会与SDG目标

2011年,我们前瞻性地研究了2030的中国,提出了在2020年实现全面建成小康社会之后,下一个目标就是到2030年全面建设共同富裕社会,许多方面与SDG目标有共同之处、相似之处,也有中国特色、中国特点。

我们的核心观点是:建立两个利益共同体,一是中国十几亿人民一起构建共同富裕的社会;二是全世界二百多个国家和地区、几十亿人民一起构建共同繁荣的世界。

2030的中国,将成为世界高收入国家,彻底消除绝对贫困,还需要继续减少相对贫困人口;将成为世界高教育水平,人口预期受教育年限将接近18年,构建世界上最大的全民学习、终身学习、灵活学习的学习型社会;成为健康之国,人口平均预期寿命将提高到80岁左右,其他各主要健康指标达到高收入国家水平。成为极高人类发展水平之国,人类发展指数超过0.80;城乡差距、地区差距全面缩小,基本社会保障覆盖全体人口;生态环境建设取得重大进展,进入生态盈余阶段,经济增长与能源消耗、煤炭消耗、二氧化碳排放、水资源消耗、主要污染物排放全面脱钩。在2030年之前,二氧化碳排放量达到高峰,非化石能源第一次能源消费比重达到20%,森林覆盖率达到24%。

如果中国能够实现上述主要目标，就有可能全面实现 SDG 目标。对此，我们有长期的发展实践和经验，还有行之有效的发展手段，特别是国家五年规划"看得见"的手段，充分体现了中国所特有的"目标治理"，即制订经济建设、社会建设、政治建设、文化建设和生态文明建设的"五位一体"目标；"任务导向"，即为了实现目标，确立的可实施、可实现的各项任务；"政策导向"，即有的放矢，有效制订各类政策，我形象的比喻为"用五支枪打一只鸟"，才能提高命中率。

中国实现"中国目标"和"SDG 目标"，不是相互矛盾，而是相互统一，不是相互冲突，而是相互协调，不是相互抵消，而是相互促进。

我相信，中国还会成为实现 SDG 目标最好的国家之一，还将为全球实现这一目标作出最大的贡献。中国的成功就是世界的成功。

表 1　中国国际贫困线人口及发生率（1990—2020）

年份	人日均低于1.25美元		人日均低于2美元	
	贫困人口（万人）	贫困发生率（%）	贫困人口（万人）	贫困发生率（%）
1990	69,400	60.7	96,460	85.0
1993	65,066	54.9	94,340	79.6
1996	45,773	37.4	80,600	66.2
1999	45,283	36.0	77,520	61.9
2002	36,095	28.1	64,950	50.7
2005	20,659	15.8	46,970	36.0
2008	16,335	12.3	37,583	28.3
2010	12,336	9.2	31,109	23.2
2011	8,530	6.3	25,061	18.6
2014	4,000	3	18,000	13.2
2020	0	0	< 3,000	< 3

数据来源：世界银行数据库

http://povertydata.worldbank.org/poverty/country/CHN

表2　世界贫困人口及贫困发生率（1990—2015）

年份	人日均低于1.9美元	
	贫困人口数（亿人）	贫困发生率（%）
1990	19.58	37.1
1999	17.47	29.0
2011	9.87	14.2
2012	9.02	12.8
2015	7.02	9.6

数据来源：世界银行网站。

表3 全国农村贫困人口及贫困发生率（2000—2020）

年份	2008年标准		2010年标准	
	贫困人口（万人）	贫困发生率（%）	贫困人口（万人）	贫困发生率（%）
2000	9,422	10.2		
2001	9,029	9.8		
2002	8,645	9.2		
2003	8,517	9.1		
2004	7,587	8.1		
2005	6,432	6.8		
2006	5,698	6.0		
2007	4,320	4.6		
2008	4,007	4.2		
2009	3,597	3.8		
2010	2,688	2.8	16,567	17.2
2011			12,238	12.7
2012			9,899	10.2
2013			8,249	8.5
2014			7,014	7.2
2020			1,000	< 1.0

数据来源：国家统计局编：《中国统计年鉴2014年》，第170页；2014年数据来源于李克强：《政府工作报告》，2015年3月5日；2020年数据系作者估计。

在2015减贫与发展高层论坛
高级别会议上的发言

世界银行驻中国、蒙古和韩国局农村发展组组长

帕 沃（Paavo Eliste）

女士们、先生们：

我很高兴有机会在全球减贫和发展论坛上发言。我想感谢国务院扶贫开发领导小组邀请我们参加这次重要的会议。

世界银行在努力增加中国农村家庭收入方面有着长久的历史，我们与中国政府的合作，特别是和扶贫开发领导小组的合作可以追溯到25年前。我们与国务院扶贫办的广泛合作包括三个主要的贫困评估和六个国家级扶贫项目。这些项目通过改善公共服务以及改善农业生产和市场准入来消除极端贫困农村家庭。这些项目还通过创造就业机会、增加经济活动使其他人群受益。

大家应该知道，世界银行关于扶贫有两个具体的目标：第一个就是将绝对贫困人口数（生活在贫困线以下的人）减少到3%。第二个是实现共同繁荣，以实现减少不平等的发展。我们将促进40%的最贫困地区的经济增长和发展效益，只有这种方式，我们才能够减少不平等。这两个目标目前对中国仍然很相关。中国在推动全球减贫议程中仍然发挥着重要作用。1981年发展中国家的贫困人口总数为11亿，超过42%的人口在中国。2011年全球极端贫困人口约减少了9.5亿，中国在贫困的发展中国家的份额约减少了8.3%。值得注意的是，从1981年到2011年，大约80%的全球减贫发生在中国。事实上，全球减贫在过去的几十年一直以

63

大约每年 1% 的速度下降。如果我们排除中国的话，我想这个速度会低得多。然而，中国依然是世界第二大贫困人口集中地区，仅次于印度。中国在过去 25 年的减贫过程中取得了显著成就。过去的三十年中，超过 7.5 亿的贫困人口脱离穷人的行列。自 1980 年开始，促进经济增长和改善公共服务已经是中国减贫项目的核心。然而，到 2014 年底，仍然有约 7,000 万农村人口生活在官方贫困线以下，这些人每年的年收入约为 2,300 人民币。

中国政府已经把发展重点放在消除贫困和共享繁荣。中国领导人已经明确表示：消除贫困是现在中国的首要任务。四个重点之一就是消除贫困。进一步减少贫困也是中国成为一个现代、和谐、高收入的国家必不可少的一部分。然而，"新常态"下经济增长的放缓对家庭收入的增长形成挑战，财政收入增长下降可能带来财政和预算限制，这将会影响到社会事业。此外，剩余贫困人口逐渐分散，集中减贫的目标变得越来越困难。这些人口主要居住在西部和内陆省份的农村地区、高山上的村庄或少数民族地区，家庭教育和人力资本水平方面较低。同时，脆弱性贫困这样一个较大的社会保障议程依然存在于农村和城市中。越来越多的不平等风险普遍存在于城乡之间、城市人口和城市移民人口之间。因此，需要改进现有减贫项目的效率和有效性，这需要更好地理解中国剩余贫困人口的分布和组成。

中国现有的精准扶贫计划将会为农村提供更有用的信息，并设计更有针对性的扶贫项目，但同时也需要关注城市贫困。接下来的几年里，仍有一些重要的因素会影响到农村减贫。这些因素包括城市化和人口结构的变化。预计城市化水平到 2030 年将由目前的 53% 增加到 66%。更多的关注应放在城市中那些缺乏社会地位和只能获得有限社会服务的农民工身上。使农民工融入城市的优先任务依然是为他们提供住房和改善社会保障服务。另一方面，快速城市化将推动食品消费模式的变化与对食品安全和增加食物营养的需求。这将给农村农业生产者提供创造经济效益的机会，甚至可以在偏远地区的生产基地生产无污染食品。

同时，要为包括资源贫困落后地区在内的大量人口迁出的农村地区提供新的经济机会。这种转变是将土地与相关价值链资源整合，通常是伴随着技术和物流方面的进步和运输成本的降低，通过与一个新兴的现代农业部门合作来创造新的市场机会。

我们新一期农村扶贫项目，支持政府减贫议程都集中在这一部分。这些项目按照2011年《中国农村扶贫开发纲要》，提出了集中消除贫困的新方法。重要的是要"通过工业化促进减贫"，这与正在进行的农村转换过程密切相关。我们新一代的农村扶贫项目通过促进农业现代化和商业化发展，推动农民合作社与现代农业部门建立伙伴关系来实施2015年后发展议程。同时，将加强农村地区政策框架内，调整农民、政府和私人部门的角色和职责，以发挥市场在减贫方面发挥重要作用。

再次感谢国务院扶贫开发领导小组在过去25年里与我们的出色合作，世界银行集团仍将继续全力支持中国减贫议程。我们相信，在各方的努力之下，中国的减贫议程将取得重大成果。

诺贝尔奖的启示——新型双重发展方式

联合国开发计划署驻华代表处政策与伙伴关系团队主管
芮婉洁（Hannah Ryder）

主席先生，各位来宾，

女士们、先生们：

非常感谢国务院扶贫办、中国国际扶贫中心和其他各方邀请我参与下午的讨论。我很荣幸与其他杰出的演讲嘉宾一起，在诸位贵宾前发言。事实上，在这种场合下，作为最后一名演讲嘉宾，我面临着两个难题：其一，时间紧迫；其二，前面几位嘉宾已经竭尽所能阐述其观念，我难以标新立异。

然而，今天上午，联合国开发计划署署长海伦·克拉克女士在人民大会堂发表了精炼的致辞，予我以启示，因此，我也务必简洁行事，仅谈如下三点：中国的减贫事业、中国为实现减贫所开展的南南合作、以及包括开发署在内的国际机构如何支持上述两项工作。

在正式谈这三点之前，我想先谈谈关于诺贝尔奖的好消息。近来，中国的街头巷尾都在热议诺贝尔奖。因为今年，中国的科学家屠呦呦荣获诺贝尔奖。除了获奖以外，她的非凡成就在于帮助解决发展中国家面临的一大难题——疟疾，因此和发展息息相关。今年的另一位诺贝尔奖获得者、经济学家安格斯·迪顿同样关注发展问题。他针对家庭开展了细致的调研并因此获奖。此外，他在其他研究领域亦可谓出类拔萃，尤其是对传统对外援助的批评，也因此饱受争议。由于时间问题，我将不再探讨具体细节。但是，我认为，这是我们今天探讨的一个饶有兴趣的出发点，因为他的核心观点在于结构转型和精准干预对发展至关重要。下面我将阐述三个观点。

首先，就中国而言，我们都清楚地看到，中国一直以来，都将经济结构转型与精准减贫紧密挂钩。的确，自20世纪90年代以来，中国成功使4.39亿人口摆脱贫困，这一成就可以归功于自上而下和自下而上两种方式之间的精妙平衡。将来，这种方式将仍具重要意义，即便不是日益重要的话。不平等是一个结构性问题，只能通过采取结构性政策，包括就业、税收、土地改革，才能解决不平等现象。此外，还要针对城市和农村的贫困人口采取专门措施。这二者相辅相成、缺一不可。开发署将于今年底发布核心出版物《人类发展报告》。在撰写的过程中，也采取了这一方式，并据此开展研究、提出建议，以期进一步改进中国的人类发展。

其次，就中国与其他国家的合作而言，中国与其他国家开展合作，也采取了全局的方式。习近平主席最近在联合国宣布的诸项举措，均彰显了这一方式。这些举措不仅仅致力于提高对发展中国家的资金援助，同时还承诺减少贸易壁垒、加强教育并支持维和行动。在融资领域，正如亚洲基础设施投资银行候任行长金立群先生所言，中国一直以来致力于在农村地区开展小型农业和其他项目。中国可以并且应当继续采取这种全局方式，甚至不乏可能进一步增加多样性及创新，继续支持贫困国家的结构转型，并开展具体的减贫实践。

最后，我想谈谈包括开发署在内的国际组织的作用。我们扮演什么样的角色？一项重大的成就是联合国所有成员国一致同意批准了可持续发展目标。和千年发展目标不同，可持续发展目标将采取整合性及全局性的方式，亦可称作双重的方式。这些目标不仅鼓励包括开发署在内的组织关注特定倡议，还激励我们支持成员国政府，制定正确的政策，营造有利的环境，从而彻底消除贫困。当然，这是一个雄心勃勃的愿景，且十分复杂，但是却异常重要，因此我们都认为这一挑战振奋人心。

我的发言就此结束，感谢各位耐心聆听。我们期待与中国政府、各位演讲嘉宾以及在座各位携手共同应对挑战。

全面实施精准扶贫战略　坚决打好扶贫攻坚战

国务院扶贫开发领导小组办公室主任
刘永富

女士们、先生们、朋友们：

下午好！中国高度重视扶贫开发工作。党的十八大以来，以习近平扶贫开发战略思想为指导，把扶贫作为党和政府的历史使命和重大职责，纳入"四个全面"战略布局进行部署，作为全面建成小康社会的底线目标进行安排，提出到2020年所有贫困人口实现脱贫，所有贫困县全部"摘帽"的任务，实施精准扶贫战略。一是各级干部深入贫困地区进村入户了解贫困状况，开展贫困识别，确定了12.8万个贫困村，3000万贫困户，明确扶贫对象。二是基本实现每个贫困村都有驻村工作队，每个贫困户都有帮扶责任人，落实帮扶责任。三是推进扶贫机制改革，建立贫困县考核机制、约束机制，改革财政专项扶贫资金管理机制，创新金融扶贫体制机制。四是以村级道路畅通、饮水安全、电力保障、危房改造、特色产业增收、乡村旅游、教育扶贫、卫生和计划生育、文化建设以及贫困村信息化十项重点工作，改善贫困地区贫困群众的生产生活条件。五是设立扶贫日，开展广泛的社会动员。2013年、2014年连续两年完成千万以上减贫任务，贫困地区基础设施继续改善，社会事业逐步发展，贫困群众的收入水平不断提高。

当前，中国仍有7000多万贫困人口，扶贫开发已进入啃硬骨头、攻坚拔寨的冲刺期。为实现到2020年全面消除现有极端贫困，我们将全面实施精准扶贫战略，做到"五个着力"。

——着力建设扶贫开发大数据。对建档立卡贫困县、贫困村、贫困户、贫困人口，进一步分析基本特征、致贫原因、脱贫需求，制定脱贫规划，确定帮扶措施，监测帮扶成效，出台贫困退出办法，建立扶贫开发大数据，做到扶持对象精准、因村派人精准、脱贫成效精准。

——着力建立分类施策政策体系。根据致贫原因，确定有针对性的措施办法，坚持分类施策，让扶贫资源和政策措施落实到村到户到人。坚持开发式扶贫，把扶贫政策与最低生活保障、教育、医疗卫生等社会政策相衔接，扶贫开发与产业发展、生态建设相结合。通过扶持生产和就业发展一批、移民搬迁安置一批、教育培训脱贫一批、生态保护脱贫一批、社会保障兜底一批，做到项目安排精准、资金使用精准、措施到户精准。

——着力发挥贫困群众的主体作用。坚持尊重贫困地区贫困群众的主体地位和首创精神，加强对贫困地区贫困群众的思想发动，加强贫困地区基层组织建设，发展村级集体经济，充分调动贫困群众的积极性，提高他们的知情权、参与度、获得感，激励自力更生精神，激发脱贫的内生动力与活力。

——着力实施更广泛的社会动员。坚持中国特色的社会扶贫体系，深化、细化、实化党政机关企事业单位定点帮扶、东西部扶贫协作、军队武警参与扶贫，提高针对性、有效性，加强帮扶成效考核。进一步动员民营企业、社会组织和公民个人广泛参与，形成人人皆愿为、人人皆能为、人人皆可为的社会氛围，帮助别人，升华自己，凝聚扶贫攻坚强大合力。

——着力发挥政治优势和制度优势。坚持党的领导，省市县乡村五级书记一起抓，发挥政府的主导作用。落实贫困县主体责任，把主要精力用在扶贫开发上。落实相关部门的行业扶贫责任，把扶贫任务优先纳入行业规划并认真实施。落实贫困村第一书记和驻村工作队的帮扶责任，不脱贫不脱钩。形成政府、市场、社会协同推进的扶贫大格局。

女士们、先生们、朋友们!

中国 2020 年的减贫目标与联合国 2015 年后发展议程相呼应。中国全面实施精准扶贫战略是人类扶贫史上的伟大实践。中国愿与国际社会加强减贫领域的交流与合作,分享成功经验,共同面对挑战。让我们携起手来,协力推进实施 2015 年后发展议程,为人类减贫事业作出贡献!

谢谢大家!

在2015减贫与发展高层论坛
高级别会议上的发言

南非农村发展与土地改革部部长
恩昆蒂（Gugile Ernest Nkwinti）

女士们、先生们：

非常感谢各位能够让我有机会来做这样的一个演讲，也欢迎大家在我演讲后对我的结论进行讨论。从我的演讲中，大家可以了解南非在扶贫方面依然面临着结构性艰巨的目标和任务，也可以从中了解到一些南非的情况。

整体来讲，南非社会保障体系还是比较稳固和全面的，较好地应对了进入社会保障系统中的人数增长，包括年轻人和老年人。从这个意义上讲，南非并不是解决了贫困的结构性问题和矛盾，而是解决了人民的饥饿问题。饥饿只是贫困的一种表现，而这正是我们要做的工作。因此我们现在有责任来解决结构性贫困的这个问题。结构性贫困实际上是南非的殖民主义留下的。众所周知，南非的历史属于两个世界，一个是白人的世界，一个是黑人的世界；一个是发达世界的少数人，而大多数人是处于一个贫困世界当中。贫困人口一般都是本土的南非人，这也是我们需要思考的应该做的事情。

我们目前在做的是如何应对和解决绝对贫困。从图表中可以看出，即便是在1994年我们已经实现民主化进程时期，我们国家的社会经济转型依然没有完全实现。因为就当时的国家而言，我们主要强调国家的团结，而不是这个国家的社会和经济转型。即便是在1994年以后，我们成为了民主国家，那些已经有权力和特权的人，他们榨取了其他团体和群体的价值。因此，需要大家注意的是，南非作为一个民主政府，在白人对黑人进行压榨的基础上，对世界进行开放的时候，往往是白人得到更多的权力。种族隔离时期的制度中，有一些是主要解决贫困的白种人的问题。当我们掌握了国家权力之后，我们利用种族隔离存留的资产去偿还相应的债务，并且将这样的政策进行了提升。

我们现在必须面对的贫困问题，就是要解决结构性贫困。这也是我想说的，也可以体现我们应该做什么事情。在南非，大约有15%左右的南非人控制着整个南非的经济。因此，我们需要从反面来看待这个问题，转变结构性贫困，从而能增加就业。因此，要转变南非的结构性贫困，从而真正改变贫困状况。所以，我们现在做的事情就是我们真正想做的事情。在南非一些贫困地区，我们进行集中扶贫，并开展了一些项目，这些项目预计会给这些地区带来很大的变化。我们希望大家感兴趣的是，我们是怎样寻找这些地区的，又是如何在这些地区采取针对性政策的。这些地方的贫困人口都是本地人，本土人。

最后，我想说的是，在过去的20年里，南非的社会保障体系发展得非常好，国家计划对我们有很大的支持。在今后的十几年，即2030年之前，我们关注的问题仍然是解决结构性贫困。

再次感谢！

创新社会治理，实施精准扶贫

中国社会科学院副院长
李培林

改革开放以来，中国数亿人摆脱了贫困，为全球反贫困事业和实现联合国千年发展目标作出了重要贡献，得到相关国际组织和世界舆论的高度评价。进入21世纪后，中国进一步加大扶贫减贫工作的力度。从2011年开始，中国把农村贫困线标准大幅度提高到年人均纯收入2,300元，大概相当于按购买力平价计算每人每天收入2美元，已经高于世界银行最近刚公布上调的按照购买力平价计算每人每天收入1.9美元的国际贫困线标准。

按照中国目前的贫困线标准，到2014年中国农村还有7,017万贫困人口。2015年6月，习近平主席在贵州调研期间提出，要"科学谋划好'十三五'时期扶贫开发工作，确保贫困人口到2020年如期脱贫"。这一号令标志着中国将进入一个攻坚克难、大幅度减少贫困的新阶段。在6年时间内减少7,000多万贫困人口也将成为中国"十三五"时期的重要规划目标和到2020年全面建成小康社会的约束性指标。

然而，要实现这一目标，中国也面临着前所未有的困难。一是按照国际经验，当贫困人口下降到总人口的10%以下时，减少贫困会进入一个瓶颈阶段，中国前些年每年减少贫困人口1,000多万人，但近两年也出现减贫人数递减的态势；二是目前我国的7,000多万人贫困人口，大部分分布在11个集中连片贫困地区，这些地区或是自然资源贫乏、或是生态环境脆弱、或是生存条件恶劣，而且往往基础设施落后，产业发展严重

73

滞后，减贫难度比过去大幅度增加；三是贫困家庭很多存在着劳动力不足、成员有残疾、重病以及鳏寡孤独等情况；四是我国社会保障体系尚不完善，保障水平也还有限，农村的教育质量也相对薄弱，这些也会造成贫困的代际传递。

面对这种扶贫减贫的新情况、新问题，我国将实施以减贫结果为导向的精准扶贫新战略。所谓以减贫结果为导向，就是要将扶贫资金分配与扶贫目标任务、减贫效果挂钩，扶贫资金不能以任何理由被挪用，更不能"打水漂"。所谓精准扶贫，一是要精准识别贫困对象，扶贫资金要落实到户，不能冒领，不能随意扩大扶贫范围，也不能把贫困县帽子当获取扶贫资金的路子，让扶贫资金在阳光下运行；二是要精准实施扶贫措施，重在提高贫困家庭自身的脱贫能力，要认真总结各地扶贫经验，根据不同情况因地制宜，抓住关键"短板"，采取开发扶贫、生态扶贫、移民扶贫、教育扶贫、基础设施建设扶贫、信贷扶贫、项目扶贫等有针对性的多样化的扶贫措施；三是精准制定减贫目标的路线图、时间表，以2020年为节点倒计时，把扶贫减贫任务作为贫困县、贫困乡政府的主要工作考核指标，决不能让贫困地区和贫困群众在全面建成小康社会中掉队。

实施精准扶贫是近年来我国总结扶贫经验提出的一项重要举措，要认真加以落实，做到扶持对象精准、项目安排精准、资金使用精准、措施到户精准、脱贫成效精准。扶贫开发贵在精准，重在精准，成败在于精准。

贫困治理是社会治理的一个重要组成部分。创新社会治理体系要注重构建政府、市场、社会协同推进的大扶贫开发格局。扶贫减贫不能完全依赖国家的财政转移支付，不能完全依赖政府对贫困地区和贫困家庭在物质上、经济上的补贴和扶持，要加强政府部门、市场组织、社会力量等多种减贫主体的协作，营造有利于提高贫困人口脱贫能力的社会网络和社会资本，加强贫困地区的社区建设，形成全社会帮助贫困人群的社会舆论和社会风气，动员全社会力量帮贫扶贫，阻断贫困的代际传递，防止脱贫人口的重新返贫。

在2015减贫与发展高层论坛
高级别会议上的发言

格林纳达住房和社区发展部部长
托马斯（Delma Thomas）

我代表格林纳达政府和人民，向大家致以诚挚的祝福和问候！谢谢你们安排我访问！我代表格林纳达，赞赏我们国家之间深厚的友谊关系，期待我们未来更深层次的关系。两年半之前，格林纳达政府在总理米切尔博士的领导之下，致力于减少社会贫困。

深度贫困一直是格林纳达的历史性问题。事实上，据估计，约有60%的人口生活在贫困线之下。目前为止，我们通过很多干预措施，通过经济稳定增长，已经大幅度减少了贫困人口。现在的贫困水平被认为是大约40%左右。虽然我们很感谢也很满意当前的进展，但仍然有大量的减贫工作要做。政府在积极推进经济振兴政策，由私营部门扩大到农业、旅游和帮助人们寻求开放的小型企业。在这些经济政策的推动下，经济增长将迎来一个新的时代。我国政府在政策中很清楚地认识到，增长的经济在中期和长期的减贫斗争中至关重要。也就是说，政府必须采取具体的干预措施帮助弱势群体，确保他们在困难时期得到必要的帮助。在这方面，我们特别感谢中国政府的援助，特别在住房方面。我们依然面临着严峻的住房问题，主要是由于飓风完全摧毁了我们的经济。通过你们的帮助，我们已经在格林纳达多处建立了面向低收入人群的房屋。不过即使这样，依然无法满足弱势群体的住房需求。住房依然是一个迫切的需要。我们将继续寻求对格友好的政府在这方面的帮助。

　　我国政府也针对扶贫发起了一项社会保障政策和行动计划。我们已开始着手开展技能培训，尤其是对妇女的培训。同时，我们建立了一个面向失业者和老人的系统性援助项目，帮助广大受助家庭把孩子送到学校，项目中实施统一的交通和饮食计划。我国政府决心确保下一代都拥有受教育的权利。在格林纳达，我们也制定了一套青年实习计划。通过该计划，成千上万30岁以下的年轻人有机会勤工俭学，满足自己的基本生活需要。这一项目将会进一步扩大。中国政府在提升人力资源、提高经济水平和就业机会方面给我们留下了深刻的印象。中国为广大为减贫而奋斗的国家树立了光辉的榜样。我希望我能从中国的经验中学到更多。我们毫不怀疑，作为发展中国家，中国有很多经验值得我们学习。

　　很荣幸来到这座美丽且历史悠久的城市。请再一次接受来自格林纳达政府和人民的深切问候！

　　非常感谢！

中国减贫：涓滴效应、
包容性增长与扶贫规划

国务院发展研究中心农村经济研究部
叶兴庆

　　回顾中国农村的减贫历程、展望中国农村未来的减贫前景，应注意三种推动力的作用及其变化。一是经济增长的涓滴效应（trickle-down effect），二是包容性增长（inclusive growth），三是政府主导的专项扶贫规划。

　　从经济增长的涓滴效应来看，中国经济持续30多年的快速增长让大多数人受益，并摆脱贫困。发展是硬道理，发展是解决中国所有问题的关键。1979-2014年，中国GDP年均增长9.7%，农业生产年均增长4.5%，农民人均纯收入年均增长7.6%。这是36年来中国农村贫困人口大幅度减少的最重要基础。特别是在经济快速增长的早期阶段，经济增长的涓滴效应和减贫效应尤为明显。1979-1985年的7年间，中国GDP年均增长9.8%，农业生产年均增长6.5%，农民人均纯收入年均增长15.2%，农村贫困人口从2.5亿人减少到1.25亿人，农村贫困发生率从30.7%下降到14.8%。用7年时间把农村贫困发生率减半，最根本的力量是农村改革释放出的增长潜能。

　　从包容性增长看，实施区域协调发展和城乡统筹发展战略，帮助边远地区和农村获得更多的发展机会。随着经济增长的推进，涓滴效应出现递减，主要原因在于，实施沿海率先开放战略这一外在因素和区位比较劣势这一内在因素使中西部地区特别是"老少边"地区未能及时搭上全国经济增长的快车，城乡二元体制阻碍农村进一步分享经济增长成果。为对冲涓滴效应递减，中国从1999年起实施西部大开发战略，加强西部地区特色优势产业、基础设施、生态环境建设，2007年以来西部地区经济发展速度已连续8年超过东部地区，全国区域发展协调性增强；中国从2002年起实施统筹城乡发展战略、逐步在农村建立起各种社会保障制度，从2004年起实施农业补贴和主要农产品托市收购政策，从2006年起推进新农村建设，2010年以来农民收入增长速度已连续5年超过城镇居民，全国城乡发展协调性增强。

从政府主导的专项扶贫规划来看，国家拿出专项资金，瞄准贫困线以下的农村人口，取得了明显的减贫效果。由于区位条件非常不利、人力资本极度匮乏，总有一部分乡村和农户，涓滴效应难以惠及，包容性增长难以覆盖，需要靠政府主导的专项扶贫规划帮助他们增加收入、摆脱贫困。早在1982年，中国政府就意识到这个问题，安排"'三西'农业建设专项补助资金"，对甘肃的河西、定西和宁夏的西海固地区进行开发式扶贫。1986年，中国政府提出要对"老少边"地区实行特殊的扶持政策，并成立专门的政府机构、安排专项扶贫资金。1994年以来，先后实施了《国家"八七"扶贫攻坚计划》、《中国农村扶贫开发纲要（2001-2010年）》和《中国农村扶贫开发纲要（2011-2020年）》。

在过去30多年间，涓滴效应、包容性增长和政府主导的专项扶贫规划，各有各的功能，各自发挥了不可替代的作用，都是中国有效减贫的重要途径。

中国经济发展已进入新常态。受经济增长速度从高速转向中高速影响，居民收入增长速度也将下降，经济增长的涓滴效应将进一步减弱。包容性增长的主要措施，如以工业化城镇化吸纳农村剩余劳动力就业、持续提高农产品相对价格，将面临严峻挑战。在这种背景下，在中国推进2015年后发展议程，消除绝对贫困、改善底层40%人口的收入状况，尤其需要加大政府主导的专项扶贫规划的实施力度，使贫困乡村和贫困农户有更多的发展机会。

在2015减贫与发展高层论坛
高级别会议上的发言

莫桑比克性别、儿童和社会行动部规划合作司司长
欧非（Elsa Roia Alfai）

非常荣幸能够代表莫桑比克性别、儿童和社会行动部以及代表我们莫桑比克代表团，参加今天的国际发展议程与精准扶贫高级别会议，感谢邀请我来跟大家分享莫桑比克在减贫方面的一些经验。莫桑比克目前有2,500万人，根据2008—2009年的统计数据，54%的人每天生活费不到1.25美元。今年，我们开展了贫困评估，会拿到一些新的数据。

为了促进减贫，莫桑比克政府制定了三条政策。这些政策中有四个重要的支柱：第一个支柱是开发人力资源；第二个支柱是良好治理；第三个支柱是创造就业，增加生产力和竞争力；第四个支柱就是开发几种设施行业。鉴于最弱势的群体是妇女、儿童、残疾人和老人，他们受到贫困的影响最大，有了这四个支柱以后，我们会把完善社会保障措施作为减贫的一个非常重要的工作。

过去的九年时间里，我们将社会保障政策提升到了国家层面，这个政策有三个主要的目标：一是要扩大我们的社会保护的范围，也要去针对那些弱势群体；二要增加他们的消费和营养，因为在莫桑比克我们面临着非常大的挑战，即3%的孩子都长期营养不良；三要加强减贫机构的能力建设。我们国家目前也在建立一个社会保障制度，这项制度对于提升对教育、社会援助以及弱势群体的重视程度来说非常重要。2007-2014年期间，莫桑比克政府创造出了两个机制，使弱势群体能够获得资金的

援助。这些机制有两个支柱：一是要推进就业创造更多的收入机会；二是保障对弱势群体的社会保护，即使在农村地区他们也可以拿到这笔钱。在具有战略意义的城市扶贫项目中，政府还在进行一些教育方面的改革，以便能够确保弱势群体获得教育服务。我们制定了2015-2024年新的社会保护计划战略。在这个新的战略当中，我们要考虑可持续发展目标给我们提出的挑战。相应地，我们也提出了四个主要目标：第一个目标就是要增加弱势群体的消费以及他们的风险承受能力，防止他们受大风险的伤害；第二个目标是改进营养状况，防止营养不良；第三个目标是规避社会风险的能力，如家庭暴力、自然灾害；第四个目标是要确保能力建设。我们希望能够扩展我们的项目，比如现金转移支付的项目。我们同时还希望能够扩大直接支持，为需要食品的人提供食品支持。此外，还有拓展社会选择等倡议。到2024年，我们将会针对300万人开展这个项目，相信有了这个社会保护倡议之后，我们可以将贫困率降低20%。投资于社会项目是和人力资源发展相联系的。如果拥有良好的人力资源，会加速这个进程。

谢谢！

中国精准扶贫精准脱贫战略实施
第三方评估结论与建议

中国科学院地理科学与资源研究所研究员

刘彦随

报告内容包括：评估主要任务、评估基本结论、主要对策建议三个方面。

一、评估主要任务

按照国务院部署，中国科学院经竞标成为2015年"实施精准扶贫、精准脱贫"国务院重大政策措施落实情况第三方评估机构。

接到国办委托函之后，由中国科学院地理资源所区域农业与农村发展研究中心主持制定评估技术方案、调研工作手册；制定针对省、县、村扶贫干部、企业及不同农户的7套调查问卷；中科院成立了评估领导小组（白春礼院长任组长）、咨询专家组（石玉林院士任组长）、评估总体组（葛全胜所长任组长））、评估专家组（刘彦随研究员任组长）；组建了由本专业75名专家学者组成的评估团队，分7个组开展实地调研；共调研了13个省区、23个贫困县、124个贫困村、64家扶贫企业，完成农户调查2,140份、访谈干部群众2,600余人，走访部委15个；完成专题研究、评估报告40余万字。8月26日，国务院第103次常务会议专门听取了第三方评估成果汇报。

二、评估基本结论

各地围绕今年再减少农村贫困人口 1,000 万人以上的目标任务,深入贯彻落实有关部署,取得显著进展。

(一)精准扶贫重点工程实施进展顺利。全面落实干部驻村帮扶、教育培训、小额信贷、旅游扶贫,探索电商扶贫、光伏扶贫、创业培训,创新整村推进、股份合作新模式,积极推进"六精准"扶贫措施。

(二)深入探索创新精准扶贫工作机制。各地基本完成贫困对象精准识别,陆续出台贫困县考核办法,逐步完善金融服务机制,积极探索社会扶贫机制。

(三)加大易地扶贫搬迁和生态移民力度和投入强度。重点移民搬迁项目实施顺利,移民群众生产生活条件显著改善。

(四)扶贫资金分配、使用和管理改革初见成效。资金拨付效率稳步提升,使用和监管机制得到完善和健全。截至 6 月底,中央第一批专项扶贫资金 94% 已拨付到县。

调研显示,94% 的受访对象认为国家对精准扶贫工作空前重视、目标更加明确,贫困户对脱贫充满信心。但因国内外经济增速减缓等复杂形势,贫困人口就业、收入出现波动或下滑,增大了扶贫攻坚难度。今年的减贫任务非常艰巨,需采取超常规措施,加快进度、加大力度,才能完成预定目标。

(五)评估中发现一些新问题应予以高度重视。一是贫困人口识别难度大、存在漏贫现象。由于收入识别操作难,13.1% 受访农户认为漏掉了真正的贫困户;二是专项扶贫资金总量小、分配散、约束多,2015 年专项扶贫资金人均不足 1,100 元,而且资金分散、约束太多;三是贫困退出与再入机制不完善,"有出无进",一些群众担心"被脱贫"。调查测算发现,近 3 年贫困区平均返贫率为 12.9%;四是扶贫基层机构不健全、扶持政策不配套,乡镇扶贫队伍缺,贫困地区的土地、财税、金融等配套政策不到位。

三、主要对策建议

从评估情况看，预计"十三五"期末，在区域层面，中国可以全面消除连片贫困区和贫困县。但在个体层面，对少数相对贫困人口，仍需通过精准帮扶、低保兜底来协同解决，实现贫困、低保"两线合一"。

胡焕庸线（1935年）以东、以西贫困片区面积分别占26.4%、73.6%，贫困人口分别占83.6%、16.4%。可见，此线以东贫困片区是精准扶贫与脱贫的重点区。为确保精准扶贫目标的实现，特建议：

（一）推进不同层次扶贫政策措施的精准化。在区域层面，确立国家—省—县—乡—村五级体系，应加大贫困地区生产性、设施性项目投资，支持扶贫企业转型发展。正确认识精准扶贫深度与发展广度的关系；在个体层面，加大精准帮扶和社会救助力度，用以工代赈和救助兜底帮扶一批贫困人口。

（二）完善农村贫困户动态监测与识别体系。健全多维度贫困测度方法，建立脱贫户动态监测体系，切实解决漏贫、返贫、被脱贫等"三贫"现实问题；重点村镇设立扶贫工作站，链接精准扶贫最后一公里。

（三）整合扶贫资金，将审批责权下放到县。要摸清基层对扶贫资金真实需求，上级部门强化目标管控、资金监管，整合多渠道资金办实事；资金项目申报权下放到县，贫困县灵活、精准支配资金，变"大水漫灌"为"精细滴灌"。

（四）深化区域性精准扶贫政策与战略研究。贫困化是一种"乡村病"。精准扶贫要与村镇发展相结合，建议将消除贫困村、整治空心村、根治乡村病纳入"十三五"规划，并制定差别化区域政策。明确扶贫阶段性任务，"前紧后松"，即基础性、生产性设施建设先行，逐步扩大脱贫规模，不断提高扶贫效率。

（五）进一步推进创新精准扶贫体制机制。推进精准扶贫法治化、制度化，强化政策扶贫、制度扶贫、科技扶贫，因地因贫制宜，夯基础、促转型、保发展；创新国家政策性银行机制，建立精准扶贫专项授信基金，破解扶贫企业资金缺、贷款难的困境；推进贫困县综合改革试点、创新扶贫体制制度，实施精准扶贫“万众创新计划”，择优购买扶贫服务。

总之，为科学推进中国精准扶贫精准脱贫重大战略，全面实现农村减贫与发展目标，在政策措施上，亟需健全分层次管控、多维度识别、多渠道整合、区域化施策、制度性突破“五管齐下”的协同机制。

在2015减贫与发展高层论坛 高级别会议上的发言

哥伦比亚社会繁荣福利署顾问兼协调员 费尔南德斯（Ariza Manuel Fernandez）

尊敬的各位阁下，

尊敬的各位领导们，

女士们、先生们：

我很荣幸能够来到这里代表哥伦比亚政府发言，我在此与大家分享哥伦比亚在减贫方面的一些工作。

哥伦比亚的人口只有4,100万，在过去的五年间，我们的贫困率有所降低，显示出我们的社会项目是非常有效的。9月份，统计局发布的数据显示，从2010年6月到2015年，贫困率从39%减少到28%左右，这意味着大概有400万人脱贫。我们2018年的目标也是要减贫，而且减贫的幅度要达到25%。这样的话，我们的极端贫困发生率可以从13.5%降低到7.9%，即有220万人摆脱极端贫困。而2018年，我们希望把这个指标减少到6%左右，也就是仅6%的人处于极端贫困状况。2010-2015年，我们贫困人口收入增长的速度非常快，比普通人要快，指标显示增长速度达到59%，而我们收入最高的人群收入增长的速度只有20%左右。哥伦比亚有很好的宏观经济政策，有稳定的经济增长，同时失业率很低，而且我们在债务偿还方面也是非常负责的国家，我们有非常良好且健康的经济政策，这些政策有力地推动了过去这些年的减贫工作。

我们的经济增长是非常重要的一个减贫引擎。同时，正如大家提到过的，要关注一些政府政策，必须要针对减贫进行连续性的现金转移支付。我们有些项目，如家庭行动计划，对一些贫困家庭转移现金，条件是他们必须把自己的孩子送去上学、定期接受体检，这样的话我们就能够确保这些孩子能够获得足够的营养和足够的教育。当然，我们还面临其他的问题，比如说我们的年轻人不愿意行动，如果他们愿意，我们就可以把现金转移支付给他们。但这也是有条件的，那就是他们必须去上大学或者专业技校。我们知道自己面临着挑战，哥伦比亚农村地区的贫困人口比例基本上是城市贫困人口的两倍，农村地区的极端贫困人口几乎是城市极端贫困人口数量的三倍。从2015年我们在家庭行动项目中就能得出上述结论。我们政府发现，农村贫困人口的数量有时也有上涨的趋势。现在有20万青年人通过"青年在行动"这个项目学习技术。同时还有工作组，他们到一线去和家庭和社区合作，他们向人们讲述政府项目的情况，告诉当地人他们可以加入或者是申请哪些项目。我们有些项目可以让社区和家庭获得资源，他们可以自己创业，自己赚钱，自力更生。

我们有一个农村干预项目，通过这个项目提供解决措施，帮助他们加强自己的食物安全，让他们有吃的，而且吃得好，改进营养状况。哥伦比亚在多维贫困指标的监测方面做得很好。2011年，我们有一个全国的多维贫困指数，用的就是刚才牛津大学专家所说的测量方法，我们现在每年都会更新这个指标，将其作为全国的统计数据。我们知道，贫困不仅仅是收入问题，而且有时候是难以满足基本需求问题，比如教育、就业机会、儿童上学、住房、还有电力供应，等等。人们缺乏其中之一也叫做贫困。所以，必须有多维贫困的测量，这样就可以动员各方面资源，协调各方面资源的供应，协调各种扶贫项目，让哥伦比亚人能够充分发挥自己的潜能，找到更多的机会。我们发现，多维贫困指数在过去的一年当中增加了，在2014年的时候我们多维贫困指数增长到29%。我们看到，这背后还是有一些挑战的，我们知道，这些项目和努力都是很重要的。我所在的部门做了很多的工作，我们必须要考虑到全球的情况所发生的变化，因此我们必须和其他的部门协调，从而组织资源，消除一些限制，在未来才能做得更好。我们认为，我们和中国政府之间的合作也是非常有利的，我们分享实际案例，也可以做联合研究。如此，哥伦比亚的减贫事业不但能够繁荣，还能像中国一样做得更好。

　　谢谢大家！

抓好建档立卡，助力精准扶贫

国务院扶贫办信息中心　刘俊文

为贯彻落实精准扶贫战略，2014年国务院扶贫办在全国28个省（区、市）启动了农村扶贫对象建档立卡工作（即对贫困户、贫困村和贫困县的基础数据进行采集，并保存电子档案信息）。到目前为止，我国已基本建成贫困村、贫困户和贫困人口基础数据库，有12.8万个贫困村、2,900多万户贫困农户、8,800多万贫困人口的基础数据进入到全国扶贫开发建档立卡信息系统。

一、主要做法

一是明确识别标准。贫困村的识别标准是"一低一高一无"，即行政村贫困发生率比全省贫困发生率高一倍以上，行政村2013年底全村农民人均纯收入低于全省平均水平60%，行政村无集体经济收入。贫困户的识别以2013年国家农村扶贫标准（即农民人均纯收入2,736元，相当于2010年2,300元不变价）为基本依据，综合考虑住房、教育、健康等情况。全国农村贫困人口的总体规模以国家统计局发布的2013年底全国农村贫困人口8,249万人为基数，各省贫困人口规模原则上与国家统计局分省数据一致，有特殊情况的可在国家统计局分省数据基础上上浮10%左右。

二是规范程序步骤。贫困户的确定主要包括农户申请、村民评议、村级公示、乡镇审核公示和县级复审公告5个步骤。贫困村的确定主要包括村委会自愿申请、乡镇审核公示和县级审定公告3个步骤。

三是动员群众参与。各地广泛动员群众深度参与，把建档立卡工作的目标和要求、标准和程序等相关政策宣传到村、到户，做到家喻户晓，确保群众知情权和参与权。

四是保障人员经费。据统计，2014年参加建档立卡工作乡镇及以上的干部人数（含驻村工作队人员）约80万人，培训业务骨干63.8万人次。28个省份共投入建档立卡工作经费5.3亿元。

五是组织专项督查。为确保工作质量，国务院扶贫办先后组织了三次全国性建档立卡专项督查，建立了工作旬报制度。各地按照"省抽查、市监督、县核查"的方法，富有特色地开展了督查工作。对于督查发现的问题，要求各地及时进行整改，主动接受群众监督，虚心接受群众意见。

二、初步成效

一是建立了制度框架。近两年来，围绕建档立卡工作，国务院扶贫办会同有关部门先后制订了《建立精准扶贫工作机制实施方案》、《扶贫开发建档立卡工作方案》、《扶贫开发建档立卡指标体系》以及《扶贫数据年度更新方案》等文件，明确了贫困村、贫困户的识别标准、认定程序和数据指标体系以及脱贫出列的基本原则和要求，形成了扶贫对象识别、管理、退出以及数据更新等一整套制度框架。

二是摸清了底数。通过建档立卡，摸清了贫困村、贫困户以及贫困人口的区域分布、致贫原因、年龄分布、劳动力状况、务工状况、文化程度等基本情况，为领导决策提供了科学参考，同时为各级各部门引导扶贫资源瞄准扶贫对象提供了基础数据。

三是为政策制定提供了数据支撑。建档立卡数据先后在重要规划制定（"十三五"扶贫规划、革命老区规划）、扶贫重大政策出台（"六个一批"帮扶措施）、扶贫重点工作（雨露计划、光伏扶贫、移民搬迁、贫困村信息化等）以及扶贫工作考核等政策措施落地提供了数据支撑。

四是为精准帮扶提供了工作平台。建档立卡信息系统为扶贫开发措施到户精准、项目安排精准、资金使用精准、因村派人精准、脱贫成效精准等方面提供了工作平台，提升了工作效率，同时也对完成驻村工作队（第一书记）对所有贫困村和帮扶责任人对所有贫困户"两个全覆盖"起到了积极推动作用。

三、下一步安排

一是搞好建档立卡"回头看"工作，确保扶贫对象精准。国务院扶贫办将组织各地认真开展建档立卡"回头看"工作，对建档立卡贫困户逐一进行审核，并会同相关部委开展专项督查及考核问责，既不能让穷人"被遗漏"，也不能搞"轮流坐庄"把非穷人纳入进来，切实解决好"扶持谁"的问题。

二是因户施策制订有针对性的帮扶计划，确保措施到户精准。组织和指导各地根据不同类型贫困人口、贫困户和贫困村的情况，认真分析致贫原因，研究有针对性的帮扶措施，做到对症下药、精准滴灌、靶向治疗。扶贫办将会同有关部门因地制宜、因户施策实施各项扶贫攻坚行动计划，实现贫困人口精准脱贫，通过扶持生产和就业发展一批、移民搬迁安置一批、教育培训脱贫一批、生态保护脱贫一批、社会保障兜底一批。

三是引导各类扶贫资源瞄准贫困人口，确保资金项目安排精准。通过与相关部门对接，引导各类资金项目向建档立卡贫困人口、贫困户和贫困村精准配置，推进帮扶机制的有效落实。

四是对建档立卡扶贫对象实行动态管理。通过建立建档立卡贫困户脱贫和贫困村、贫困县退出工作机制，严格扶贫对象退出程序和标准，实现动态管理。要强化督查，对当年报告的脱贫户组织第三方评估，对弄虚作假搞"数字脱贫"的，将严格问责，确保"真脱贫"。

五是建立扶贫开发大数据分析平台，全面推进精准扶贫信息化建设。抓紧推进扶贫业务管理子系统建设，稳步推进业务管理、监督监管、公共服务、业务协同、宏观决策等扶贫开发各项工作的信息化。做好年度建档立卡数据统计分析，建立扶贫开发大数据分析平台，为精准扶贫工作提供决策支持。

在2015减贫与发展高层论坛
高级别会议上的总结发言

国务院扶贫办副主任　洪天云

女士们、先生们、朋友们：

经过与会代表的共同努力，2015减贫与发展高层论坛高级别会议完成了预定议程，取得了预期效果，在此，我代表论坛主办、承办方，向论坛的成功举办表示祝贺。

论坛的成功举办，向全世界进一步展示了中国减贫进程、成果和未来的目标任务，表达了中国政府愿意与广大发展中国家一起，共同推进联合国2015年后全球发展议程的强烈愿望和坚定决心。今天上午，中国国家主席习近平在论坛大会上指出，中国已经进入全面建成小康社会的决定性阶段。实现这个目标是实现中华民族伟大复兴中国梦的关键一步。全面小康是全体中国人民的小康，是包括7,017万贫困人口在内的小康，是不能出现有人掉队的小康。为此，中国将全面实施精准扶贫战略，从制度设计、政策制定、资源投入等多个方面，实施一系列更有针对性的重大发展举措。这无疑将把中国扶贫开发事业推进新的历史发展阶段。习主席还发出了携手消除贫困，共建和谐发展人类命运共同体的倡议，得到了国内外各方面的积极回应，这也将是对全球减贫进程的一次有力推动。

女士们、先生们、朋友们！

2015年对于全球减贫与发展事业具有里程碑意义。千年发展目标到期，刚刚结束不久的联合国发展峰会通过了以减贫为首要关切的2015年后发展议程，全球减贫进程进入了新的历史时期。本届论坛以"携手消除贫困、实现共同发展"为主题，积极呼应了2015年后发展议程，针对性强，特点突出，体现出以下四个方面的特点：

一是中国政府高度重视。中国国家主席习近平专门出席论坛大会并做主旨演讲，这是继联合国发展峰会后，习主席专门针对减贫问题发表的又一次重要演讲，进一步体现了中国政府对于减贫这个关系人类基本人权问题的重视和2020年消除绝对贫困的决心。

二是全球各方面积极关注。来自多个发展中国家的政要和国际组织负责人都分享了对于消除贫困、实现发展的真知灼见。300多名国内外嘉宾，包括政府高官、国际机构代表、驻华使节、知名专家、企业代表等参与交流。

三是论坛议题内容丰富。此次论坛包括上午大会、下午高级别会议和7个平行论坛，内容涉及2015后发展议程与精准扶贫、社会扶贫、金融扶贫、产业扶贫、青年扶贫、乡村发展、残疾人扶贫等议题，均是当前减贫与发展领域国内外所关注的热点问题。

四是论坛影响深远。此次论坛是继2004年上海全球扶贫大会后，中国政府在减贫领域举办的又一次高规格、国际性盛会。习近平主席的重要讲话不仅为中国扶贫开发指明了发展方向，也将进一步促进中国扶贫开发事业与世界减贫事业的互动融合，有力推动了全球减贫进程。

经过与会代表热烈讨论，论坛在以下四个方面达成共识：

一是良好的国际发展环境是实现持续减贫的重要基础。2015年是国际发展年，各国应以此为契机，共同致力于建设一个公平公正、包容有序的国际发展环境。

二是从本国国情实际出发，依靠自力更生是实现各国减贫成功的根本保障。由于历史、政治、经济、文化等不同原因，各国减贫政策和道路都应从本国实际情况出发，通过不断提升自我发展能力，才能从根本上解决本国贫困问题。

三是加强减贫交流合作是推动全球减贫进程的有力支撑。中国有句古话,"兄弟连心,其力断金"。贫困问题一直是中国和广大发展中国家关注的核心问题。加强减贫合作,互学互鉴,共享经验,共同进步,将有利于推动全球减贫进程发展。

四是精准减贫是衡量减贫成效的最终体现。2015年后发展议程提出,要在未来15年内彻底消除极端贫困(将每天收入不足1.25美元的人数降至零)。如期实现这一目标,需要各国制定精准的减贫政策,实施精准减贫、脱贫战略,找到贫根,对症下药。

女士们、先生们、朋友们!

中国的减贫是世界减贫事业的重要组成部分。多年来,中国政府与许多国家以及联合国、世界银行等国际机构开展了卓有成效的合作。减贫与发展高层论坛正是成功合作的典范之一,经过近十年发展,该论坛已成为各国尤其是发展中国家和国际发展机构交流减贫经验,分析减贫形势,应对贫困挑战,共商减贫合作的国际性平台。

贫困及其衍生问题依然是当今世界面临的重大挑战。减贫合作促发展、求共赢、利和平,这是世界各国的广泛共识。减贫不仅需要发展中国家的奋斗,也需要发达国家和国际组织的共同努力。中国政府将一如既往支持联合国等国际机构把帮助发展中国家减贫作为重要目标和任务,将一如既往发挥中国国际扶贫中心的平台作用,加强减贫领域的交流合作,为世界减贫事业作出新的贡献。

在此,我代表论坛主办、承办方,向所有参与论坛筹备的有关部门、单位表示真挚感谢!向多年来关注和支持中国扶贫的国内外友人表示真挚感谢!向媒体记者、翻译以及为本次会议提供服务的朋友们表示真挚感谢!希望我们今后继续加强交流合作,共享减贫经验,共同发展进步。再次感谢大家出席此次论坛,我宣布,本届论坛圆满闭幕!

谢谢!

第三部分

2015 减贫与发展高层论坛
社会扶贫论坛

开拓创新，书写社会扶贫新篇章

国务院扶贫办副主任　洪天云

尊敬的胡富国会长，

各位来宾，

女士们、先生们：

首先，我代表国务院扶贫办，代表本次论坛组委会，向参加社会扶贫论坛的各位嘉宾，表示热烈的欢迎！向所有为扶贫事业作出贡献的社会各界朋友们，表示由衷的敬意！向所有为这次论坛付出辛劳的同志们，表示衷心的感谢！

在举国上下开展扶贫日活动的日子里，举办这次论坛，主要目的就是充分交流经验，推动形成共识，凝聚各方面力量，关心、关注、支持扶贫开发事业。

"众人拾柴火焰高"。坚持全党动员、全社会参与，是我国扶贫开发事业取得伟大成就的一条成功经验，是中国特色扶贫开发道路的一个重要特征，是我国社会主义制度优越性的生动体现。改革开放以来，在党和政府的动员组织下，社会各界积极投身于扶贫开发事业，经过30多年的发展，我国社会扶贫已经形成了以定点扶贫、东西部扶贫协作为引领，企业、社会组织和个人广泛参与的工作体系。

当前，我国扶贫开发已进入啃硬骨头、攻坚拔寨的冲刺期。全国还有12.8万个贫困村，7,017万贫困人口，越往后脱贫难度越大、扶贫成本越高。党中央、国务院已经作出庄重承诺，到2020年实现贫困人口全部脱贫，所有贫困县减贫摘帽，让贫困地区和贫困群众与全国一道进入全面小康社会。这是一项十分艰巨的任务，必须举全党全社会之力扶贫攻坚，实行最广泛的社会动员，形成扶贫攻坚的强大合力。

去年，国家将每年10月17日设立为扶贫日，召开全国社会扶贫工作电视电话会议，印发首个社会扶贫指导文件，开展首次社会扶贫表彰，全面部署新时期社会扶贫工作。一年来，在各地各部门和社会各界的共同努力下，社会扶贫取得了新进展。一是不断深化定点扶贫和东西扶贫协作。我们会同国务院国资委深入推进中央企业定点帮扶贫困革命老区百县万村活动；会同定点扶贫牵头部门调整定点扶贫结对关系，研究开展东部经济发达县（市、区）与中西部贫困县"携手奔小康"行动。二是不断加大社会动员力度。我们与全国工商联、中国光彩会共同组织开展了"万企帮万村"精准扶贫行动，动员万达集团开展帮扶贵州丹寨整县脱贫行动，动员苏宁云商集团开展电商扶贫"双百示范行动"。三是探索建立表彰激励机制。组织开展"中国消除贫困奖"评选表彰活动，从全国范围内评选出10个获奖者。今天他们都参加了社会扶贫论坛。四是建立服务平台。在充分利用扶贫日平台基础上，抓紧建立全国社会扶贫信息服务网，筹建中国扶贫志愿服务促进会，设立10·17扶贫基金。下一步，我们将对定点扶贫和东西扶贫协作工作开展考核，进一步发挥其在社会扶贫中的示范引领作用；督促各地各部门认真贯彻落实国办发〔2014〕58号文件精神，努力形成社会扶贫"人人皆愿为、人人皆可为、人人皆能为"的浓厚氛围。

各位专家，同志们，随着经济发展、财富积累、生活水平提高和扶贫济困传统美德的倡导培育，现在热心扶贫、愿做善事的各类企业、社会组织和公民个人越来越多，潜力巨大，只要我们因势利导，就能汇聚成向贫困宣战的强大合力。同时，社会扶贫还将有利于促进不同社会群体和阶层的沟通交流，培养扶贫济困的良好社会风气，提升公民道德水平、奉献意识和社会责任感，弘扬社会主义核心价值观，促进社会和谐稳定。

社会扶贫是一篇大文章，既需要社会力量的积极参与，推动实践创新，也需要各位专家发挥才智，推动理论创新。我们衷心希望通过这一次论坛，使全社会更加关心关注扶贫事业，使社会扶贫的政策举措更为科学有效，更加有力地推动社会扶贫机制创新。

最后，预祝这次论坛取得圆满成功！谢谢大家！

在社会扶贫论坛上的讲话

中国扶贫开发协会会长　胡富国

女士们、先生们：

今天上午，习近平总书记亲自参加减贫与发展高层论坛并作了主题演讲。今天下午，大家共同围绕社会扶贫主题进行专题论坛，这对于认真贯彻落实习近平总书记讲话精神，创新社会扶贫思路，研究社会扶贫模式，积聚社会扶贫力量，具有十分重要的现实意义和推动作用。以上国家有关部门的同志，李金友、许年福先生和相关专家及几位企业家分别从不同的侧面做了发言，讲述了社会扶贫的地位作用、模式经验和责任义务。大家都讲的很好，我代表本次论坛的承办单位，真诚欢迎大家的参与，衷心感谢大家的关注支持。

我作为扶贫战线的一名老兵，亲身参与和经历了扶贫开发的几个历史阶段，感受非常深刻，对贫困群众有难以割舍的感情，对扶贫事业深感责任尤在。下面，我简要讲几个问题。

一、扶贫开发任重道远

自新中国成立以来，特别是改革开放以来，党中央高度重视扶贫开发工作，全国人民矢志不渝、接力奋斗，开创出具有中国特色的扶贫模式，短短30余年让6.6亿人快速摆脱贫困，创造了人类减贫史上的中国奇迹。但贫困是一个相对概念，是经济社会发展中社会成员收入不平衡及多种致贫因素导致的必然现象，并且越是发达国家、发达地区，贫富差距越大，穷人越穷、富人越富。党的十六大提出：扶贫开发是伴随整个社会主义初级阶段的长期历史任务，我认为这符合中国的国情，也符合世界反贫困的基本规律。

二、扶贫攻坚刻不容缓

党的十八大上中央提出到2020年全面建成小康社会的战略目标。现在还剩下不到6年的时间，仍有7000余万贫困人口，平均算来每个月要脱贫100多万人，任务相当艰巨。"小康不小康，关键看老乡"，"没有农村的小康，特别是没有贫困地区的小康，就没有全面建成小康社会。"2020年全面小康能否实现，全国人民乃至全世界都在拭目以待，扶贫攻坚刻不容缓。

三、社会扶贫责任重大

多年来，在党和政府的主导下，有计划、有组织、大规模地推进扶贫开发，一方面依靠国家财政支持开展专项扶贫，另一方面逐步完善多元扶贫模式，广泛组织动员社会力量开展社会扶贫。据国家有关部门统计，目前全国参与扶贫的各类社会组织已超过50万个，还有众多的国际公益组织和企业家，特别是民营企业家，形成一支政府之外的重要力量，在扶贫开发中发挥了不可替代的作用。刚才参加论坛的几位企业家，都郑重承诺要慷慨解囊，支持10·17扶贫基金，支持扶贫事业，非常感人，也值得全社会学习和尊重。

邓小平同志曾说过：不发展、老是贫穷，那不是社会主义；发展起来以后如果两极分化了，那也不是社会主义。改革开放以来，我国大力推进扶贫开发，扶贫事业取得了巨大成就，全国经济出现持续跃升的局面，但随之而来也产生贫富差距拉大的现象。我们先富起来的人，要懂得感恩党，感恩时代，要主动担当起带动后富的责任。

中国扶贫开发协会这些年来在我们一些老同志的带领下，发挥社团组织的组织协调优势，动员和组织社会力量积极开展了产业扶贫、教育扶贫、文化扶贫、科技扶贫、信息扶贫等各方面的工作，探索了社会扶贫的模式和经验，赢得了中央领导同志的肯定和社会各方面的赞誉。

今天这个"社会扶贫"论坛，既是社会各方面扶贫力量的一个聚会、一次交流，也是下一步推进社会扶贫的一个新起点。让我们团结起来，联动起来，在以习近平为核心的党中央领导下，共同为推进国家的减贫事业，全面建成小康社会尽力而为，奉献力量！

深入开展"百县万村"活动
加快推进老区扶贫攻坚进程

国务院国资委群众工作局副局长 张相红

尊敬的各位来宾：

大家下午好！很荣幸参加今天的社会扶贫论坛活动。借此机会，我向大家介绍一下中央企业定点帮扶贫困革命老区百县万村活动的有关情况。

中央企业是我国社会扶贫的重要力量。目前，国务院国资委监管的111家中央企业结对帮扶了247个国家扶贫开发工作重点县，对口支援西藏21个县、青海省藏区16个县，并大力推进产业援疆、产业援藏、产业援青工作，积极承办中央交办任务，积极承担各省区市部署的驻地援扶工作。长期以来，广大中央企业认真履行政治责任、社会责任，在扶贫开发中投入了大量人力物力财力，从产业开发、文化教育、医疗卫生、科学技术、基础设施建设等多个方面在贫困地区开展实施了大量项目，对贫困群众给予了大量的帮助。为进一步发挥中央企业在扶贫开发中的整体作用，探索中央企业精准扶贫新模式新方法，国务院国资委会同国务院扶贫办在2014年全国首个"扶贫日"前夕，启动开展了中央企业定点帮扶贫困革命老区百县万村活动（以下简称百县万村活动）。国务院国资委和国务院扶贫办对此项活动高度重视，共同印发了活动通知，并召开专题会议进行了动员部署。

在中央企业结对帮扶的国家扶贫开发工作重点县中，有108个革命老区县，下辖约15,000个贫困村。百县万村活动，旨在组织动员结对帮扶贫困革命老区县的68家中央企业，计划用3年左右时间，紧紧围绕贫困革命老区的民生建设问题以及老区人民的迫切需求，重点瞄准老区部分贫困村"缺路、缺水、缺电"的薄弱环节，加大对老区扶贫的投入力度，加快实施一批村内道路（通组路、生产路和联户路等）、小型农田水利设施和生产生活用电等小型基础设施建设项目，有效解决制约老区发展的现实困难。

百县万村活动启动以来，有关中央企业积极响应号召，会同所结对帮扶的定点扶贫县，深入贫困村内，对缺路、缺水、缺电情况进行深入细致地调研摸底，详细编制了项目规划。在此基础上，有关中央企业通过增加扶贫资金投入、调整定点扶贫工作重点等多种方式，把宝贵的定点扶贫资金侧重投向帮助解决老区部分贫困村的"三缺"问题。截至目前，已有46家中央企业制定了百县万村活动三年规划或年度计划。其他参与百县万村活动的中央企业，有的由于当地已较好地解决了"三缺"问题、或在"三缺"问题上已有其他途径资金项目规划，企业经会商当地将继续推进已开展实施项目的定点扶贫工作；有的由于当地"三缺"情况较为复杂，企业仍在与当地协商之中；也有极个别企业由于经营形势严峻、效益不佳，暂难以实施百县万村有关项目。根据目前统计情况，中央企业计划投入百县万村活动资金6.2亿元，实施有关项目1,074个。其中航天科技、中国石油、中国石化、中国海油、国家电网、中国华能、国电投集团、神华集团、中国移动、中国一汽、国投公司、中国建材12家中央企业计划投入资金均超过1,000万元。在百县万村活动计划投入的6.2亿元资金中，已明确帮扶项目的有5.85亿元，其他资金将根据企业与当地协商意见，由当地统筹安排。在已明确投向的5.85亿元资金中，投向帮助解决"缺路"问题的资金量最大，为2.5亿元，实施相关项目429个，计划新建（修缮）通组路、生产路、联户路等累计1,734公里，计划新建（修缮）桥梁17座。除此之外，中央企业在百县万村活动中计划投入资金2.48亿元，实施相关项目74个，帮助解决"缺电"问题。其中，主要是国家电网公司计划投入2.3亿元，计划用3年时间，在所帮扶的湖北巴东、秭归、长阳和神农架"三县一区"全面解决所辖398个贫困革命老区村现存的供电问题，以满足新农村建设发展的电力需求。在帮助解决"缺水"问题方面，参与百县万村活动的中央企业计划投入资金0.87亿元，实施相关项目502个，帮助修建（修缮）一批小水窖、蓄水池、供水管道等。这些项目的陆续实施，将有效帮助当地群众解决出行难、用电难、用水难的突出问题，帮助当地提升基础设施水平，改善当地群众生产生活条件，加快脱贫致富步伐。

下一步，国务院国资委和国务院扶贫办将继续组织动员有关中央企业深入推进百县万村活动。对已制定活动规划的企业，我们将督促其按照规划落实好相关项目。对还未报送活动规划的企业，我们继续督促其加快进度，尽快形成规划。对于目前企业效益不佳、暂难以开展活动的，我们也将动员他们在效益好转后，或动员企业员工奉献爱心，积极参与活动。总之，百县万村活动是中央企业精准扶贫的一次有益探索和生动实践，我们将按照既定方案，认真组织，深入督导，力争取得更大成效。

谢谢大家！

先富帮后富，万企帮万村

全国工商联扶贫与社会服务部副部长

王力涛

各位领导，各位朋友：

大家下午好！很荣幸参加今天的论坛，与在座各位扶贫战线上的同行交流观点、相互学习。我来自全国工商联扶贫与社会服务部。借此机会，向大家汇报一下工商联组织引导民营企业参与扶贫开发的有关情况，并介绍一下我们近期刚刚推出的"万企帮万村"精准扶贫行动。

一、全国工商联参与扶贫开发有关情况

工商联是党和政府联系非公有制经济人士的桥梁纽带，是政府管理和服务非公有制经济的助手，是统战性、经济性、民间性有机统一的人民团体和商会组织。全国工商联作为国务院扶贫开发领导小组成员单位之一，在服务非公有制经济健康发展和非公有制经济人士健康成长的同时，始终把组织、引导广大民营企业和企业家围绕中心、服务大局、积极履行社会责任、积极参与扶贫开发作为履职尽责的重要内容。工商联的扶贫工作，起始于智力支边，发展于定点扶贫，成熟于光彩事业，经过近三十多年的不断探索发展，形成了涵盖定点扶贫、投资扶贫、稳定就业、公益捐赠四条参与渠道，打造了光彩行、新农村建设、民营企业招聘周、光彩书屋、光彩水窖、光彩卫生院、红丝带等多个扶贫和社会服务品牌。去年10月17日，国务院扶贫办主任刘永富同志出席了我会的"扶贫日"活动，并赞扬以民营企业家为参与主体的光彩事业"在中国乃

至人类的扶贫史上留下了浓墨重彩的一笔"。

二、民营企业参与扶贫开发的优势和特点

世界扶贫史和我国扶贫开发的长期实践证明,有效脱贫,脱贫后不返贫,光靠输血式的救济难以持续,必须建立开发式、造血式扶贫的长效机制,激活内生动力。这恰恰是民营企业开展扶贫工作的特色所在、优势所在。民营企业到贫困地区进行扶贫开发,往往不仅带来了资金,同时还要派驻管理人员、培训当地员工,促进人与人的交流、融合,拉近了城乡距离,促进了区域平衡、民族团结和社会和谐。因此,全国工商联一直把扶贫工作作为开展非公有制经济人士思想政治工作的抓手,通过组织引导民营企业家参与扶贫,帮助民营企业家贴近群众、了解国情、接受教育,进而增强使命感、责任感,不断增强其对中国特色社会主义的信念、对党和政府的信任、对企业发展的信心和对社会的信誉。与同属社会扶贫范畴的"定点扶贫"、"东西协作扶贫"、"社会组织扶贫"、军队武警和国有企业的扶贫活动相比,民营企业参与扶贫所利用的资源,是企业或企业家的自有资产和人力物力,更好的体现了社会扶贫的内涵。在去年举办的首次全国社会扶贫工作表彰中,民营企业和基层光彩会占先进集体总数的25%;民营企业家占先进个人总数的36%。

三、关于"万企帮万村"精准扶贫行动

民营企业参与扶贫,一直强调以项目投资为主要内容、以开发式扶贫为主要形式、以促进区域经济发展为主要目标,这与党的十八大以来所强调的到村、到户、到人的精准扶贫还有差距。为贯彻习近平总书记关于扶贫开发贵在精准、重在精准和鼓励支持非公有制企业自愿采取包干方式参与扶贫的重要指示精神,全国工商联从今年年初,通过与国务院扶贫办多次协商和联合调研,认真总结以往工作经验,深入分析民营企业的特色优势和扶贫着力点,经过认真研究、充分论证,与国务院扶贫办、中国光彩会一起,推出了"万企帮万村"精准扶贫行动。"万企帮

万村行动"将坚持企业自觉自愿、村企互惠双赢原则，以民营企业为帮扶方，以建档立卡的国定贫困村为帮扶对象，以签约结对、村企共建为主要形式，根据贫困村和帮扶企业实际，综合运用产业扶贫、商贸扶贫、就业扶贫、智力扶贫、捐赠扶贫、电商扶贫等方式，实现民营企业资本、技术、市场、人才等优势与贫困村土地、劳动力、特色资源的有机结合，力争用三到五年时间，动员全国一万家以上民营企业参与，帮助一万个以上贫困村加快脱贫进程，稳固农民就业和增收基础，推动建立扶贫长效机制，为打好扶贫攻坚战、全面建成小康社会贡献力量。

明天上午，全国工商联、国务院扶贫办、中国光彩会将共同举行"万企帮万村行动"启动仪式。首批参与"万企帮万村行动"的民营企业将在启动仪式现场与结对帮扶村进行结对签约。希望在座的各位领导关心"万企帮万村行动"，为民营企业参与精准扶贫提供更多的鼓励支持。希望在座的各位专家关注"万企帮万村行动"，为我们的工作提出宝贵的意见建议。希望在座的扶贫领域的社会组织与我们开展合作，让我们学习借鉴你们的好经验、好做法。同时，希望媒体的朋友们多宣传"万企帮万村行动"中涌现的先进人物和典型事迹，向社会传递民营企业的正能量。最后，欢迎在座的企业家朋友们积极参与到"万企帮万村行动"中来。德不孤，必有邻。让我们携起手来，共同努力，为社会扶贫增光添彩。

谢谢大家！

东西扶贫协作"闽宁模式"的成功经验

宁夏回族自治区扶贫办主任　董　玲

尊敬的各位领导，各位同仁，各位朋友：

大家好！作为扶贫开发战线上的一名工作者，我非常荣幸能够参加这次减贫与发展高层论坛，并在此简要汇报福建宁夏开展对口扶贫协作的经验做法——"闽宁模式"，欢迎大家批评指导。

按照党中央、国务院关于开展东西扶贫协作的战略部署，福建、宁夏两省区自1996年起建立对口扶贫协作关系。19年来，在闽宁两省区党委、政府的强力推动下，对口扶贫协作工作不断创新形式、拓展领域、丰富内容，开创了优势互补、长期合作、共同发展的良好局面，建立了政府、企业、社会共同参与的协作机制，树立了东西扶贫协作成功实践的典范，创造了"闽宁模式"。

经验一：强化扶贫协作顶层设计

闽宁对口扶贫协作以来，两省区坚持高层引领，强化顶层设计，形成了政府主导、多方参与、落实有力的工作格局。

一是坚持联席会议制度。从1996年开始，两省区建立了联席会议制度，每年轮流举办一次，党委、政府主要负责同志出席，总结对口协作工作，商定协作帮扶方向、内容和重点。通过坚持联席会议制度，扶贫协作工作始终与两省区的发展大局紧紧相扣，做到"宁夏所需、福建所能"。

二是完善执行机制。两省区历届党委、政府始终坚持把抓落实作为推进扶贫协作的首要任务，先后建立完善"市县结对帮扶"、"互派挂职干部"、"部门对口协作"等机制，形成了协商、推进的日常机制，明确了路线图，增强了执行力，确保联席会议议定的事情件件能落实，承诺的协作事项件件能兑现。福建宁夏两省区组织、教育、文化、卫生、经贸、旅游、妇联、工商联等几十个部门和群众团体组织，都在力所能及的范围内发展了对口协作关系。福建先后选派9批140名优秀领导干部到宁夏挂职，宁夏选派14批229名干部到福建挂职。

三是丰富协作内涵。两省区始终坚持围绕经济社会发展大局，不断丰富扶贫协作内涵。2014年第18次联席会议上，两省区党委主要负责同志研究提出抓住国家推进"一带一路"建设的重大战略机遇，发挥福建海峡西岸经济区、宁夏内陆开放型经济试验区的区位交通优势，进一步深化合作，拓展"闽宁模式"，做到年年有新举措、年年有新成果。

经验二：创新扶贫协作形式

19年来，两省区开展了形式多样的交流协作，闽宁扶贫协作由单一的经济援助，发展为在教育、医疗、文化等多领域推进合作。

一是延伸扶贫协作链条。在省区对口协作的基础上，将扶贫协作链条向市县、乡镇和村延伸。福建先后安排30多个经济较发达县（市、区），参与对口帮扶宁夏9个贫困县（区），以改善贫困群众生产生活条件作为重点，共投入无偿援助资金4.99亿元，援建公路352公里，修建高标准梯田22.9万亩，完成危房危窑改造2,000多户，打井窖1.5万眼，解决了30万人、10余万头大牲畜的饮水困难问题。2014年，在市县结对帮扶的基础上，确定福建漳州市台商开发区角美镇与宁夏银川市永宁县闽宁镇、福建南安市梅山镇蓉中村与宁夏永宁县闽宁镇原隆村实行结对帮扶，开创了扶贫协作中乡（镇）和行政村结对帮扶的先河。

二是开展教育扶贫协作。福建先后在宁夏援建六盘山中学等学校236所，培训教师7,251人次，派遣支教教师15批953人次。推动厦门大学、福州大学、福建中医药大学与宁夏大学、宁夏医科大学、宁夏师范学院、银川能源学院之间开展课题研究、学术交流、实验室开放、联合招生和人才培养等多领域合作。两省区联手实施"阳光工程"和"雨露计划"，使一大批经过技能培训的农村劳动力进入福建打工。目前，宁夏已在福建建立了5个较大的劳务基地和3个劳务工作站，有4万多名劳动力稳定在福建各地从事劳务活动，每年从闽获得劳务收入超过10亿元。劳务经济被宁夏西海固地区群众称为增加收入的"铁杆庄稼"。

三是拓宽扶贫协作领域。金融服务方面，在两省区党委、政府和两省区金融办、银监局等部门的推动下，兴业银行即将在宁夏设立分支机构。福建企业家还在宁夏设立小额贷款公司1家、融资性担保公司1家，首家闽宁村镇银行正在积极筹备中，为宁夏中小企业和贫困群众发展生产提供服务。社会事业方面，福建先后援建妇幼保健院、医护培训中心、卫生院（所）等卫生项目315个，选派医疗技术人员311人到宁夏帮助工作，为贫困地区医院培训了一大批技术骨干；援建了一批儿童福利院、敬老院等社会福利项目和微波站、广播电视塔、体育馆、艺术馆、文化广场、科技文化活动中心等文化体育设施。

经验三：提升产业扶贫协作层次

两省区坚持完善造血机制，不断提升产业协作层次，闽宁扶贫协作从单向的扶贫解困，发展到经济合作、产业对接、互利共赢的新阶段。

一是发挥互补优势。两省区充分发挥资金、技术、资源等方面的互补优势，推动产业共同发展。福建华林蔬菜公司在宁夏西吉县建立出口型冷凉蔬菜生产基地，解决了8,500多名贫困地区富余劳动力的就业问题。结合"一带一路"战略规划和福建的沿海区位优势，宁夏企业也紧抓福建打造海上丝绸之路重要桥头堡的机遇，利用福建与中东地区联系紧密的优势，完善企业布局，抢占发展先机。

二是借助对方平台。两省区充分利用对方的对外开放平台，引导和支持企业开展合作。借助厦门"9·8"中国国际投资贸易洽谈会、海峡论坛和中阿博览会、宁夏枸杞节等平台，组织政企人士互访考察，寻求经济协作结合点，促进两地产业对接、优势互补、共同发展。截至目前，福建商人在宁夏注册企业家协会8个，会员企业4,000多家，总投资近800亿元，年营业额超过200亿元，安置当地劳动力3万多人。

三是共建产业园区。两省区把共建扶贫产业园作为提升产业协作层次的重点，推动人才、资金、技术、市场等要素有效对接，带动区域优势特色产业发展和贫困群众转移就业，增强贫困地区发展内生动力，形成造血式扶贫协作体系。先后在银川市永宁县建设闽宁产业城，在吴忠市盐池县、固原市西吉县和隆德县建设闽宁产业园，引入了数十家劳动密集型企业投资兴业。

谢谢大家！

服务人民，助力脱贫

解放军总政治部群众工作办公室群工处处长
刁法扬

各位来宾、各位朋友：

大家好！根据论坛安排，下面，我以"服务人民助力脱贫"为题，就中国军队和武警部队参加扶贫开发作个简要发言。

支援国家建设事业，是宪法赋予我军的一项重要职能，是和平时期我军担负的一项重要任务。近年来，特别是党的十八大以来，全军和武警部队坚决贯彻落实党中央、国务院、中央军委和习主席决策指示，按照国家新阶段扶贫开发部署要求，在完成军事任务的同时，忠实践行服务人民根本宗旨，充分发挥优势和作用，深入扎实做好扶贫开发工作，为促进贫困群众脱贫致富和贫困地区经济社会发展作出了积极贡献，谱写了新形势下人民军队建设祖国、服务人民的新篇章。

一、紧紧围绕国家和地方的规划部署，科学筹划组织军队扶贫开发工作。

军队各级认真学习贯彻习主席和中央军委的决策指示，坚持把参加扶贫开发作为重要政治任务，紧贴部队和驻地实际，精心制定规划计划，严密组织实施，以有力举措抓好扶贫开发工作。解放军总政治部每年下发工作要点，都对做好扶贫开发工作进行部署，提出明确要求。军队各大单位普遍成立扶贫开发工作领导机构，定期分析形势，研究部署工作，跟踪抓好落实。北京军区制定帮扶华北革命老区、贫困地区扶贫攻坚实施方案；济南军区集中在沂蒙山、大别山革命老区实施助学、扶贫、送医、绿化"四项工程"；成都军区召开"支援西部大开发、实现同步建小康"座谈交流会，专题研究部署新一轮扶贫开发工作，以实际行动造福贫困群众。各级坚持在地方党委、政府的统一领导下开展工作，建立情况通报、工作会商等军地协调机制，保证了扶贫开发工作有力有序推进。吉林、安徽、广东、甘肃省军区和西藏军区等省军区系统，会同地方党委、政府联合下发意见，军地合力做好扶贫开发工作。部队团以上单位广泛开展"参加扶贫开发、造福人民群众"等专题教育，激发官兵参加扶贫开发的责任感使命感，形成了领导重视、机关合力、官兵积极参与的良好工作格局。

二、充分发挥军队优势和作用，积极主动做好扶贫开发工作。

各部队坚持把地方所需、群众所盼与部队所能结合起来，充分利用自身资源和优势，在最能体现部队作用的领域和项目上投入力量，有所作为。北京、兰州军区和武警部队发挥组织严密、突击力强的优势，积极参加农田水利等农业农村基础设施建设，参与当地生态文明建设和乡村综合整治，仅近一年就整修乡村道路2,300多公里，整治水渠河道310多条，植树造林7.6万多亩，改善了贫困地区贫困群众生产生活条件。总参、总装、海军、二炮等单位利用人才、技术等资源，积极开展科技扶贫、智力扶贫，支持加快开发开放，搞好科技成果转让，帮助培训实用人才，增强了贫困地区发展的内生动力。空军发挥党建工作优势，组织基层党委、支部与贫困乡镇党委、贫困村党支部结成共建对子，开展互学互帮互促活动，帮助提高带领群众脱贫致富奔小康的能力。驻贫困地区旅团级单位发挥思想政治工作优势，派出工作队深入偏远乡村和牧区，大力宣传社会主义核心价值观和党的惠民富民政策，引导贫困群众更新思想观念，坚定脱贫致富信心。省军区系统发挥民兵预备役人员数量大、分布广的优势，广泛开展"发挥带头作用、争当致富能手"等活动，支持他们带头创业，影响和带动贫困群众脱贫致富。每当遇有灾害发生，部队总是闻令而动、快速反应，奋力参加抢险救灾，最大限度保护人民群众生命财产安全，发挥了主力军和突击队作用。

三、积极实施精准扶贫、精准脱贫，着力提高扶贫开发工作的质量效益。

各部队创新方式方法，科学确定扶贫对象和帮扶项目，做到目标、任务、责任、举措明确，使有限的扶贫资源发挥最大效益。一是持续组织定点扶贫。坚持以革命老区、民族地区、边疆地区、贫困地区特别是集中连片特困地区为重点，组织师以上单位对口帮扶1至2个贫困村，旅团级单位有1至2个具体帮扶项目。湖南省军区采取干部驻点帮扶的形式，连续27年对桑植县进行接力帮扶，帮助6万多名群众基本脱贫。目前，全军部队与35个贫困县、401个贫困乡镇、3,618个贫困村建立定点帮扶关系，努力推动整村整乡稳定脱贫。二是大力开展集团式扶贫。省军区系统发挥联系军地的桥梁纽带作用，整合驻军资源优势开展扶贫。河北省军区协调组织驻冀部队300多个团以上单位开展"助力小康·服务人民"活动，湖北省军区协调驻武汉25个团以上单位集中对红安、麻城革命老区进行帮扶，产生了良好的规模效益。三是注重搞好开发式扶贫。积极帮助引进致富项目，支持发展种植、养殖和农产品加工等特色优势产业，增强贫困地区贫困群众发展后劲。二炮和南京、成都军区部队积极帮助修复江西瑞金、安徽金寨、贵州遵义等地红色遗址，协助地方打造精品红色旅游产业，拓宽了群众致富渠道；38集团军帮助阜平县4个乡镇各建起1个农民合作社，生产的农副产品由部队按市场价购买，既让官兵吃到了放心绿色食品，又使贫困群众有了稳定收入。

四、着眼服务保障和改善民生，大力支持社会事业发展。

各级坚持从贫困群众最关心、最直接、最现实的利益问题入手，扎实做好解民忧、惠民生、暖民心的工作。一是广泛开展助学兴教活动。空军连续20年参加国家统一组织的"春蕾计划"，资助少数民族失学女童

1.2 万多名；二炮开展"火箭兵助学行动"，帮助5所高校500名少数民族贫困大学生完成学业；沈阳军区组织"万名军官资助万名贫困学生"活动，仅去年全军部队就新建和改扩建"八一爱民学校"110多所，促进了贫困地区教育事业发展。二是扎实做好医疗扶持工作。总后持续推进第三周期医疗对口支援工作，组织军队108所医院对口帮带西部地区146所贫困县级医院，军以下医疗卫生机构对口帮扶1,283所乡镇卫生院（所），帮助贫困地区提升医疗卫生水平；海军、空军、广州军区、武警总医院等军队医院积极参加"心蕾工程"，成功救治1.8万多名少数民族贫困家庭先心病患儿；西部地区100余个军队医疗机构1,500余名医务人员参加"服务百姓健康行动"大型义诊周活动，为10万多名患者提供医疗服务。三是倾力为群众排忧解难。北京、兰州军区给水工程团主动为贫困地区找水打井，两年来帮助内蒙、宁夏、青海等贫困地区打井近百眼，缓解了群众用水难问题。新疆军区积极参与自治区"安居富民、定居兴牧"工程建设，帮助拉运建材物资9万多吨，援建安居富民房1,932套。各部队还常年帮扶4万多户特困群众家庭、8,000多名孤寡老人和残疾人，帮助他们解决燃眉之急，把党的关怀和子弟兵的深情厚谊送到各族群众心坎上。

我就介绍这些，谢谢大家！

我 的 扶 贫 路

碧桂园董事局主席　杨国强

大家下午好！感谢党和国家对我从事扶贫济困工作的肯定和鼓励。

我曾经一无所有，18岁前未穿过鞋，小时候放牛，年轻时种田，国家帮我交了7块钱学费，我才完成了高中学业。我知道贫困是怎么一回事。得益于国家的改革开放，我有了今天的事业，让我有能力帮助别人。

1997年，在我事业刚起步的时候，便设立了"仲明大学生助学金"，帮助贫困大学生。我当时提出两个要求，第一不要公开我的名字；第二受助的学生要签订一份《道义契约》，承诺有能力时返还助学金以帮助更多有需要的人。目前已资助了8,065名贫困学生完成学业。我感到非常欣慰的是，现在已有许多曾经受助过的大学生也设立了自己的助学金。

2002年，我跟女儿杨惠妍商量后，决定创办一所免费高中，在全国招收家境贫困，品学兼优的学生。这些学生进来后，他们在完成学业之前的所有费用都由我和女儿杨惠妍资助。现在这所学校已经培养了2,356名学生，全部都能考上本科，90%以上的学生考上重点大学。

2007年我创办了一所免费的职业培训学校——国良职业培训学校，专门培训退伍军人，特别是农村籍军人。我想，退伍军人退役回家，他们当了两年兵，没什么职业技能，在社会上找工作，可能会遇到一些困难，如果有能力帮助他们是很好的事情。我就建了这所学校，培训他们职业技能，到现在已经培养了14,313名农村籍复转军人，他们有技能，有好收入，易就业。

2010年开始，我和女儿杨惠妍以及公司先后捐赠5.5亿元，并有15

人的扶贫团队，长期扎根农村，与农民同吃、同住。我们在六个村镇建起了587户新房，同时，我们在农村发展绿色产业，教他们种苗木致富。我们还把新技术送下乡，培训了16,469位农民，并推荐他们就业。我们在参加扶贫济困活动中，听到贫困农民兄弟常说的几句话："扶贫双到、精准扶贫政策好，感谢党、感谢政府、感谢碧桂园！"

党和政府提出到2020年全面建成小康社会，要确保全国7,000万贫困人口全部脱贫。今年，我联合三位全国政协委员在两会上提交了《关于引导和鼓励民营企业参与教育扶贫的提案》，被列为重点提案。因为我们觉得，我们要为贫困的有志青年提供良好的职业教育，为他们打开通往成才、成功的大门。该提案的实施不但可以让他们掌握一技之长、走向幸福生活，也可以为国家培养出高素质的技能型人才。

去年，我出资创办了广东碧桂园职业学院，免费招收贫困高中毕业生，让他们有一技之长，实现精准脱贫。我希望，每一位年轻人出来社会工作，都接受良好的职业教育和技术技能培训，贫困人口都得到平等和公平的教育，让他们也有人生出彩的机会！

我们党和国家领导人都非常重视扶贫开发工作，相信有这些英明的领导人，勤劳聪明的中国人民，一定都能过上好日子。同时，希望更多社会同仁，在力所能及之时，参与到扶贫大业中，帮助贫困的农民兄弟共同实现"中国梦"！

谢谢！

企业包县，整体脱贫
——创造中国企业扶贫新模式

万达集团副总裁 尹 海

万达集团一直把扶贫作为企业慈善的重要内容，自创业之初就坚持开展扶贫工作，万达集团不断创新扶贫方式，取得显著效果。中华慈善奖自2005年设立以来颁发8次，万达7次获奖；万达还获得中国扶贫基金会颁发的"中国消除贫困奖"，董事长王健林获得国务院颁发的"全国社会扶贫先进个人"称号。

总结企业多年扶贫实践，万达集团认识到，扶贫要想取得质的突破，必须对扶贫模式进行创新。在国务院扶贫办、贵州省委省政府的指导下，经过深入调研，万达决定对贵州黔东南州丹寨县实行"企业包县，整体脱贫"的全新对口帮扶模式，投入10亿元，用3~5年时间，实现丹寨整县脱贫。同时，万达集团在贵州全省进行产业投资，帮助贵州整体提升经济水平。

一、产业直接惠农

万达贵州扶贫模式不是简单地捐款，也不是简单地投资建厂，而是保证扶贫产业直接惠及农户。万达结合丹寨县产业特点，选择当地优势突出、覆盖人口多、发展潜力大的硒锌茶行业，投资建设万吨规模的硒锌茶加工厂，对全县农户种植的茶叶进行订单收购，使茶叶产区所有贫困人口直接脱贫，大幅提高茶叶产区其他农民收入，带动全县农民通过种植茶叶脱贫致富。茶厂建设期使用当地工人，建成后招聘当地工人，帮助丹寨增加就业。对于茶叶产区之外的丹寨贫困人口，万达集团将茶加工厂产生的全部利润进行分配，重点照顾无劳动力贫困人口，实现整县脱贫。

二、发挥企业优势

农业产品生产容易销售难。万达扶贫充分发挥自身优势，为丹寨茶产业提供营销平台。万达广场2015年将在全国累计开业135家店，年客流量达20亿人次，是中国最大的商业平台。万达广场经营非常兴旺，一铺难求，只有品牌商家通过严格招标才能进入。为了扶持丹寨茶产业，万达不惜牺牲租金，精心挑选重点城市的万达广场，拿出最好位置的商铺开设专门的丹寨茶叶销售店，形成全国连锁网络，将丹寨茶销往全国，在全国打响丹寨茶品牌，实现种植、加工、销售的良性循环。

三、设立扶贫基金

由于硒锌茶产业需要市场培育期，前两年利润较少，进入稳定经营期后也存在市场波动风险，为让丹寨贫困农民尽早获得稳定持久的收入，实现脱贫目标。万达集团拿出2亿元建立扶贫基金，基金交由万达投资公司理财，本金不动，每年将投资收益分配给丹寨县贫困农民。为保证扶贫基金收益率，万达集团专门为投资公司定下考核目标，将其奖金与扶贫基金收益率挂钩。

四、建立职业学院

万达丹寨扶贫不仅做产业，而且投资职业教育，为丹寨永久脱贫培养人才。根据丹寨县情，万达集团投资3亿元，在丹寨建设一个2,000人规模的职业技术学院，学校各项设施达到国内同类学校一流水平。职业技术学院重点招收丹寨籍学生，并根据丹寨产业特点及万达产业情况，有针对性地设置专业，包括文化旅游、酒店管理、机械加工等。毕业生可实现本地就业，不必背井离乡外出打工；对于其中与万达产业对口的毕业生，万达将择优录取到万达就业。

五、投资贵州全省

产业投资是促进地区发展、增加群众收入、摆脱贫困的根本途径。万达广场属于现代服务业，能提高当地商业水平，促进消费，提供就业，创造税收，全国各省市纷纷邀请万达前去投资。万达从社会效益出发，决定优先到贵州投资。2015年3月，万达集团与贵州省签订战略合作协议，计划总投资600亿元，在贵州省建设一个万达文化旅游项目和10个以上的万达广场，这些项目多数位于贫困地区，别的企业不敢去投资。万达在贵州所有投资项目全部建成，预计将增加10万个稳定服务业就业岗位，每年缴纳近10亿元税收，促进贵州整体特别是贫困落后地区经济水平提升，为贵州整体脱贫做贡献。

万达集团贵州扶贫是万达一次全新尝试，希望通过我们的努力，创造一种可复制、可推广的的企业扶贫新模式，为全国企业开展扶贫工作提供示范案例，唤起全国更多的大型企业开展扶贫。

谢谢！

境外企业融入中国社会扶贫事业

马来西亚绿野集团创始人、董事局主席
丹斯里·李金友

尊敬的女士们、先生们:

大家下午好!感谢大会给予我一个对我人生深具意义的学习机会,并就境外企业融入中国社会扶贫事业的工作与想法和大家做一个交流。

一、联合国组织甚至全世界良好的政权莫不以消灭贫穷造福人民为主要目标与目的。可惜的是尽管大家一直努力,贫困问题还是无法完全解决。以最发达的美国为例,其贫穷问题仍然成为人们的思考,自由、放任、民主制度并不是万灵丹,有可行也有不可行之处。

二、中国是世界贫困人口数量最多的国家,我在1987年踏上中国这片孕育我父亲的祖国大地时,曾听到一位副总理含着泪水的报告说中国曾经有穷到饿死人的记录。可是只用了短短的二十年,中国政府在消除贫穷方面付出的努力与取得的成绩,却又成为世界的佼佼者。

三、中国为全世界引来最好的机遇,当习近平主席提出中国梦,牵动了中华民族的心,"一带一路"更是牵动了世界人民的心。中国成功的模式,将可输出成为造福世界人民学习中国扶贫事业成功的案例。

接下来,我把绿野集团在促进世界华人经济、文化交流合作,和参与中国社会扶贫事业方面的工作和想法,向大家做一个介绍。

(一)绿野集团坚持以创新为企业发展理念

绿野集团自1985年创办以来,一直以创新为企业发展源泉,我们曾经将一片毫无价值的橡胶园转变成有规划的高尚住宅区,将一片被砍伐

后荒废的森林蜕变成一个让人流连忘返的高原旅游度假村，以及将一个废置的锡矿湖发展成一个国际旅游景点，等等。在农业资源的开发利用领域，我们在马来西亚成立了种植者管理公司，创新发行了农业种植业的资产证券化产品……

我个人认为，东南亚各国，尤其是贫困国家，更应该学习中国的成功案例，以农业的资源与中国企业合作，产生产销合作（生产与销售合作）。中国利用这模式，在短短的二十年成功让六亿人脱贫，这是人类脱贫事业的一大文明进步。

（二）在促进华人经济文化交流方面的工作

我称马来西亚是我的祖国，因为我在那里土生土长。我爱称中国是我的祖宗国，人不能忘祖，更不能忘宗，不论是什么原因、历史背景，散落在世界各地的华裔都有着中华的血脉、血缘。无论你落籍在哪里，讲不讲中文，那寻祖追宗的自然人性形成了海外华人与中国特殊的情感，在内心深处都会企盼中国的和平崛起和中华文化的复兴。

2009 年，在马来西亚高层的支持下，我参与发起和赞助了世界华人经济论坛，该论坛至今已举办6届，成为一个探讨中国、东盟国家与世界合作的交流平台，以及全球华侨华人增进了解、分享经验、共创商机的重要平台。去年12月4日，第六届世界华人经济论坛在重庆举办，李源潮副主席发表了"促进平衡增长，实现共同繁荣"的主题演讲。今年11月10日，第七届世界华人经济论坛将在英国伦敦举行，会议的主题是"千年梦想，欧亚整合"，论坛将继续深入探讨中国与世界的和谐发展问题。

（三）绿野在中国开展社会扶贫工作的经历和未来创新思路

在这里我要与大家分享一个宝贵的经验。2013年以来，郑和多元文教基金，与中国扶贫开发协会及地方政府，在云南寻甸县开展每三个月挨家挨户的贫困户家访。在家访中，我们了解到每一个家庭都有不一样的问题，有些是就学问题，有些是医疗问题。虽然我们所捐助的资金很有限，每个贫困户每个月200元的资助，为期两年。但由于我们义工们这样一个真诚的行为，施者、受者、所施物，这三方面，大家都相敬如宾，就如礼记所说的："夫礼者，自尊而尊人，虽负贩必有尊也。富贵而知好礼，则不骄不淫。贫贱而知好礼，则志不摄"。

我们捐助的资金有限，但孟子说恻隐之心人皆有之，所以我个人认为扶贫在于扶心。在寻甸县的扶贫经验中，我们确实发现了被您感动，被您的真诚所触动的周边的人，带动他们的良知，这是一股无比强大的力量。

我们捐助的资金有限，可是我必须强调的是我们非常有信心。因为地方政府，在这两年多来，大家一起做家访，一起落实习主席所说的六个精准。我们可以看到每一个村在国家和地方政府的用心努力下，尤其是少数民族地区，都在积极的转变。这也给我们海外的华侨，增加了很大的信心。

今年4月25日，我和中国扶贫开发协会胡富国会长进行了座谈，双方签署了战略合作框架协议，并明确了由绿野出资3,000万元人民币做大学生村官基金的事情。随后绿野团队开展了对扶贫项目的调研和实施方案的探索，经过数月的整合，选择了湖北省蕲春县的李时珍蕲艾产业园项目。

蕲春是全国592个贫困县之一，人口103万，其中贫困人口16万。蕲春是李时珍故里，当地中药材资源丰富，特产蕲艾，是用于艾灸最好的原材料。艾灸疗法是对人类健康最善益的治疗法，在中国医学史上有重要地位，近几年也被广大群众广泛接受。针对蕲春这样一个具有良好自然资源和人力资源的国家贫困县，因地制宜脱贫的路径如下：

第一，通过培训大学生村官领办合作社带领贫困户种植艾草脱贫致富；

第二，引进中国中医药大学专家教授的国际发明专利，在当地工业化生产，增加就业岗位；

第三，培训艾灸师，在全国开设小区艾灸服务店，发展大健康产业，实现贫困人口转移就业，构建亿万中国家庭健康服务新体系。

第四，将传统产业和高新技术结合，建立"艾创空间"，为"大众创业、万众创新"提供产业载体。

我计划由绿野集团牵头，与海内外合作伙伴、湖北省人民政府、蕲春县人民政府、湖北李时珍蕲艾产业园、华远租赁有限公司等机构共同发起成立一个引导基金，基金规模5亿元人民币，带动20亿元投资。3年内实现十百千万工程：

1、10万亩中药材种植基地；

2、100个大学生村官创业，成为大健康产业精准扶贫的带头人和实施者；

3、1,000个农民合作社成为订单生产企业；

4、10,000个艾灸技师的职能技术培训；

可产生的社会效益和经济效益：

1、1万个贫困户脱贫；

2、10万个就业岗位；

3、30亿元人民币产值；

4、6亿元人民币收益用于精准扶贫事业的继续开展和大健康产业的持续发展。

最后，来参加这个会议，我希望可以遇到志同道合之士，我们在中国扶贫开发协会的共同努力下，以中国成功的案例，走向东南亚，走向全世界，为实现中华民族伟大复兴的中国梦做出新的贡献！

谢谢大家！

民营企业——社会扶贫的生力军

香港新恒基国际（集团）有限公司总经理

俞　斌

女士们、先生们：

下午好！今天，我能够受国务院扶贫办和中国扶贫开发协会的邀请，前来参加这次社会扶贫论坛，感到非常高兴。特别是今天上午，作为企业家有幸亲身聆听习近平总书记在2015减贫与发展高层论坛上发表的主旨演讲，更感到万分激动和振奋！习总书记的讲话从战略高度指明了推进国家减贫事业，实现中华民族伟大复兴中国梦的前进方向，也使我切实感受到了一种重大的社会责任。

纵观民企参与扶贫，经过了从无到有，从充当点缀补充作用到作为重要力量参与的历程。在业内，我们听到过这样一句话，要创造富翁很容易，创造一家优秀的企业就很难，而创造企业家精神更是难上加难。长期以来，企业只有一个目标，即追求利益最大化。而随着社会经济的发展，在现代市场经济条件下，凡是具有长远发展目光的企业家都已清楚地看到，企业不仅要通过竞争的胜利获得增长，还必须在竞争中与社会协调发展。而企业家很重要的一条就是在创造经济效益的同时，为社会创造更多的价值，自觉承担一份社会扶贫的责任。

作为一名在改革开放中成长起来的民营企业家，我深知没有稳定、和谐、富强的祖国，没有党和政府的领导，没有好的政策和人民群众的支持与认可，就没有民营企业迅猛发展的今天。先富带后富，是当今社会每个民营企业家肩上沉甸甸的、不可推卸的责任。把实现共同富裕作为自己的理想和奋斗的目标，积极参与扶贫开发事业，对此我感到义不容辞。

今天国务院扶贫办和中国扶贫开发协会在国家第二个扶贫日到来之际，举办"2015减贫与发展高层论坛"——社会扶贫分论坛，这些举措都将更加有利于调动社会组织、民营企业等社会力量参与扶贫的积极性，有利于创新社会扶贫新模式，培育扶贫济困、人心向善的良好社会风尚。所有这些都将在社会上产生广泛影响，得到贫困地区人民群众的普遍赞誉。

长久以来，中国扶贫开发协会作为一个致力于扶贫开发的社团组织，依靠动员广大社会力量做了大量扶贫工作，并且在努力创新扶贫思路上不断取得新成效。协会在以胡富国会长为首的一批老会长的领导下，对贫困群众怀有极深厚的感情，始终坚持着为实现共产主义奉献一生的理想信念，如今他们虽然都已年过古稀，却仍千方百计为贫困地区百姓谋福利、做好事、办实事。正是我国扶贫人这种大爱无疆的宽广胸怀更加坚定了我投身扶贫事业的决心。我希望能在实践中不断探索民营企业参与社会扶贫的发展道路，通过我们的行动能带动更多的私人资本和公共资本参与扶贫，让中国的公益组织与企业共同为贫困地区的发展多做贡献，把扶贫事业做好、做实，让社会扶贫真正形成人人皆愿为、人人皆可为、人人皆能为的良好局面。

致富思源，富而思进。近些年来，我一直在思考如何尽自己所能更好地回报社会。在此我代表香港新恒基国际（集团）有限公司在本次论坛上郑重承诺，向中国扶贫开发协会捐赠3,000万元资金，用于支持贫困村大学生村官成长工程！真诚希望更多的企业家朋友和个人加入扶贫队伍。相信民营企业家群体必将成为我国扶贫攻坚战中不可或缺的一支重要力量。

通过大学生村官项目参与社会扶贫
解决贫困地区用水问题

新加坡连氏援助组织执行总裁　许年福

贫困是一个多层面的问题，除了较低的人均收入，贫困地区的人们和其他人相比，不仅面临不良的健康状况、贫乏的教育程度、较差的居住条件，并且缺乏洁净的水和卫生基础设施等。为了更好的反映造成这个多层面问题的因素，2010年联合国和牛津大学开发了多维贫困指数（联合国开发计划2010年报告），多维贫困指数由健康、教育和生活水平3个关键维度10个指标组成。通过这些指标可以看出，缺少安全卫生的水是造成贫困的最大因素，它影响着劳动生产率、儿童死亡率、入学率和教育水平等多个方面。在农村，改善安全用水是脱贫的一个关键方面。

连氏援助组织作为公益慈善组织，2006年成立于新加坡，致力于亚洲贫困地区的清洁水资源与卫生环境建设。连氏凭借与国际基金会、私营企业良好的合作关系，有效地将公益资金、专业知识和技能整合起来。在过去8年的时间里，连氏援助组织援建的清洁水设施和卫生设施已经使中国、柬埔寨、印度尼西亚、缅甸和越南等国家超过70万贫困人口受益。在中国，连氏援助组织通过援助2,000余万元人民币的项目善款，帮助和提高了甘肃、宁夏、内蒙古、河北、湖北、重庆、云南和贵州等地区贫困村庄的水利基础设施建设。

过去的十年间，中国在清洁供水方面突飞猛进，近95%的人口已经可以使用净化过的水。但由于中国庞大的人口基数，事实上仍有超过5,000万的中国人为水而发愁，特别是在贫困农村。由于收入、资源和社会服务等条件限制，这些地区的人们还没有享受到清洁用水带来的安全与便利。因而，我们在中国的工作仍可说得上是任重而道远。

中国幅员辽阔，地形复杂，很多农村地区远离城市，使得人均供水的成本非常高。尽管成本很高，供水的经济效应价值仍远远超过其成本。首先，体现在可以全面提高人民生活质量，其二，可以全面提高社会福利，脱贫致富，减少公共医疗负担，提高食品安全，以及有助于阻止城乡之间差别的恶性蔓延。

保障清洁安全用水不再仅仅是经济和政治需求，它需要从心态上、地方社区的技术和建设制度上去改变。水利基础设施的建立需要可靠性及持续性给当地提供安全用水，帮助当地提高生活及健康水平。这必然依赖于前期技术开发，中期建设、确定操作运行制度，后期建立维护维修制度，以及有效保证承担设施经常性支出资金的财政来源。中国贫困地区的基础设施建设正是在以上几个方面存在不足。

为了更好地解决这个问题，由新加坡连氏援助组织和中国扶贫开发协会合作开展的"连援贫困村安全用水工程"项目于2012年开始在中国实施。该项目是依托中国扶贫开发协会"支持贫困村大学生村官成长工程"平台，通过提高大学生村官的能力，发挥大学生村官的特殊作用，援助解决贫困村的安全用水问题，以进一步带动产业发展为模式的公益活动。

连氏援助组织提供项目资金并且通过培训来帮助大学生村官扎根于贫困农村地区工作，旨在解决当地迫切需要解决的安全用水问题，帮助村民获得持续的、健康的饮水，改善村民生活条件和生存环境，为当地农村经济及社会发展提供可靠支撑与保障。

另一方面，中国扶贫开发协会通过与当地政府建立有效的沟通渠道，积极争取乡镇政府的专项项目资金，以及获得地方重视，一同开展饮水项目的建设实施。在执行期间，政府的监管与协调，往往是解决问题的关键。同时，这也离不开我们的合作方中国扶贫开发协会对过程的监管和对项目成果的评估。

通过总结前几期项目的经验，我们逐渐规范并完善了从前期培训、项目管理、工程交付到监测、评估等项目实施流程。这使得在执行过程中每个阶段都更加透明、严谨，更好地达到项目预期收益。能够和中国扶贫开发协会一同在中国开展项目实施，是我们工作的基础与关键。更重要的是，这种合作关系让我们更好的做到"真扶贫，扶真贫"，扎实推进扶贫开发工作。

除此之外，要加强水质监测等管理水平，设立每个村内的管水制度，确定相关负责人员以及制定后期管护政策，将可以更好的维持设施的运行及发展，这需要乡镇政府的指导与监督。我们将继续与中国扶贫开发协会紧密合作，通过大学生村官这个平台，传递我们的理念，锻炼村官能力的同时，更加有效率地为更多贫困村解决用水问题。

"连援贫困村安全用水工程"项目自开展以来，已经培训了1,000余名大学生村官；援助善款976.3万元人民币，改善了41个贫困村的水利基础设施，解决了61,000余名贫困地区人口的饮水问题；除此之外，目前还有19个贫困村的项目正在进行中。然而，中国仍有近5,000万人每天需要花费多个小时的时间去取水，并且取回来的水并未经过净化或消毒，水质远远未达标，很大程度上影响了他们的健康，并且限制了劳动力的发展。

冲刺阶段总是最艰苦的。通过现有的技术、知识、经验以及资金，整合国内外资源，相信在不久的将来一定可以实现全面解决中国贫困农村地区的安全用水问题。

"互联网+社会扶贫"模式创新

中国扶贫开发协会副会长兼常务副秘书长
黄祖绍

女士们、先生们：

为响应习近平总书记"动员全社会的力量向贫困宣战"的号召，积极组织动员社会力量参与扶贫开发的伟大事业，国家10·17扶贫基金充分利用"互联网+"思维模式，搭建社会参与平台，广聚社会扶贫资源，营造社会扶贫人人皆愿为、人人皆可为、人人皆能为的社会氛围，为此10·17扶贫基金设计开发了手机互联网"日摇一善"项目。

该项目是在移动互联网的兴起和企业积分形成较大规模（总量接近1,500亿人民币）的背景下提出的，重点倡导移动互联网用户将日常生活中坐飞机、刷信用卡、加油、打电话等行为产生的积分捐赠出来，通过微信"摇一摇"的功能，每摇一次，将价值一元钱的积分捐赠给建档立卡中的贫困人口，为他们在智力、文化、科技、医疗、产业开发等方面给予帮助和支持。

"日摇一善"项目具有互动性、便捷性和大众性等特点，微信用户通过查看贫困户的具体资料，清晰地看到救助内容及未来改变前景，实现与帮扶对象的自动对接，使"摇一摇"活动捐献的积分，通过点对点的帮扶，实现"精准扶贫"和"精准脱贫"的目标。

"日摇一善"项目由北京亿美汇金信息技术股份有限公司和深圳腾讯科技有限公司无偿进行技术支持和服务，该项目前期已经和海南航空股份有限公司、中信银行信用卡中心以及中油首汽石油销售有限公司等三家企业达成合作意向，以上企业表示充分利用自身优势参与到此项目中来，爱心企业的加入为项目的顺利开展提供了保障，在此我们对以上企业表示感谢，谢谢你们的参与和支持。

为在2020年如期实现全面建成小康社会，扶贫工作面临艰巨的挑战，每月减贫一百万的任务摆在眼前，不仅需要政府做好扶贫工作，也需要我们每一个人的积极参与。通过"日摇一善"项目，在以后的工作中我们充分尊重捐赠人的意愿，在社会大众的积极参与下，面向真正的贫困人口，帮助他们脱贫致富，奔向小康。下面有请中国扶贫开发协会副会长谷永江先生、副会长兼秘书长李守山先生、海南航空股份有限公司北京营运基地人力资源行政部总经理徐行先生、中信银行信用卡中心北京分中心副总经理郑海英女士、中油首汽石油销售有限公司党委副书记张颖女士一起上台，共同发布"日摇一善"项目。

谢谢刚才各位领导的参与和演示，相信通过积分捐赠的成功实施，在社会各界的共同努力下，"日摇一善"项目会形成关于扶贫开发的新话题和新亮点，形成"互联网+社会扶贫"的新模式，吸引社会大众积极了解扶贫、参与扶贫、支持扶贫，为中国的减贫事业做出贡献。

社会扶贫与精准扶贫

——论社会扶贫精准化

北京大学贫困地区发展研究院院长

雷　明

　　扶贫开发是一个系统工程，是全社会的共同事业，政府有职责、社会有责任、民众有义务。近年来，许多社会力量已经以不同形式进入扶贫开发领域，不同程度地参与了扶贫开发工作，有的已经取得可喜成效，已经成为扶贫开发的一支重要力量。随着国家统筹城乡发展的力度越来越大，参与扶贫开发的社会组织、企业、个人越来越多，领域越来越宽，对贫困群体脱贫致富的辐射带动作用也越来越明显。社会组织、企业、个人参与扶贫在为贫困地区做出巨大贡献的同时，也创造了许多可借鉴、值得推广的丰富经验。

　　尽管社会力量参与扶贫已有了很好的开端和基础，但在具体的工作中，尤其是在精准扶贫方面还存在亟待完善的地方，还存在着各级政府支持力度不到位、缺乏组织引导、宣传鼓励不够、参与程度不高、政策配套未能跟上、重援助轻共建发展思想等诸多问题。

　　面对2020年全面实现小康的时间节点，为贯彻落实习总书记提出的"精准扶贫、扶真贫、真扶贫"要求，切实做到"六个精准"（即：扶贫对象精准、项目安排精准、资金使用精准、措施到位精准、因村派人精准，脱贫成效精准）推动社会力量自觉自愿精准地参与扶贫开发，并取得实实在在的效果，我们建议：

一、主体精准化——积极引导多种形式参与精准扶贫

围绕做好社会扶贫工作，首先要落实各部门的职责任务。比如：扶贫部门负责提供贫困村、贫困户基本情况，需求清单，制定规划计划，综合协调，进度通报，监督检查，年度考核等工作；商务部门负责做好社会扶贫大平台引进、本土平台培育；农工办负责把社会扶贫作为驻村工作队和帮扶单位的一项重要职责，纳入驻村帮扶年度考核；财政部门负责做好社会扶贫配套资金保障工作，制定出台财政奖励扶持办法。此外，还要大力推动各民主党派、政府有关部门和无党派人士、企业、社会组织、个人扶贫。社会力量参与扶贫可以不拘形式，不论内容，应根据社会组织、企业、个人自身的条件、能力精准开展。基础较好、能力较强的社会组织、企业、个人，可以直接参与定点帮扶建档立卡贫困村、贫困户，实行"整村推进"帮扶；条件具备的可以与贫困村、贫困户进行结对帮扶，开展"与村共建""与户共建"，实现互利共赢，共同发展；属农产品加工类社会组织、企业的，可以将产业基地建在贫困村，通过产业的发展带动贫困村群众脱贫致富；基础稍差，条件稍欠的，可以直接帮助建设一个具体项目，或修一条路，或建一个篮球场，或建一个饮水工程，或者帮助几个失学儿童完成学业，或为一个困难家庭捐款捐物，奉献一片爱心。

二、引导精准化——进行科学有效的组织引导

要提升自身管理能力和水平，防止出现"一管就死，一放就乱"。建立和完善社会扶贫激励机制，拓展社会扶贫组织动员和信息服务渠道，建立和完善社会扶贫激励和约束机制，创新社会扶贫资源筹集、配置、使用、监管机制；建立健全社会扶贫部门协作机制，对社会扶贫工作进行季度检查、半年通报、年底考核，推动各项重点工作任务落实。每年评选表彰一批全省社会扶贫成效突出组织、企业、个人，给予奖励；对损害社会扶贫形象的不良行为，采取行政、经济、法律等手段予以惩罚；

将社会力量参与扶贫开发纳入全国扶贫开发工作的总体规划，统一部署、统一协调，并在一定程度上给予指导；建立健全社会扶贫领导机构和工作机构，负责社会扶贫的顶层设计、政策制定、协调指导、工作推进、检查考核等；建立社会力量参与扶贫开发工作联席会议制度，与政府有关部门等定期召开相关会议，及时沟通情况，研究工作问题，加强协调配合，及时研究解决社会力量在参与扶贫工作中出现的各种困难和问题；成立社会扶贫协会，形成政府、协会、驻村工作队共同推进社会扶贫的工作机制。

三、保障精准化——进一步完善政策支持体系

推动社会力量参与扶贫不能靠行政命令，只能通过政策激励、建立互惠互利机制，引导、鼓励社会组织、企业、个人主动参与，才能具有生命力。针对当前政策不配套的问题，各级政府要统筹协调财政、税收、农业、国土、林业、工商、金融、国资委、政府有关部门等，制定出台对社会组织、企业、个人参与扶贫开发的优惠政策，如无偿捐助的税收抵扣、扶贫项目支持、社会组织、企业、个人贷款贴息、社会组织、企业、个人税费减免等优惠政策。同时，鼓励有条件的单位设立扶贫基金，拓展社会扶贫筹资渠道，专项用于开展扶贫帮扶工作。加大财政对扶贫公益事业的支持力度，制定政府购买扶贫领域服务的具体措施。简化扶贫社会组织登记程序，对符合条件的社会组织给予公益性捐赠税前扣除资格。"设立扶贫再贷款，企业、合作社、实体只要带动了贫困村、贫困户脱贫致富，就可以享受到这个政策。把国家的政策落实到位，用财政的资金撬动金融的资金，用金融的资金撬动社会的资金，发挥'四两拨千斤'的作用。"

四、服务精准化——进一步健全服务保障

切实围绕社会组织、企业、个人参与扶贫开发搞好服务保障。在社会组织、企业、个人与贫困村、贫困户的衔接上积极做好沟通对接，确

保瞄准帮扶对象；在项目规划、资金安排上给予配合，特别是在引导受援村方面，真正做到组织配合、制度配合、土地配合、劳力配合、观念配合，力求帮扶产生明显成效；要搭建村企合作的服务平台，重点搭建产销对接、银企对接、研企对接的平台，促进社会组织、企业、个人与农户、金融机构、科研院所的有效对接，实现社会组织、企业、个人与农村资源、社会资源的有效整合，提高村企共建的效率和水平；努力为社会组织、企业、个人参与提供政策、项目、社会信息等方面服务，帮助社会组织、企业、个人引进和培养人才，组织社会组织、企业、个人参与各种展销、拓展商务洽谈，扩大影响力，将社会组织、企业、个人发展规划与扶贫开发整体布局结合起来，为社会组织、企业、个人参与扶贫提供保障；建立定点扶贫和扶贫协作工作考核评价机制和通报制度，在表彰奖励上实行统一部署，统一评比，加大社会扶贫的宣传力度，在报纸、电视、广播和网络等主流媒体上开辟专栏，进行跟踪式专项宣传报道；充分发挥微博、微信等新媒体的作用，灵活运用微博话题、微信栏目，对社会扶贫工作持续开展宣传报道；依托双联行动，充分发挥村级组织和群众在社会扶贫中的重要作用，尤其要及时总结和宣传推广社会扶贫工作中的好做法、好经验，营造社会扶贫的浓厚舆论氛围。"在每五年开展一次社会扶贫表彰工作的基础上，按照国家有关规定探索建立中国特色的社会扶贫荣誉表彰体系，对社会组织、企业、个人参与扶贫开发涌现出来的先进事迹、典型事例，纳入全国统一表彰奖励，对扶贫成效明显、贡献特别突出的企业、社会组织和个人，可在尊重其意愿前提下给予项目冠名"，使在参与扶贫工作中做出突出贡献的社会力量和爱心人士政治上有荣誉，经济上有实惠，社会上有地位，百姓中有口碑。

五、对接精准化——建立全社会网络扶贫平台

互联网时代，贫困群体更加需要信息技术的帮助，信息贫困是最大的贫困，实施网络扶贫，消除"数字鸿沟"，让贫困地区每一位贫困个体都能公平地享受到高质量的现代信息服务。这就需要我们充分利用新

技术，大力推进现代网络、电子商务、电子政务在减贫中的应用，实现精准对接，通过互联网提供自由自在的对接，来实现社会扶贫的精准化、信息化，为社会扶贫提供强有力的技术支持和保障。另外，现在各地已有的各种扶贫信息系统和信息资源，却呈现出早年信息化曾经出现的"信息孤岛"现象。为此，整合现有资源，尽快搭建全国性综合网络扶贫平台已势在必行。

具体来说，构建全国性综合网络扶贫平台，就是要充分发挥现代网络技术优势，推进社会扶贫参与机制，彻底消除"数字鸿沟"，真正建立一个全社会各个行为主体都能参与、都能看到，精准到位、清晰度强的围绕社会扶贫的网络支撑体系，将精准扶贫等各项扶贫工作直接到村、到户、到人的精准信息，和社会扶贫的精准信息直接进行点对点的对接。在此基础上，发挥网络平台和电子商务、电子政务扶贫功效，通过互联网+物流新业态，打造"电商扶贫工程"工程，为构建全社会扶贫提供重要的支持，最终推动全社会扶贫发展。

六、持续精准化——打造社会扶贫生态

构建良性发展和动态平衡的社会扶贫生态系统，对于持续有效地化解扶贫开发中各种风险，提高扶贫资源使用效率，促进可持续减贫与社会经济的可持续发展，顺利完成现阶段精准扶贫任务，最终实现可持续减贫与发展，圆广大贫困群体早日奔小康美丽梦想的伟大战略具有重要意义。

这里所谓的社会扶贫生态是由社会扶贫生态主体和社会扶贫生态环境构成的、彼此依存、相互影响、相互制约的动态系统。其中，社会扶贫生态主体是指社会扶贫产品和社会扶贫服务的供应者或生产者，主要是社会扶贫机构和个人。按中国目前农村实际情况来说，这里，社会扶贫主体主要包括企事业单位、NGO、各社会团体以及居民个人。社会扶贫生态环境，是指社会扶贫生态主体赖以生存和发展的自然、社会、经济、法制、信用、政府服务等因素综合构成的环境，其中既包含社会扶

贫产品和社会扶贫服务，也包括社会扶贫决策机构和社会扶贫监管机构，更包括自然生态和社会经济中各种环境要素。这里的社会扶贫产品和社会扶贫服务的对象主要是指贫困户、贫困村和贫困县乡。

作为一个有机动态的体系，社会扶贫生态系统更加注重人们之间的互动和参与，改变单个行为方式，以增强扶贫的凝聚力和组织性，发挥人们互助性和利他性，进一步提升人们的自主创新和合作创新意识。

可以说，构建社会扶贫生态，对于持续改善贫困地区生产生活生态条件，建立稳定增收的长效机制；精准提高贫困群体素质和自我发展能力，实现贫困户、贫困村可持续脱贫，确保顺利实现减贫与发展目标具有重要意义。同时，构建社会扶贫生态，也是促使政府各个部门以及民间组织和其他社会成员，都能够把减贫反贫作为自身的一个重要职责，精准发力，进而形成一个由多方共同体有机构成的社会化减贫反贫的精准高效的实施系统。

第四部分

2015 减贫与发展高层论坛
电商扶贫论坛

深入推进电商扶贫
推动贫困地区跨越式发展

国务院扶贫办副主任　洪天云

尊敬的各位来宾，

女士们、先生们、朋友们：

大家下午好！首先，我代表国务院扶贫办，代表本次论坛组委会，向参加电商扶贫论坛的各位嘉宾，表示热烈的欢迎！向为扶贫事业作出贡献的各界朋友们，致以崇高的敬意！向为这次论坛付出辛劳的同志们，表示衷心的感谢！

在举国上下开展扶贫日活动的日子里，我们有幸邀请到这么多部委领导、电商企业家、专家和基层的同志，举办这次电商扶贫论坛，就是希望搭建一个交流平台，分享实践经验，创新政策举措，共同探索一条有中国特色的电商扶贫之路。

大家可能都知道我国历史上有一条"胡焕庸线"，这是著名地理学家胡焕庸提出来的，这条线从黑龙江省黑河市一直延伸到云南省腾冲县。这条线虽然是用来研究我国人口密度的对比线，但用来描述我国贫困分布也非常适合。这条线的东边大部分是经济较发达和人口密集地区，而这条线的西边几乎全是贫困地区。千百年来，无数仁人志士努力探索，希望把这些贫困地区发展起来，但收效甚微。如今，互联网技术的快速发展和普及，为这些地区带来了难得的发展机遇。如果贫困地区能赶上电商和"互联网+"这一班车，就有可能实现"弯道超车"、跨越式发展。比如甘肃陇南市（其9个县区均为贫困县），它是我们确定的电商扶贫试点市，经过一年多的努力，探索出了一店带一户、一店带多户的扶贫模式。截至今年8月底，全市网店数量达到6,837个，网店销售总额8.9亿元，全市64万贫困人口因电商人均增收306元。像这样的例子还有很多。

实践证明，电子商务能够有效弥补贫困地区基础设施薄弱、市场和销售渠道狭小、产品品牌建设滞后等短板，能够促进贫困地区产业创新和转型升级，是贫困地区、贫困群众实现持续增收的一条有效途径，也为社会各界开展消费扶贫提供了一个重要平台。

近年来，国家对促进农村电子商务发展高度重视，相继出台了《关于大力发展电子商务加快培育经济新动力的意见》、《关于积极推进"互联网＋"行动的指导意见》等政策文件，国务院多次召开专题会议，部署加快电商发展，推进实体经济与互联网深度融合，壮大新业态，促消费、惠民生。10月14日，李克强总理主持召开国务院常务会议，进一步部署农村电商工作，决定未来5年内投入1,400多亿元，使98%的行政村覆盖宽带，支持农村电商发展，用信息技术促进农村偏远困难地区群众脱贫致富，为电商扶贫提供了更加有利的发展环境和机遇。

我国电商扶贫虽然取得了一些成绩，但仍处于起步阶段。贫困地区普遍存在电子商务基础设施滞后、物流配送成本过高、市场化程度低、产品缺乏规范标准、生鲜产品上线难、电商人才短缺、贫困群众对互联网商业模式接受程度不高、电商扶持政策较少等问题，还有大部分电商扶贫企业盈利不高甚至处于亏损状态。这些问题，需要大家共同努力。政府部门要为电商扶贫提供更有力的政策扶持，电商企业要积极履行社会责任参与扶贫开发，各位专家要加大理论研究更好地指导电商扶贫工作，基层同志要勇于实践、大胆探索，不断创造出更加适合贫困地区发展和贫困群众增收的扶贫模式。我们相信，在党和政府、社会各界、贫困地区干部群众的共同努力下，贫困地区一定能抓住电商发展机遇，实现"弯道超车"、跨越式发展！

我就讲这么多，不能算发言，只是抛砖引玉，希望引起大家更深入的讨论。

预祝这次电商扶贫论坛圆满成功！

谢谢大家！

在电商扶贫论坛上的发言

阿里巴巴　方建生

各位领导、专家、企业家们：

下午好！很高兴在这个电商扶贫主题论坛上与大家进行交流。通过大家的共同努力，这些年在电商扶贫领域涌现出了很多的优秀的实践和创新。作为中国电子商务旗舰企业的阿里巴巴，旗下各平台（淘宝、天猫、聚划算等）无疑在这些扶贫创新中承担了许多的实践，这些创新实践又进而引导阿里巴巴在扶贫理念上不断提升。

一、阿里巴巴对电商扶贫的认识

（一）从"工业时代"到"信息时代"

工业时代的扶贫开发，讲求的是产业扶贫，但在匮乏的商业基础设施及严重信息不对称面前，帮助贫困地区的农民产业开发容易，让他们对接市场却很难。

但随着信息时代的到来，云网端等信息基础设施的快速安装，为扶贫带来新的变数。尤其是随着移动互联网的发展，农民们使用智能手机就可以把脉市场需求，点点鼠标就可以把产品销售出去。这使我们看到，人们可以通过信息化、通过电子商务助力发展，变道超车或另辟蹊径，实现减贫扶贫目标，走向富强；反之，面对信息时代带来的产业结构和市场格局的变化，若听之任之或应对失误，原本的富强也会中道没落，更不用说弱者被进一步边缘化。

（二）从"授人以渔"到"营造渔场"

阿里巴巴对于农村贫困地区的电商赋能实践，最早始于2009年，"5·12大地震"后对于四川省青川县的震后援建。阿里巴巴对于青川援建的核心思路，就是用商业模式扶持灾区经济发展，不仅要帮助青川人民重建家园，更要通过信息化赋能，使他们具备致富脱贫的能力。第一个7年援建下来，我们看到青川涌现出了赵海伶、王淑娟等一批优秀网商，青川农产品电商的销售额也超过千万元。

电子商务对于农村贫困地区的赋能脱贫作用，我们在江苏睢宁县沙集镇，以及浙江省遂昌县，看到了更加令人兴奋的案例。在沙集我们看到市场草根的崛起，从无到有形成了一个年销售额超过40亿元的家具网销产业；在遂昌我们看到通过驱动电商服务商的发展，为非标的特色的小农业，探索了一条对接电商发展，助力县域经济的道路。

通过从青川到沙集，再到浙江遂昌实践，阿里巴巴关于电子商务对于农村贫困地区赋能的工作脉络已经逐渐清晰，既从"授人以渔"的技术赋能入手，进而再到"营造渔场"帮助当地建立和完善健康的电商发展生态。

（三）从"市场力量"到"平台推动"

在沙集的扶贫实践中，我们看到的是市场力量，是草根网商的野蛮成长；在青川，我们看到的是平台的推动，从培训到营销，帮助灾区人民电商赋能；在遂昌，我们又看到了政府的有为服务，从硬件投入到政策建设，为本地网商和服务商发展提供支持。

2014年10月阿里发布了农村战略，11月农村淘宝落地发展，阿里开始第一次对一个独立群体（贫困地区的农民），全方位地在资源上倾斜和扶持。在农村淘宝的模式中，平台和政府开始形成合力，共同激发出市场的力量，从而在最短时间内开创电商扶贫的全新局面，在于都，在铜仁，皆是如此。

二、阿里巴巴在电商扶贫的相关成果

根据阿里研究院的数据，2014年832个国定贫困县在阿里零售平台上，完成消费1,009.05亿元，完成销售119.30亿元，其中农产品销售达到11.80亿元。

一些互联网基础设施较好的贫困地区，通过电商释放出了可观的消费需求，节支扶贫。如拉萨市城关区，其电商消费在社零总额占比达到23.31%，远高于全国平均水平。更多的贫困地区则是通过阿里零售平台，将地方土特产卖到全网，实现增收脱贫。如河南省镇平县，2014年完成销售7.77亿元，河北省平乡县、安徽省舒城县，其电商销售额均突破5亿元，从贫困县变身为准淘宝县。

阿里平台在电商扶贫上体现出的更大价值是在人的方面。至2015年上半年，832个国定贫困县在阿里零售平台上共有用户1,972.65万人，卖家29.27万人，这些人无疑会成为未来更多扶贫实践的推动者和践行者，成为扶贫创新的源泉。

农村淘宝业务也是发展迅速，截至9月30日已经在22个省147个县落地，包括了31个国定贫困县和42个省级贫困县，贫困县覆盖率达到50%。农村淘宝的入驻极大地推动了贫困县域电商的发展，通过数据分析可以看到，加入农村淘宝的31个国定贫困县，其2014—2015上半年卖出额和买入额的增长率均高于未加入农村淘宝的贫困县。尤其是在买入方面，高出5-8个百分点。2015财年农村淘宝计划扩至250个县，其中至少包括100个国定或省级贫困县。

配合农村淘宝，阿里旗下的各项涉贫业务也加速推进，共同搭建起农村电商扶贫工作。其中淘宝大学半年来已举办了16期县长电商研修班，来自20个省区的635名县级领导参加学习，未来它们也希望可以给16万个贫困村驻村书记送课上门；菜鸟网络搭建的"大家电配送网络"，覆盖全国95%的区县，在50万个村可送货入村；满天星项目在全国签署了16个县，进行优质农产品溯源工作；蚂蚁金服连接了2,300多家农村金融机

构，服务了200多万农村电商以及数量庞大的农村支付宝用户，已为18万家农村小微企业提供了经营性贷款，累计放贷300亿元。其中，2014年为来自832个国定贫困县的约2.02万名经营者发放贷款29.73亿元。

三、阿里巴巴在电商扶贫的专项活动

除了上述涉贫业务所做的工作，围绕着扶贫、助贫，在阿里平台上还开展了一系列的主题活动。

如农村淘宝开展的"掌上名猪"活动。在国定贫困县黑龙江明水和安徽舒城，以及省级贫困县江西进贤，挑选近万头农户生产的生猪发起预售。该活动10月12日上线，迄今已基本售罄。

为贫困户网店打标推荐。将认证的贫困村及贫困户开设的网店及售卖的特色产品，通过打标的形式在淘宝网上进行展示，引导社会公众积极购买。如今，你在淘宝网搜索"扶贫、助贫"，就可以找到我们认证贫困户开设的网店。

未来，阿里旅游、阿里医疗、阿里文化等服务也将下沉到贫困县和贫困村，让贫困农民在乡村就可以享受到更好的生活服务和公共服务，使贫困地区的青山绿水增值，使农民的生活质量提高，让农民的生活方式在新的时代通过信息网络下乡到达农民，让美丽乡村和电子商务结合，可以再造中国新的乡村，让年轻人有一个理由可以回到乡村。

在2015减贫与发展高层论坛
电商扶贫论坛上的发言

江西省赣州市

　　赣州是全国著名的革命老区，也是较大的集中连片特困地区。近年来，我市牢记习近平总书记"决不能让老区群众在全面建成小康社会进程中掉队"的殷殷嘱托，立下愚公志，打好攻坚战，着力建设"全国革命老区扶贫攻坚示范区"。特别是把电商扶贫作为精准扶贫的重要抓手，大力推进电商扶贫创新发展。全市电子商务交易额连续三年增长200%以上，今年上半年达136.8亿元，增长269%，带动了以贫困群众为主的20多万人就业。我们的主要做法是：

　　一、注重政策引导，优化电商扶贫环境。

　　一是给政策，为电商扶贫提供全方位扶持。积极落实国务院"互联网+行动计划"和国务院扶贫办将电子商务纳入扶贫开发工作体系的决策部署，召开了全市电商扶贫工作现场推进会，制定实施了《赣州市电子商务产业发展规划（2014-2020年）》《关于加快电子商务产业发展的实施意见》《电子商务扶贫专项实施方案》等一系列政策文件，市、县财政预算安排专项扶持资金，从免费为贫困群体提供电商技能培训，对扶贫对象到电商孵化园或产业园落户创业给予补助，优先提供"财园信贷通"、"再就业小额担保贷款"等金融信贷支持，鼓励电商龙头企业安排适当产品、适当岗位帮助扶贫对象就业等方面加大扶持力度。二是强基础，着力解决信息网络不通畅、物流体系不健全等瓶颈问题。今年以来，

147

全市三家通信运营商投入11.5亿元，推进信息网络进村入户，提升宽带网络普及和接入能力，建立覆盖乡、村的农村信息网络，打通信息化基础设施建设的"最后一公里"。目前全市100%行政村和90%的自然村实现通宽带，100%的行政村和45%的自然村通光纤，农村宽带用户平均接入速率达到12M。另一方面，抓好农村公路的建管养，近三年累计新建改造农村公路8,200公里，同时加强与与阿里巴巴菜鸟物流、邮政公司、顺丰速运等大型电商物流企业合作，推动电子商务与物流快递协同发展，打通物流配送的"最后一公里"，初步形成了集网络、仓储、运输、配送为一体的物流链条。

二、加强平台建设，构建电商扶贫网络体系。

一是高起点打造电商运营平台。充分利用赣州获批创建国家电子商务示范城市、16个县（市）获批全国电子商务进农村综合示范县等优势，加强与阿里巴巴集团等知名电商的合作。今年7月，阿里巴巴集团与我市合作成功举办了首届"互联网+革命老区农村电商"发展峰会，在业内引起较大反响。目前，我市与阿里巴巴、京东、顺丰等知名电商签订了战略合作框架协议，中国国际电子商务中心赣州分院正式揭牌，苏宁易购江西省首家服务站、淘宝网·特色中国赣州馆、1号店·赣州特产馆相继开馆运营，土购网、康巢网、新商店等一批本地特色电子商务平台迅猛发展。赣南脐橙通过举办网络博览会开展O2O运营，实现了线上线下一体化营销，带动70余万人脱贫致富。二是积极构建县、乡、村三级电商服务网络。通过在县城设立电商产业园、在乡镇设立分中心、在贫困村设立村级服务点，推动电商平台与本地特色产业和农村新型经营主体对接，形成双向互动的电商扶贫网络服务平台，促进工业品下行助农节支和农产品上行助农创收。宁都县已建立农村淘宝、"农村e邮"等村级服务站逾百个，覆盖该县所有乡镇。于都县阿里巴巴运营中心正式运营，建成了村淘、京东帮、"农村E邮"等村级服务站共86家。兴国县鼎龙乡在13个村设立了村级电商服务站，创建统一销售平台，将原来只在线下销售的生态土鸡等产品统一包装上网，订单供不应求，央视新闻联播作了专门报道。

三、围绕群众增收脱贫，创新电商扶贫模式。

开展电商扶贫，关键要最大限度把扶贫对象结合进来，通过积极参与电商发展增加收入、减贫脱贫。我市在推进电商扶贫的过程中，坚持扶持政策优先向扶贫对象覆盖，电商知识培训优先向扶贫对象倾斜，市场信息优先向扶贫对象推介，积极探索电商扶贫新模式。一是积极探索"电子商务＋创业孵化＋贫困户"模式，通过政府购买服务方式广泛开展网店经营技能培训，帮助贫困户掌握电商知识，直接开办网店创业来实现增收脱贫。如我市宁都县对坊乡的残疾人廖竹生，2014年12月参加电商培训并入驻电商孵化园创业，在淘宝网开设"布潮行"淘宝店，月网销额逾7,000元，纯利2,000余元。二是积极探索"电商企业＋专业合作社或产业基地＋贫困户"模式，让开不了网店的扶贫对象参与相关产业链来增收脱贫。如我市兴国县埠头乡的官桥蔬菜基地设立"田间扶贫超市"，将60个大棚返包给10户贫困户管理，基地负责提供生产资料，贫困户仅需付出劳力，便可获得1,500元/月的工资收入，同时还可按承包大棚定额超出部分收入的60%分红，每户年收入达2.4万元。三是积极探索"电商企业＋就业岗位＋贫困户"模式，让扶贫对象分享电商发展的溢出效应来增收脱贫。如我市宁都县通过扶持电商企业飞天麦光光集团，每年网上销售"孔明灯"2,000万只，企业将生产基地落户乡镇、开到村组，组织贫困大军在家生产加工，提供就业岗位2,000余个，每人每月可获1,000~3,000元的收入。各县（市、区）通过建设电商产业园，带动建筑、餐饮、交通、修理等服务业快速发展，为贫困对象提供更多的就业、创业机会。如我市南康区光明电子商务创业孵化园集聚了近千家电商企业及配套企业入驻，解决了近2万人的就业。

推进电商扶贫，是互联网时代扶贫方式的一大创新。我市将以本次论坛为契机，认真学习借鉴全国其他地方的好经验好做法，努力探索电商扶贫的新路子，加快赣南老区脱贫致富步伐，让老区人民与全国人民一道全面建成小康社会。

充分发挥供销合作社优势
以"互联网+供销+扶贫"助力扶贫开发

中华全国供销合作总社　邹天敬

同志们：

在全国人民广泛参与扶贫事业，携手消除贫困之时，召开这次"电商扶贫论坛"，交流经验，凝聚共识，对于贯彻落实党中央、国务院精准扶贫要求，做好新时期扶贫开发工作具有重要意义。按照今天的主题，结合实际，简要讲两方面内容：

一、供销合作社电商发展情况及开展电商扶贫的尝试

近年来，供销合作社系统根据《国务院关于积极推进"互联网+"行动的指导意见》，结合《中共中央、国务院关于深化供销合作社综合改革的决定》要求，积极探索互联网、物联网等现代信息技术与供销合作社业务相结合，以开拓农村电子商务市场和发展农产品电子商务为重点，努力打造"网上供销社"，形成线上线下一体化融合发展新格局。

一是注重发挥合力。全国供销合作总社加强统筹规划和顶层设计，出台了加快推进电子商务发展的意见，制定了全国平台建设方案和县级供销合作社电子商务实施方案，开展县社创建活动；组建中国供销电子商务有限责任公司，成立"中国供销电子商务发展联盟"，强化行业自律和质量保障。

二是强化平台整合。积极构建具有供销特色的全国与区域性、专业性平台相互支持的电子商务发展格局。由全国供销合作总社主导、中国

供销电子商务有限公司负责建设的全国平台—"供销e家"即将正式上线；河北、浙江、陕西及中农控股等一批省级区域性和专业性平台逐步发展，辐射能力和服务功能不断增强。

三是突出发展重点。各级供销合作社以开拓农村电子商务市场和发展农产品电子商务为重点，充分发挥经营优势、体制优势和规模优势，从品牌塑造和模式创新两方面入手，因地制宜探索农村电子商务发展路径和模式，努力实现供销并举、双向流通、一网多用、综合经营。

四是对电商扶贫进行了有益尝试。首先，强化主体培育。在全国832个国家级贫困县中，供销合作社已发展电子商务企业129个，上半年实现销售额5亿元，31个县被确定为总社第一批电子商务示范县供销合作社。陕西省供销合作社积极承接政府部门安排的6亿元扶贫资金，配合扶贫办开展包括电商扶贫在内的产业扶贫；贵州省供销合作社争取省发展改革委安排的800万元资金，积极开展针对贫困地区实施的"电商惠农工程"；位于武陵山片区的湖北省恩施市供销合作社，以农村电子商务为抓手，积极参与当地综合扶贫改革试点工作，在乡镇建设集网商下单、快递仓储、产品展示于一体的电子商务运营中心，在贫困村建设村级电商服务站，通过"兵团作战"方式，组织全网电商销售贫困村、贫困户农副产品，上半年实现销售额100多万元。

二、积极发挥供销合作社在电商扶贫中的重要作用

供销合作社是为农服务的合作经济组织，是党和政府做好"三农"工作、更是做好扶贫工作的重要抓手。下一步，将认真按照国务院扶贫开发领导小组的要求，发挥自身优势，以电商扶贫为切入点，帮助贫困地区群众脱贫增收。

在全国层面，强化全国平台和区域性、专业性平台相互支撑功能，开拓电商扶贫对接渠道。全国平台将开设专区，集中面向贫困地区开展对接服务，帮助销售特色农副产品。积极推动集中连片特殊困难地区供销合作社联合合作，发展区域性电子商务平台，探索"线上市场"与"线下市场"相互促进的经营模式。发挥供销合作社在茶叶、果品、食用菌等领域的传统经营优势，打造特色农副产品专业电商平台，促进地方特色产业发展。此外，将利用"供销e家"全国平台，通过开展扶贫日救助行动，营造人人皆愿为、人人皆可为、人人皆能为的良好扶贫环境。

在县域层面，构建供销合作社农村电子商务运营体系，引领产业扶贫发展质量。发挥贫困地区供销合作社电商主体作用，积极搭建电商公司、运营中心、电商协会、中转物流"四位一体"的电商运营服务体系。盘活实体经营服务网络，提升强化为农服务能力，发挥供销合作社在农村电商中的独特优势和作用。

在乡村层面，建设改造一批电子商务实体终端，打通电商扶贫最后一公里。以建档立卡贫困村为重点，对传统基层经营网点实施信息化改造，加快建设一批具备电商功能的经营服务网点，承担电商代购代售、商品需求、物流信息收集、发布等终端功能，加强与有关部门合作，打造"全方位、一站式"网上便民综合服务中心。

供销合作社将切实把电商扶贫作为一项政治任务来抓，加强组织领导，建立工作机制，强化责任意识，高位加以推进。要积极争取政策支持，创新投融资渠道，确保扶贫工作"不差钱"；要加快人才队伍建设，培养造就一支懂技术、会营销、有社会责任感的电商复合型队伍；要强化宣传引导，营造良好的舆论氛围，讲好电商扶贫的精彩故事。

让我们共同携起手来，以电商扶贫为抓手，凝心聚力，同心同德，为推进全国7,000多万贫困人口如期脱贫，为全面建成小康社会做出新的更大贡献！

在2015减贫与发展高层论坛
电商扶贫论坛上的讲话

商务部市场建设司　孔令羽

尊敬的各位来宾：

大家下午好！首先，我谨代表商务部市场体系建设司向"2015减贫与发展高层论坛电商扶贫论坛"的顺利举办，表示热烈的祝贺。同时，也感谢国务院扶贫办的邀请，让我有机会参加这次重要活动，与各界同仁朋友们就电商扶贫相关问题进行面对面的交流与沟通。

消除贫困，改善民生，实现共同富裕，是社会主义本质要求，是全面建成小康社会的重要任务。习总书记指出，扶贫开发是第一个百年奋斗目标的重点工作，是最艰巨任务，是我们党和政府义不容辞的历史责任。到建党100年，全面建成小康社会，如果贫困地区面貌没有改变，还有大量贫困人口，那是我们工作的失职。商务部作为国务院的重要组成部门，一直高度重视扶贫开发工作，把贯彻落实习近平总书记扶贫开发一系列重要讲话作为我们工作的指南。从定点扶贫和行业扶贫入手，积极参与扶贫工作。

由于工作关系，我们经常到农村、老、少、边、穷地区调研，亲身体验和感受到这些地区经济发展仍然滞后，部分群众生活仍然贫困，农村基础设施薄弱，资源优势、生态优势很难转化为经济优势。支援贫困地区经济建设，尤其是市场体系建设，我们责无旁贷。商务部近几年在农村市场建设上实施了一系列的工程：如"万村千乡市场工程"、"农超对接"、"双百"市场工程、南菜北运、西果东送、家电下乡、跨区域农产品流通骨干网建设等，在推进这些工程的过程中，都对老、少、边、穷地区进行了倾斜。这些工程的实施，促进了包括贫困地区农村流通设施的完善，改善了市场环境，提高了农产品的商品化率，促进了农民增收，为扩大农民消费奠定了良好基础。

近年来，随着互联网的普及和信息技术的发展，我国农村电子商务快速发展，农村商业模式不断创新，服务内容不断丰富，电子商务交易规模不断扩大。经济欠发达地区电子商务风生水起，移动网购消费增幅最大的100个县中75%位于中西部，亿元淘宝县中国家级贫困县21个。通过电子商务脱贫致富，促进农民创业就业、增收的案例不断涌现。江西宁都、浙江遂昌、江苏睢宁、甘肃陇南、吉林通愉、贵州铜仁等地的实践证明，电子商务为扶贫开发开辟了新路径，是经济欠发达地区实现弯道超车的有效途径。

我们市场建设工作也顺应"互联网+"发展趋势，不断创新工作思路，推动农村市场体系建设工作转型升级。2014年，商务部与财政部联合开展电子商务进农村综合示范，我们以电子商务进农村为支持国家重点贫困县、集中连片贫困县为切入点，积极推进电商扶贫。我们认为，在经济欠发达农村地区发展电子商务，有利于增加农村社会的基本公共服务，推动农业生产和农村流通向精细化、高效化发展，有利于帮助农民对接大市场，提高农产品的商品化率，促进农民增收；同时为农村居民提供更多样化的商品与服务选择，对统筹城乡发展、实现全面小康社会意义重大。

基于这样的认识，我们把电商扶贫作为发展农村电子商务的重要内容进行了部署。8月，我部与国务院扶贫办等19部门联合印发了《关于加快农村电子商务发展的意见》，提出：对老少边穷地区要重点扶持，优先试点；要按照精准扶贫、精准脱贫的原则，创新扶贫开发工作机制，把电子商务纳入扶贫开发工作体系。提升贫困地区交通物流、网络通讯等发展水平，增强贫困地区利用电商创业、就业能力，推动贫困地区特色农副产品、旅游产品销售，增加贫困户收入。鼓励引导电商企业开辟贫困老区特色农产品网上销售平台，与合作社、种养大户建立直采直供关系。并提出"到2020年，对有条件的建档立卡贫困村实现电商扶贫全覆盖"的目标。在电子商务进农村综合示范政策中，明确要求赣、粤、闽等省的示范县，全部从原中央苏区产生，陕西的示范县全部从陕北老革命根据地产生。其他省市的示范县中，革命老区的比例不低于60%，同等条件下，优先支持贫困县。我们初步统计了一下，2014年电子商务进农村56个示范县中，国家扶贫开发重点县和集中连片贫困县14个，占25%。今年200个示范县中，国家扶贫开发重点县和集中连片贫困县89个，占44.5%，无论是数量还是比例，贫困县在电子商务进农村的版图中都有了显著提高。两年内，中央财政支持103个贫困县发展农村电子商务19.3亿元。目前，中央财政资金已经全部下拨各地。

对电子商务进农村综合示范县的支持重点有以下几方面内容：一是支持建立完善县、乡、村三级物流配送体系，充分发挥邮政点多面广、物流、资金流、信息流合一及普遍服务的优势，着重解决由乡镇到村最后一公里的物流。鼓励包括邮政、供销、商贸流通、第三方物流和本地物流等企业在内的各类主体，在充分竞争的基础上建立农村电子商务物流解决方案。示范县申报方案要明确县政府与邮政等物流企业的合作方式与资金补贴额度。二是支持县域电子商务公共服务中心和村级电子商务服务站点的建设改造；支持为发展电子商务而开展的农产品和农村特色产品的品牌培育和质量保障体系建设，农产品标准化、分级包装、初加工配送等设施建设。三是支持农村电子商务培训。支持电子商务企业，各类培训机构、协会，对县、乡政府机关、村委会、企业、合作社工作人员和农民等，进行电子商务政策、理论、运营、实操等方面培训，重点培训农村青年、返乡高校毕业生、退伍军人等。

与经济发达地区相比，贫困地区发展电子商务所遇到的基础设施、物流、人才挑战会更加严峻。因此，需要全社会加大对贫困地区农村电子商务的认识和支持，地方政府要加大力度推进贫困地区电子商务基础设施建设，为电子商务进村入户提供有力支撑。商务部将按照党中央、国务院的部署，继续推进电子商务进农村综合示范，引导、鼓励、组织国内大型电商企业、平台、社团组织等各类市场主体，为农村电子商务发展提供咨询、人员培训、技术支持、网店建设、品牌培育、品质控制、营销推广、物流解决、代理运营等专业化服务，培育一批扎根农村的电子商务服务企业。为贫困地区农特产企业、合作组织、创业青年提供技术支撑，着力提升贫困地区利用电子商务就业、创业、增收的能力与素质，培养新型农民；同时利用平台优势帮助贫困地区开拓特色产品新市场，带动贫困地区特色产业集聚发展，增强其自我造血机能。

最后，祝论坛圆满成功。

谢谢！

划时代意义的"互联网+扶贫"大有可为

中国电子商务协会副秘书长　李建华

尊敬的洪主任，各位领导、各位来宾：

大家下午好！非常高兴受邀出席此次活动，我谨代表中国电子商务协会，对此次论坛的举办，表示热烈的祝贺！

2014年世界互联网用户数达到28亿人，占全球人口的39%；其中美国互联网用户占10%，欧洲占19%，中国占23%；截至2015年上半年，我国网民规模达6.68亿，互联网普及率为48.8%。2014年全球手机用户为52亿，占全球人口的73%，我国手机用户已达12.9亿，使用手机上网的用户数总数为8.6亿户。2014年，网络购物用户达到3.61亿，其中手机网络购物用户规模达到2.36亿。2014年全球互联网上市公司排名中，前11位中国占据4席，分别是阿里巴巴、腾讯、百度和京东。我国电子政务也取得长足发展，截至2015年7月7日，以"gov.cn"为域名后缀的政府网站数量已经达到了85,890家，其中地方为82,674家，国务院部门为3,216家。

与此同时，全球电子商务市场快速增长，2014年全球网络零售销售总额高达1.3万亿美元。我国已经超过美国成为全球最大的网络零售市场。我国电子商务在2014年的市场交易规模达16.39万亿，同比增长59.4%；网络零售商品的金额为2.88万亿元，在社会消费品零售总额渗透率年度首次突破10%（美国电商销售占整体零售额的比例为6.4%）。由电子商务间接带动的就业人数，已超过1,800万人。我国快递业务量达140亿件，跃居世界第一。

可以说，互联网正逐步成为人类社会发展的战略性基础设施，推动着生产和生活方式的深刻变革，互联网与各领域的融合发展具有广阔前景和无限潜力，不断创造新业态、新市场，已成为不可阻挡的时代潮流；正对我国经济社会发展产生着战略性和全局性的影响，重塑经济社会发展的新模式。在国务院扶贫办，阿里巴巴、京东、苏宁等电商巨头和地方政府的积极探索和实践下，"电商扶贫"的成果非凡，诞生了"遂昌模式"、"陇南模式"和"通榆"模式等区域电商发展新模式，让地域特色鲜明的土特产借助电子商务"进城入市"。据统计，2014年，在阿里巴巴零售平台上全国贫困县网店销售额超过120亿元，而网店销售额超过1亿元的贫困县由2013年的11个增长到2014年的21个。

我想，"互联网+扶贫"是"互联网+"战略背景下扶贫开发工作的创新，具有划时代的里程碑意义。"互联网+扶贫"除了"电商扶贫"外，更应该把互联网思维、互联网技术手段融合进扶贫工作中。加快推进"互联网+"现代农业融合发展，推动物联网等在农业领域的广泛应用，依托移动互联网、大数据、云计算等现代信息技术，建设全程可追溯、互联共享的农产品质量及食品安全信息平台。构建区域涉农大数据，充分挖掘涉农大数据的潜力，解决产销信息不对称和农产品滞销难题，最终推动互联网时代中国贫困地区经济生产方式与发展形态的创新和突破。

"互联网+扶贫"为解决贫困问题提供了另一种思路，也必将成为扶贫的新模式，可以算是一个系统工程、基础工程、民生工程、经济转型工程，值得我们用"愚公移山"的精神去积极努力探索。地方政府如何开展"互联网+扶贫"呢？综合协会与地方政府发展电商的经验和教训，我给出的建议是"本土化"。

第一：找出"本土化"的"互联网+扶贫"模式（顶层设计）。

"互联网+扶贫"前景是光明的，但道路是曲折的，开展"互联网+扶贫"一定要"心平气和"，注重加强顶层设计。建议开展"互联网+扶贫"一定要与本地的优势产业、资源禀赋、产业基础相融合，对三次产业如何与互联网深度融合和深化应用电子商务，发展的线路图、规划和目标进行准确的定位，以此作为"互联网＋扶贫"的"蓝图"。做到"品类靠政府、品牌靠企业"，统一标准化和品牌化，让优质农产品更加顺畅的，以性价比高的方式，走向城市消费者手里。最终实现贫困地区农业生产的产销对接、以销定产，走订单农业的模式，转变区域农业发展方式。

第二：搭建本地化特色产业的电商交易平台。

地方政府在入驻第三方电商平台的同时，建议还应该大力发展本地化特色产业的电子商务交易平台，实现差异化、错位化竞争，围绕着本土的优势产业作文章，培育龙头企业，深挖农产品的内涵，利用电子商务平台积累的大数据资源，提升精准营销能力和逆向整合农业产业链，打造"地域品牌＋企业品牌"，实现线上和线下的深度融合。

第三：进行本土化人才的教育培训。

第一部分是本土化"意识形态"的培训，解决传统企业和贫困农民对互联网的意识和认识不足，用先进的互联网思想武装他们的头脑；第二部分是互联网应用技能的培训，让贫困农民接受互联网的培训和洗礼，改变生活习惯、生产习惯和思维习惯，成为致富"领头羊"的"新农人"，是互联网与扶贫实现深度融合的关键。

第四：打造本土化支撑体系。

地方政府应该将网络建设、咨询服务、电子支付、仓储物流、信息技术、金融服务等支撑企业引入本土，为实体企业开展"互联网＋"提供一条龙配套服务，建立和完善服务产业链条。使其成为当地经济的有机组成部分，融入当地经济发展的血液里。

我们工信部中国电子商务协会希望与国务院扶贫办一起探索"互联网＋扶贫"新模式，为扶贫注入新元素，添加新动力，形成互联网时代中国扶贫新的市场观、资源观、价值观和发展观。

最后，祝本次论坛圆满成功！

不足之处，敬请大家指正。

谢谢大家！

探索扶贫新途径　精准脱贫成效好

河南省信阳市光山县　刘敬洲

光山县是一个集山区、库区、贫困地区、革命老区于一体的农业大县和国家扶贫开发工作重点县。1985年光山县被国务院确定为国家级贫困县，1994年被国务院确定为实施"八七"扶贫攻坚计划的重点贫困县，2002年被国务院确定为新时期国家扶贫开发工作重点县，2011年再次被国务院扶贫开发领导小组确定为新一轮扶贫开发工作重点县、大别山片区县。目前，全县现有建档立卡的贫困户23,996户79,457人，占全县农业人口总数的11.5%，涉及19个乡镇（街区）、106个贫困村。

近年来，光山县委、县政府按照党中央、国务院扶贫攻坚、精准扶贫的要求，认真贯彻落实《中国农村扶贫开发纲要》精神，加大扶贫开发投入力度，积极探索扶贫模式，免费开展电商培训，奖励支持网销产品开发，建立各类协会组织，培养农民触网习惯，加快农民脱贫致富步伐。2014年，全县城镇居民人均可支配收入、农民人均纯收入分别达到20,315元、8,832元，分别增长9.7%、11.2%，有16,062人脱贫。目前，全县已开各类网店5,000余家，从业人员上万人，网销各类产品近100种，2014年销售额达10余亿元，有近4,000贫困人口因从事电商实现人均年增收3,000元以上。2015年元月—8月份，网销各类产品收入8亿多元，年底预计可达20多亿元，从事电商的贫困人口能实现人均年增收5,000元以上，能带动贫困村106个、贫困户4,800余户、贫困人口7,300人脱贫。

培训人才扩队伍。我们把电商人才培养工作作为电商扶贫的基础工程来抓，确定每月28日为全县电商日，定期举办电商论坛。县里建立了电商培训基地和实训基地，培训内容从网店开设、运营推广、视觉策划、客服技巧、产品开发等十几个门类进行施教。班级层次分别设置初级班、中级班、高级班、特色班、订制班、魔鬼训练营等。常年从农村特别是贫困乡村招收返乡务工人员、大学生创业人员参加。聘请淘宝大学、万堂书院、上海老A电商学院的讲师讲课，尤其是邀请全国各地电商运营专家到场宣讲，现场答疑解惑。去年以来，已举办培训班29期，培训学员达到6,000余人次，其中专门针对残疾人、贫困人口举办4期培训班，培训贫困人口500多人，很多成为电商专才，2014年从事电商的贫困人口网络销售收入10万元以上的有10多人。

开发产品丰货源。我们把开发充足的好的产品作为电子商务扶贫的核心来抓，县里成立了县长任组长的网销产品开发领导组，负责网销产品的开发管理工作。我们还设立了网货开发基金，每年投入财政资金100万元，建立网销产品开发奖补制度，如每开发一款爆款羽绒服，奖补3,000~5,000元不等，每开发一款农副产品，奖补资金1万元，同时，对扶贫对象开发的网销产品，在享受原有奖补的基础上，政府还为其做大做强提供优惠扶持政策，极大地调动了社会、企业、个人开发网销产品的积极性。目前，全县新开发羽绒服、棉服达到500多个款式，其他工业品20多个、工艺品10多个、旅游产品5个、农副产品7个，其中扶贫对象新开发服装款式100多个、新产品9个。这些新开发的网销产品迅速卖到全国、卖到全球。尤其是羽绒服已卖到俄罗斯、巴西、澳大利亚。

招商项目助提速。我们特别抓好电商项目落地及生根发展，年初，成功竞得商务部、财政部电子商务进农村综合示范县项目，获得中央财政支持2,000万元资金，通过资金的投入，全县的网络基础设施建设、人才培训培养、县乡村中心站点建设、物流配送都得到了改善和加强。3月底，与阿里巴巴签约，将阿里农村淘宝项目引进入我县，在9月25日全县首批50个村点同时开业当日，有4,000多农民实现网上购物，交易额近200万元。在这50个村淘宝点中，贫困户就占了14个。5月份，与苏宁易购云商成功签约，农村电商发展已出现多元多平台推动的局面。

培养触网快脱贫。我们把培养群众的触网习惯作为重中之重来抓，一是通过报纸、电视台、门户网站、社会媒体等手段，在全县范围内进行集中、立体宣传，大力营造电商发展氛围。二是把电商进农村服务点办到老百姓家门口，让老百姓开始让人代购变为自己网购，解决好农民"买"难问题。三是发挥能人引领进行网货开发，让贫困村形成一村一品的特色经济，便利农民把农产品送到城里去，解决农民"卖"难问题。如砖桥镇陈寨村村民王栋从事羽绒服网销和供货，年网销羽绒服在50万件以上，年销售额400万元以上，同时，他还言传身教本村近40户贫困户青年网销知识和技巧，带动他们网销羽绒服，实现年纯收入十几万到几十万不等；又如北向店乡刘店村贫困对象敖思峰，从2014年初开始网上卖家具用品，年网销纯收入在40万元以上，同时带动本村6户贫困户创业青年一起搞电商，他们每年纯收入也在10万元以上。四是对农民触网购物实行抽奖活动，引导农民网上购物。对网销大户进行扶持奖励，如我县砖桥镇的传统工艺土月饼，经过打点上线之后，产值收入一下子就增加了10倍，为此，县里对该企业进行了专项奖励，对全县推动农副产品上线开发特别是贫困村的农副产品上线开发起到了极大的鼓励作用，先后有47个贫困村、700余户贫困户、2,400多贫困人口开始农副产品上线开发，不仅解决了农副产品的滞销问题，还增加了经济收入。

在电商扶贫论坛上的发言

中国扶贫基金会秘书长　刘文奎

尊敬的各位电商扶贫的参与者、支持者和实践者：

消除贫困是全人类共同的任务。随着互联网的快速发展与普及，越来越多的贫困人口经由网络得到新的赋能和有效帮扶，越来越多的贫困主体因电子商务的发展而脱贫致富。正是鉴于电子商务给农村地区带来的巨大变化，国务院扶贫办已经将"电商扶贫"正式纳入扶贫的政策体系，并作为"精准扶贫十大工程"之一于今年开始实施。

在国务院扶贫办指导下，在今年的10月17日中国扶贫日到来之际，中国扶贫基金会与中国社会科学院信息化研究中心与苏宁集团、阿里巴巴集团、腾讯、京东、顺丰、网易等单位共同向全行业、全社会发起《"互联网＋扶贫"联合行动倡议书》，倡导全社会关注该领域，以实际行动推动互联网与扶贫工作的深度融合，开创可持续性的扶贫新模式，为更多贫困地区的人们提供借助互联网实现脱贫致富的机会。为让"互联网＋扶贫"的倡议成为联合行动，我们还将共同商讨通过成立"互联网＋扶贫"行动联盟等方式，采取更多的具体行动，让互联网助力扶贫，为我们的消除贫困事业贡献更大的力量。

下面是倡议原文：

《"互联网＋扶贫"联合行动倡议书》

消除贫困是全人类共同的任务。而按照世界银行标准，我国目前还有近2亿贫困人口。党的十八大提出了到2020年全面建成小康社会的宏伟目标，必须发动全社会的力量，创新扶贫方式，形成多形式、多层次、全覆盖的扶贫局面，才有可能取得这场扶贫攻坚战的最终胜利。

近年来随着互联网的快速发展与普及，越来越多的贫困户借助互联网发展电子商务实现了脱贫致富，互联网让贫困地区的人们获得了全新的发展机会。近几年自下而上迅速兴起并呈现出全面爆发之势的各类"淘宝村"、"电商村"就充分显示了贫困落后地区借助互联网实现跨越式发展的巨大潜力。鉴于电子商务给农村地区带来的巨大变化，国务院扶贫办已经将"电商扶贫"正式纳入扶贫的政策体系，并作为"精准扶贫十大工程"之一于今年开始实施。

为响应党中央、国务院提出的精准扶贫和"互联网⁺"两大战略，汇聚各方力量，借互联网高速发展之东风，帮助落后地区加速发展，实现脱贫致富。我们谨向社会各界人士提出倡议，诚邀各企业、团体或个人与我们一起共同参与"互联网＋扶贫"行动。发挥各自所长，调动各自资源，用互联网的力量推动扶贫目标的实现，为我国的反贫困大业贡献我们最大的力量。

下面有请倡议联合发起单位共同签署倡议书。

中国扶贫基金会秘书长　刘文奎

中国社科院信息化研究中心主任　汪向东

苏宁集团副董事长　孙为民

阿里巴巴集团总裁　金建杭

腾讯公司代表

京东代表

顺丰代表

网易代表

互联网精准扶贫，全社会产业解困

苏宁集团副董事长　孙为民

尊敬的各位代表、各位朋友，

大家下午好！很荣幸参加"2015 减贫与发展高层论坛"，感谢国务院扶贫办搭建了这个沟通与交流的平台，能够与在座的各位分享苏宁电商扶贫的实践与体会。

9 月 25 日，国务院扶贫办与苏宁云商签订了战略合作协议。上周日，苏宁北京联想桥云店开出了第一家"电商扶贫示范店"，在座各位今天上午参观的就是这个示范店，相信大家对苏宁的电商扶贫工作有了一个直观的感受。

近年来，苏宁一直在探索电商扶贫的新模式，并逐渐摸索出特色化、精准化、社会化、产业化的电商扶贫思路。

首先，苏宁坚持与专业公益机构进行长期合作，探索"一体两翼"新公益模式，推动互联网公益实践特色化。

前两天，苏宁和上海真爱梦想公益基金会一起打造的"梦想大篷车"，刚刚为甘肃省靖远县的孩子们带去创新的课程。这是我们继"阳光梦想中心"项目之后，和真爱梦想基金合作的新项目，这个 17 米长，全部展开有 58 平米的"移动梦想课堂"，今年 9 月从南京苏宁总部发车，已经走过了山西、陕西、宁夏、甘肃共 4 个省，给超过 1 万名农村孩子带去图书馆、阅览室和电影院，推动素质教育均等化。

近年来，苏宁和专业的公益机构合作，将公益项目常态化。真爱梦想基金只是其中一个，此外还包括中国扶贫基金会、爱德基金会等，发起并合作的项目有很多，比如"苏宁·筑巢行动"、"苏宁·溪桥工程"、"校园足球梦"等，累计捐助金额接近10亿元。

正是在与这些专业公益机构的合作中，苏宁也在不断探索公益之路，积极进行新型公益的实践，形成了以"阳光1+1"理念为主题，以社会专业型公益和持续再生型公益为两翼的"一体两翼"新公益模式。

其次，苏宁利用线上线下两大平台推动O2O（Online To Offline）双线扶贫，通过中华特色馆、云店O2O专区等形式，推动电商扶贫精准化。

作为国内首家打通线上线下渠道，实现O2O融合运营的互联网零售企业，苏宁率先践行"互联网+扶贫"开发模式，将企业资源与业务能力投入到扶贫开发工作中，助力精准扶贫事业的整体提升。

苏宁计划利用互联网工具和线上线下平台，在全国范围内进行精准电商扶贫，打造电商扶贫"双百示范工程"，未来三年在100个贫困县建设100家苏宁易购直营店或服务站，并在苏宁易购上线100家"地方特色馆"。

苏宁还在线下实体门店建设农村电商扶贫O2O专区，通过实物出样、虚拟出样、二维码支付等功能，在大城市核心商圈集中展示各地优质特色农副产品，促进产品销售与品牌推广。

同时，苏宁创新性地借助于众筹模式进行定点扶贫，凭借苏宁强大的物流配送网络，解决农产品的销售难题。今年以来，四川省雅安市汉源县的车厘子、四川大凉山的盐源苹果、江苏无锡阳山水蜜桃等一大批优质农产品都借助于苏宁的众筹平台，迅速拓展销路并打开市场。

再次，苏宁将供应链、物流、服务等零售CPU能力向贫困地区共享开放，实现企业资源社会化。

授人以鱼不如授人以渔。苏宁25年来在供应链、物流和服务上所积累的经验，形成了成熟的互联网零售CPU能力。通过能力的输出，打通"造血扶贫"全流程，让企业资源社会化，让扶贫工作系统化，造血效果得以真正的凸显。

在销售端，苏宁可以提供1,600多家线下门店和苏宁易购等全渠道销售；物流方面，苏宁的物流服务体系，能够实现工业品下乡和农产品进城的渠道畅通。同时，以苏宁云计算、大数据等互联网技术实现在线化交互、数据化运营，实现与贫困地区共享互联网零售 CPU。

例如，今年 8 月份，苏宁在江苏省泗阳县的扶贫项目，除了帮助当地援建青虾基地之外，包括后期的产品生产、品牌打造、产品销售、售后服务、农村电商人才培养等各个环节，都结合了苏宁的专业优势、人才优势和平台优势。

最后，苏宁致力于将企业发展战略和国家扶贫事业结合起来，带动当地产业集群发展，实现电商扶贫产业化。

苏宁电商扶贫除了精准化，更重要的是产业化。从一个项目切入后，利用自身的平台资源和优势，在农业项目、工业项目农村电子商务人才项目等方面展开进一步的合作。我们就是要将企业发展和国家的扶贫事业结合起来，让电商扶贫有针对性，具备可持续性。

比如，我们不仅会在 100 个县开发建设苏宁易购直营店，还会将当地的农副产品上架到苏宁易购线上的"地方特色馆"进行销售，还会将当地民族手工艺品、旅游产品等特色资源进行推介。

为一个贫困村镇推广一款特色农产品，为一个贫困县打造一个优势产业，苏宁的互联网扶贫以业态升级为特点，根据当地实际情况，多产业联动带动当地产业集群发展，真正实现贫困地区的脱贫致富、持续增收。

朋友们，明天就是第 23 个"国际消贫日"，也是第二个"中国扶贫日"。苏宁和国务院扶贫办共同打造"10·17 扶贫购物节"将于明天在线上平台和线下门店同时开始，我们希望可以通过扶贫购物专场集中拉动贫困地区特色产品销售，助力社会形成"以消费响应扶贫、以口碑声援扶贫"的全民扶贫效应。

苏宁希望通过自身经营优势，积极践行互联网扶贫模式，强化民营企业电商扶贫的示范效应，惠及更多的贫困地区，为社会传递正能量。

谢谢大家！

创新扶贫开发机制，探索电商扶贫新路

陇南市委书记　孙雪涛

陇南市地处甘陕川三省交界地区，是甘肃省扶贫攻坚的主战场，也是全国最贫困的地区之一。近年来，我们着眼于破解特色农产品销售难问题，把握"互联网+"发展局势，及时把电子商务纳入扶贫开发体系，通过网络营销和品牌培育推广帮助群众开拓市场、销售特色产品，着力打造扶贫开发的升级版，截至今年9月底，全市网店数量达到6,300多家，2015年全市网店销售总额11.7亿元，带动就业2.63万人，有力地促进了农民增收、农业增效，初步探索出了一条贫困地区"电商扶贫"的有效路子。我们的主要做法是：

一、政府推动，先托后扶再监管。

我们深深地认识到，在陇南这样一个交通落后、干部群众观念相对保守的地方，开展电商扶贫，起步阶段必须要用好政府"有形的手"。因此，我们充分发挥强大的行政孵化功能，明确发展目标，成立电商扶贫工作领导小组及办公室研究指导工作、协调解决问题，研究出台了一系列支持电子商务发展和开展电商扶贫的文件，市县财政每年列出专项资金用于电商扶贫，支持引导金融部门开发了"椒红宝"、"茶农旺"、"金橄榄"等信贷产品助推电商扶贫，走出了一条不同于东部发达地区完全依靠市场自我发育的农产品电商之路。

二、市场运作，企业主体谋发展。

尊重市场规律，发挥企业主体作用，采取借力淘宝、天猫、京东等国内营销平台和自建网络营销平台"两条腿"走路的办法，与阿里巴巴合作建起了西北首个地市级淘宝"特色中国·陇南馆"，阿里巴巴农村电商"千县万村"计划西部地区第一、第二个项目在武都、成县建成运营。启动建设了市电子商务产业孵化园、陇南农产品交易中心和顺通电子商务物流园。引导传统企业加快建设网货供应平台、物流中心、产品研发中心和包装仓储中心。实施了贫困乡村电商扶贫宽带进村流量补助工程。扶持200余家物流企业在贫困乡村设立快递代办点500多个，有效解决了物流最后一公里问题。

三、万众创业，草根参与齐动员。

通过"走出去、请进来"等多种办法，选派骨干人员和青年电商讲师外出学习培训，举办了电商精英、淘宝店主、扶贫"两后生"等多层次培训，累计培训8万余人次，其中接受培训的2,000名贫困家庭"两后生"有1,100余人开办了网店，个别学员网店销售额已达数十万元。推动"网吧变网店、网民变网商"，动员、支持和鼓励大学生村官、农村返乡青年、未就业大学生带头开办网店，带动城乡居民特别是农村致富带头人、农产品购销和贩运商、专业大户积极开办网店，全市电子商务市场主体迅速发展壮大。

四、协会规范，三商联动棋一盘。

在全市建立电商协会327个，充分发挥其职能作用，制定农产品生产标准，搭建区域行业共享平台，建立行业自律规则和退出机制，规范网上交易行为，不断提高网货质量。立足于解决电商发展突出问题，切实在货好、卖好、送好"三好"上下功夫，全力推进电商资源整合，力促生产商、网商、服务商"三商"联动，上中下游协同配合，对接市场需求研发网货，力争形成整体的产业链条，推动农产品电商向更高层次、更高水平发展。

五、微媒宣传，网络营销天地宽。

把"新媒体营销"作为宣传推介贫困乡村特色资源、打造电商扶贫名片的"助推器"，充分运用2,900多个政务微博、377个政务微信公众平台、385家政务网站和众多个人微博微信组成的微媒体矩阵，宣传陇南优质农特产品，向外界展示了一个生态良好、充满生机、希望无限的陇南。目前陇南苹果、核桃、花椒、油橄榄、土蜂蜜、养生药膳等一批农产品品牌逐渐形成，我们不仅把优质农产品销售了出去，卖出了好价钱，更重要的是促进贫困群众树立了"互联网思维"，开辟了群众增收致富的新渠道，拓展了扶贫工作的新领域。

六、示范带动，精准扶贫开新路。

着眼于实现精准扶贫、精准脱贫，选择450个贫困村积极探索，开展了一村一店建设，建立网店与贫困户的利益联结机制，对建档立卡贫困户进行结对帮扶，以保护价优先收购、销售贫困户农特产品，并义务为贫困户代购生产生活资料，代办缴费、购票等业务，通过提高价格降低支出助农增收。坚持因村施策，探索贫困农户创业型、能人大户引领型、龙头企业带动型、乡村干部服务型等电商扶贫网店建设类型和"一店带多户"、"一店带一村"和"一店带多村"的电商扶贫模式。截止目前，全市450个试点村已经开办网店584多个，试点村网店销售总额超过1.8亿元。

我市开展电商扶贫的探索和实践，得到了中央有关部委和省委、省政府的肯定和支持，今年我市被国务院扶贫办公室确定为全国第一个电商扶贫试点市，陇南电商产业孵化园被商务部确定为全国电商综合示范基地，成县被确定为全国电商进农村综合示范县。贫困地区已经错过了工业化的"班车"，再不能错过信息化这一"高速列车"！今后我们将抢抓良好机遇，深入推进"互联网+扶贫"行动，整体提高陇南电商扶贫水平，力争把陇南建成全国电商扶贫示范市，早日实现全面建成小康社会目标！

电商扶贫案例汇编倡议

国务院扶贫办国际合作和社会扶贫司　王春燕

尊敬的领导、各位嘉宾：

大家好！近几年来，贫困地区电子商务蓬勃发展，各地涌现出了很多电商扶贫的成功案例。今天下午，各位演讲嘉宾也从各自的角度谈了在电商扶贫领域丰富的创新实践。

为了进一步研究总结电商扶贫经验和模式，进一步推动电商扶贫工作的实践创新和理论创新，国务院扶贫办决定组织电商扶贫案例汇编工作，在时机成熟的情况下，将结集成书，正式出版发行。

这项工作将在国务院扶贫办指导下，具体由友成企业家扶贫基金会、中国扶贫基金会、中国扶贫开发协会、阿里研究院、有关专家及有意愿的单位组成电商扶贫案例汇编编委会，向社会公开征集案例。

征集的内容主要为政府部门、电商企业、社会组织、致富带头人等各类主体参与电商扶贫的经验与举措。具体内容与有关要求，我们将在会后正式下发通知。

希望与会嘉宾以及社会各界人士积极参与到电商扶贫案例汇编工作中来，期待这些精彩的案例，能够为广大贫困地区在开展电商扶贫工作中，提供更有效的指导和借鉴，助力扶贫攻坚！谢谢大家！

服务商为电商扶贫服务

江西全城电商发展有限公司　徐小波

尊敬的各位领导、各位伙伴：

大家好！之前的各位嘉宾从不同的角度介绍了电商扶贫的经验和做法，让我很受启发，同时非常荣幸能够作为区域电商服务商的代表，汇报一下服务商是如何做好中间环节，为电商扶贫服务的。

众所周知，电子商务——尤其是农村电商，是一个链条非常长的产业，从农产品的打造，到线上营销和服务，以及线下包装和物流等，需要极强的专业知识和极大的资金投入，如果只是依靠个体从业者——尤其是贫困人口"打通关"，将会是一个漫长而成本很高的事情。在这个过程中，如果有服务商利用专业的人才、组织产业链提供专业的服务，让擅长种地的农民安心地种地，让喜欢开网店的农民开心地开网店，由服务商为他们保驾护航，将能够有效带动贫困人口参与到电商产业链中，对农业增效农民增收起到事半功倍的效果。

全城电商于今年的6月作为县域电商体系建设服务商进入赣州兴国县，兴国是全国闻名的将军县，也是有名的国家级贫困县，进入兴国后，我们对精准扶贫展开了认真细致的调研分析，发现很多国家赋能不断的在帮扶农村农民，比如出钱帮助老百姓发展养殖种植，干部以及各个部门也进行了点对点的帮扶，但是当赋能帮助农村老百姓提高了种植或者养殖后，市场的销售链路成为非常大的瓶颈，这个瓶颈不解决，对于精准扶贫来说是非常大的困局，今天我们这个会提出了电商扶贫助力精准扶贫，我真的感觉这种方向非常的对，因为现在精准扶贫存在的产品销售链路等问题，刚好可以通过电子商务的手段来解决。在三个多月的实践过程中，我们通过系统的体系建设，一方面与政府合作，通过市场的信息手段，帮助政府在精准扶贫实施的过程中更多地应用电子商务的数据分析系统，一方面与合作社等进行合作，进行能力的提升，以及品牌的建设，带动更多的农民参与当地产品的生产；一方面不断地在当地推进系统的电商体系建设，做大产品以及网商两大市场主体，帮助当地产品建立销售渠道，最终与精准扶贫形成良性的互动，使精准扶贫真正的建立起从帮扶到生产，到产品，到销售的完整的生态。

全城电商作为江西大型的区域电商体系建设服务商，围绕汪老师经常提出的挖网货，育网军，建平台，拓渠道，强体系等核心工作，深入江西农村，扎实开展农村电商系统工作的探索与实践，注重于江西农村特别是贫困地区的电商产业换市、创业就业工作的推进。目前全城电商已经在南昌市、新余市、九江市以及贫困地区革命老区集中的赣州市建立了5个服务基地，辐射5个县，包括兴国等贫困县，带动3,760人——包括176名残疾人实现了就业，通过全城电商的分销平台帮助江西卖出了价值1,370万元的产品，不仅仅积累了大量的探索与实践经验，也为广大贫困地区的创业者，产业换市产生了实实在在的成果。具体工作如下：

一、挖网货：优质特色农产品是贫困地区发展农村电商的基础，全城电商的小伙伴们一路跋山涉水，深入基地农家，相继开发了江西米粉，新余麻辣，绞股蓝茶，江西茶油等极具地方特色的产品，让更多的人通过互联网认识江西，品味江西，让江西农民手里的好产品卖上了好价钱！

二、育网军：通过培训提升贫困人口的能力，是可持续脱贫致富的有效方式。围绕育网军，全城电商在贫困地区进行广泛宣讲+重点培养相结合的方式，通过广泛宣讲普及电子商务知识，通过持续的跟进服务实现切实的收入增加。全城电商启动"全城电商千名助弱助残创业工程"，力争在2016年完成千家网店帮扶工程，形成规模化弱势群体创业精英团，激发社会创业热情。目前，全城电商直接帮扶电商创业的残疾人176人，间接帮扶创业的残疾人达到276名，我说的直接帮扶是指由全城电商通过上门培训，集中培训实现开店；间接帮扶是指全城电商发动开店成功的残疾人再服务培训新的残疾人实现开店。在这个过程中，我们也被残疾人自强不息的精神感动着。比如我们培训的一位52岁高位截瘫的残疾人创业典范邹美英通过一年的努力，已经成功的开了3家网店，月收入超万元，最难能可贵的是邹阿姨现在开始不断地帮助更多残疾人开店。此外，全城电商联合友成企业家基金会在中国著名的将军县—兴国县启动了MOOC+贫困地区电子商务能力提升培训工程，14家农业合作社通过了专业化培训，目前正在进行品牌提升建设和众筹服务等工作。我们将以此为经验，逐步增加服务范围，通过合作社带动更多的贫困地区实现电商脱贫，电商创业。

三、建平台：电商扶贫要解决产业产品上线销售，要解决网商创业，必须要以平台为抓手，解决产品上线普遍存在的缺技术，缺人才等核心瓶颈，同时还要解决网军培育壮大过程中他们所遇到的创业门槛，比如美工设计等，全城电商建设了江西省最大的特色产品供应链系统，把所有产品进行网货开发后，上传到平台上，培训的网商只要一键上传到自己的网店就能轻松创业。通过平台我们可以迅速地推动很多规模型的产品组团销售，今年的赣南脐橙丰收，我们在兴国县启动千家网店同卖脐橙的营销活动，相信能收到很大的效益。目前全城电商的新余麻辣，我们发动了500家创业网店进行全网销售，三个月就拉动一个产业形成，平台在整个电商扶贫工作推进中，是一个非常重要的工具和载体。

四、拓渠道：农村电商服务中心是整个新常态下农村电商体系建设的重要组成部分，我们需要通过渠道的建设把农村的消费力激发出来，同时帮助更多的农民把农产品销往世界。全城电商渠道体系围绕供销云商平台进行整体布局，摆脱了目前大部分农村电商服务中心靠政府赋能支持，没有自身供血功能的困局，我们首先从建立农资下行垂直电商平台入手，整合供销社的仓储资源和建立农村电商服务站，以规模倒逼更多的农药化肥生产资料企业进入平台，实现农资化肥直接通过农村电商服务站卖给农民，直接颠覆了现有农资产品下行众多的中间环节，真正地帮助农民特别是贫困地区的农民减少农资化肥的购买成本，并以农村的刚需激活现有的农村电商服务站，架起工业品下行，农产品上行新的商贸流通体系。帮助贫困地区的农民实现增益增收，畅享城里人的购物生活。

五、电商扶贫是一项专业化的工程，必须从产品品牌构建，技术培训，创业门槛，货源支持，物流配送等全方位解决农村人口——尤其是贫困人口的创业门槛。全城电商不断创新中国扶贫新理念，建立了电商扶贫标准化工作体系。

（一）网商部门成立专业化培训队伍，配备专业化服务设备，包括车辆、电脑等，为不方便的残疾人提供上门培训服务，我们的邹阿姨就是通过小伙伴3个月的上门培训成长起来的。对行动方便的残疾人，提供长期免费的创业席位，进行集中帮扶。

（二）开发产品分销平台，帮助残疾人解决技术门槛。残疾人创业会受网货、美工、摄影、视觉等专业技术的制约，全城电商专门开发的全城电商网，为残疾人提供从网货到数据包到发货的全流程服务，帮助他们轻松创业。

（三）提供专业的营销辅导，激发残疾人的创业思维。全城电商为所有参与的残疾人提供全城服务跟踪，助力他们创业成长。

（四）与政府扶贫帮扶体系进行结对，与合作社进行结对，从产品定位，品牌包装，销售链路，分销规模，物流配送等每个环节为合作社提供专业化服务，同时为合作社产品提供规模化的销售渠道和网商队伍，不断开展与苏宁易购、淘宝网、京东、众筹网等平台合作，形成"农户+合作社+全城电商网+网商+平台"良好的销售体系，形成了规模型的网军孵化带动贫困地区产业，品牌规模化转型发展。

全城电商一年的探索与实践，深切感受到了政府对电商扶贫工作的大力支持，与众多的残疾人、合作社、致富带头人等创业者建立了良好的信任、合作的氛围，我们为他们的创业精神和意志力而感动，我们为电商时代的创业机会感动，我们为中国有友成企业家基金等一批有情怀的合作伙伴感动，在未来的发展路上，我们会始终坚持帮助更多的弱残群体圆创业梦，而努力构建社会和谐发展，人人皆可创业的良好社会氛围。

最后，我把邹阿姨送给全城电商的一段话分享给在座的各位，"全城电商帮助我的不是让我能一天赚到几百块钱，而是让我找到了生活的希望，找到了生活的尊严，我现在很幸福，我也会跟全城电商一样，去帮助更多需要帮助的人。"

电商扶贫，是一项伟大而又艰巨的工程，我们希望更多的政府机构，企业能关注江西的电商扶贫，助力全城电商更好地服务更多的弱势群体。

未来扑面而来，我们一起，努力加油！

电商走进大山深处，扶贫紧盯偏远山区

甘肃省陇南市成县大学生村官 张 璇

放弃大城市的教师职业，毅然决定在一个小山村当一名大学生村官，这是我 3 年前的选择。时至今日，我依然清晰记得当我第一次坐着班车前往鸡峰镇的情形，摇摇晃晃的班车一路盘山而上，山连着山、沟连着沟，怎么样去当这名大学生村官，我当时心里着实没有底，是电子商务和电商扶贫，给了我一片新的天地。

一、电子商务给村官岗位赋予了新内涵

长沟村、草滩村是两个离县城几十公里的偏远村子，村上信息闭塞，发展滞后。在入村了解情况的过程中，我发现了一个奇怪的现象，群众并不富裕，但家家户户的核桃、大桶大桶的土蜂蜜、土鸡蛋都在家里搁着，有的甚至都发霉了，为什么不卖掉？村主任告诉我："村里虽然土特产多，但要是拿到县城去卖，光路费就得花费几十元，拿到镇上的集市上卖，家家户户都有，也卖不上好价钱，所以就那样放着。"

这么多的好宝贝，如果把它都卖了，不就能帮助群众增收了吗？但是卖给谁，如何卖又成了摆在眼前的一个现实问题。就在这时，成县大力发展农产品电子商务，并明确提出了支持和鼓励大学生村官积极发展电子商务的措施和办法。我作为首批村官参加了县上组织的电子商务培训班，这次培训使我茅塞顿开，我们都在网上买东西，怎么就没想到把村上的好产品卖出去呢？这些原生态的土特产一定会有不错的销路。我立即注册了"鸡峰山珍品"淘宝店，上架了村里的土蜂蜜、土鸡、土鸡

蛋、核桃果等天然有机珍品。

开网店就意味着收集产品、包装运输等各个环节都要亲力亲为，就要有启动资金，资金问题又摆在了面前，但是我想既然认定了发展电商帮助群众增收致富这条路，无论如何我也要坚定不移地做下去，于是我向家人借了10万元开始了电商创业。但是，开网店毕竟和在繁华地段开超市坐等客来不一样，由于没有营销经验，前3个月，我的网店无人访问，一笔交易也没有。当时，受县委李祥书记微博叫卖成县核桃的启发，我尝试利用微博、微信等新媒体宣传村上的自然风景、乡土人情和农特产品。在艰难的等待中迎来了第一笔订单，一位广州顾客购买了两斤核桃仁。再后来，随着县上所有单位的政务微博及干部群众的个人微博、微信抱团宣传，成县农产品的知名度和影响力不断扩大，同时，认识汪向东、毕慧芳等电商专家后，在他们的宣传帮助下，我的网店销售也就越来越好。截至目前，我的网店总销售额226万多元。

电子商务给像我一样的大学生村官提供了一条切实可行的创业创新之路，我们村官既能服务村上群众，又能在立足岗位实现创业创新的价值，电子商务用一根网线把一个偏僻的小山村和外面的世界紧密地联系了起来，有更多的人知道了成县，甚至还知道了鸡峰镇、知道了长沟村、草滩村。

二、电子商务给偏远山区带来了新希望

电子商务不仅仅是开淘宝店，也不单单是卖农特产品，而是从基础设施建设、特色产业培育等多个方面给偏远山区的贫困村的长远发展带来了新希望。

草滩村、长沟村的电子发展起来后，群众的思想认识有了彻底转变，村上的关注度也越来越高。在双联单位和镇上的帮助下，一条18公里的水泥路直通草滩村，危房改造使每户都住上了漂亮的新房子，自来水通到了各家各户，宽带接通了，物流快递服务点建成了，班车通了，甚至连移动4G信号都实现了全覆盖。

今年，成县正在打造一个乡村旅游片带，我所任职的长沟村、草滩村都在这个旅游片带的规划范围之内，客人来了就会吃饭，就会住宿，就会购买群众家中的农产品。因此，群众就积极开办农家乐，发展各种特色种养殖产业。

今年，长沟村、草滩村共开办农家乐4家，成立农民专业合作社1家，发展散养土鸡10,000余只，土蜂742多箱。我们把农产品网上销售和本地销售相结合，使群众发展产业有了明确的目标和方向，群众的收入也有了实实在在的保障。我曾和群众开玩笑说，电子商务不仅仅把你们的农产品卖出去了，现在看来是把整个村子的都"卖"出去了。

村里贫困户宋桂平放养了500多只土鸡，通过网上销售收入5万多元，纯利润就有2万左右。土鸡蛋以前在集市上只能卖7毛钱一个，但在网上可以卖到1.8元1个，即使游客现场购买也要卖到1元钱1个。

李文强、谈志辉两户群众带头开办的农家乐，菜是自家种的或者山上的野菜，鸡和猪都是自己家里养的，农家乐开业以来，月收入已超过了4000元，收入与过去相比翻了几番。

李国敬是村里的养蜂大户，每年出产上千斤蜂蜜，家里收入来源主要靠出售土蜂蜜。过去，家里的蜂蜜只能背到几十公里外的鸡峰镇或县城去叫卖，一斤15元，来回一天时间不说，还卖不上好价钱。自从发展电商以后，两年来他家生产的上千斤土蜂蜜通过网店全部被卖了出去，收入近4万多元。

三、电子商务给精准扶贫带来了新思路

精准扶贫、精准脱贫是我们村上最核心的工作任务，也是我这个大学生村官必须要完成好的任务。我们县上把精准扶贫和电子商务紧密结合发展电商扶贫，长沟村和草滩村被甘肃省列为电商扶贫试点村，我们围绕县上提出的"网店"、"就业"、"平台"、"信息"、"工程"五种电商带贫渠道，结合村上实际，帮助贫困户开办网店5家，电子商务带动146人实现了创业就业，道路硬化、宽带网络、物流快递服务点、卫生室、活

动室、文化广场、危房改造、小巷道硬化、自来水等都实现了全覆盖，群众的生产生活条件得到了极大改善，收入也实现了大幅度提高，电子商务确实为精准扶贫增添了新的措施和办法。

发展电子商务这条路虽然走得很辛苦，但我收获了村民的信任和期待。互联网不光把小山村的农产品销售到了全国各地，还给村民打开了一扇了解外面世界的窗户。

虽然获得了荣誉，但最重要的是，实现了自己的人生价值，做了大学生村官该做的事情。通过电子商务这个平台，我认识了很多从未见过面的好朋友，她们支持着我的村官公益活动，来自全国各地的朋友给我捐赠衣服、书包、学习用品不计其数，还有的给特困学生常年捐助帮扶等。

作为青年人很需要在基层锻炼。这三年的工作经历告诉我：脚踏实地地工作，一心一意地为村民服务，同样能实现自己的人生价值。我们要在服务村民、带领村民致富的实践中增才干，做农民群众的知心人，做创业创新的领头雁，做传播正能量的枢纽带。

京东电商扶贫实践

京东集团高级顾问＆投资总监　禚连春

一、发展贫困地区电子商务制约因素

大部分贫困地区多是农村、山区、沙漠、荒地等区域，种种因素制约着贫困地区的电子商务发展，调研分析发现：

（一）贫困地区信息化水平低

（二）农产品标准化程度低

（三）冷链物流基础设施不完善

（四）乡村物流落后

（五）农村电商人才缺乏

这几方面严重制约着贫困地区电子商务的发展。

二、京东电商扶贫的主要举措

京东作为国内最大的自营B2C电商，依托自有的电商平台和物流网络，线上与线下双管齐下，通过多种模式推动农产品电子商务的发展，帮助贫困地区寻找新的经济增长突破口。京东的主要举措包括：

举措一，鼓励贫困地区发展品牌并与京东供应链对接。

贫困地区以其优秀独特的资源优势完全有基础打造优秀的地方品牌，如：贵州山区环境保护较好，农产品品质较高。这些优质产品可以通过京东采销体系进入京东供应链，借助京东电子商务平台和物流网络，卖到全国。

举措二，来京东开网店，让贫困地区足不出户就能越过大山。

京东开放平台是京东为商家开网店、自主开展电子商务研发的电商服务平台，提供运营支撑、仓储、配送等多种可选的服务内容，贫困地区的企业可以根据自身商品特性、运营能力等因素全面权衡、灵活选择。

举措三，为贫困地区开办地方特产馆，让优势资源飞起来。

地方特产是贫困地区的重要资源，只是由于产品标准化程度低、物流不畅、信息不对称、技术落后等原因，这些优势资源并没有给贫困地区带来应有的经济发展和生活水平的改善。为让这些"埋在土里的金子"能搭上电子商务的顺风车，京东提供地方特产馆的线上平台，让地方特产通过电子商务卖到全国。

举措四，打通县级物流，铺好贫困地区致富路。

"要想富、先修路"，贫困地区的物流是制约地方经济发展的另一个大难题。为此，京东通过在县级城市建设服务中心/京东帮服务店来打通贫困地区的物流通道。截至目前，全国开通京东帮服务店已经超过1,100家，其中，包括贫困县234个，覆盖人口1.12亿人，其中，农村人口达8,752万人。在全国开通县级服务中心755个，其中包括78个贫困县。

举措五，发展乡村推广员，把"致富路"铺到贫困地区家门口。

京东乡村推广员是京东进军农村和贫困地区、破解乡村物流难题的关键举措之一。乡村推广员在解决了乡村物流问题的同时，也有效克服了农村信息化程度低、对电子商务认知不足等问题。目前，京东的乡村推广员队伍已经超过10万人。

三、京东电商扶贫成果与未来发展思路

我们认为，在扶贫问题上，最重要的是建立贫困地区收入可持续增长的长效机制，为他们开通一条通向全国、通向全世界的"致富路"，只有这样，贫困地区才能从根本上脱贫！京东在做的正是修这条"致富路"。

截至2015年6月30日，京东共有84,322名正式员工、7大物流中心、44座城市166个大型仓库、4,142个配送站和自提点，覆盖全国2,043个

区县；京东帮服务店已经达到1,104个，县级服务中心755个，发展乡村推广员超过10万人。按照京东的战略规划，2017年京东帮服务店将达到2,000家，最终实现"一县一店"的目标，为农村电商奠定坚实的网络布局。

目前，已开通地方特产馆、特产店313家，网店7.6万家。未来，我们将帮助更多贫困地区以不同的方式开展电子商务。

线下物流贯通与线上业务开展并重，更好地实现电商与贫困地区的对接，让农村生活变得简单快乐！

总之，京东将在政府的号召与指导下，携手各界持续不断地为贫困地区的发展通过各种方式担责任、做贡献，祝愿贫困地区的日子一天更比一天好！

第五部分

2015 减贫与发展高层论坛
扶贫开发金融服务论坛

发展普惠金融，实施精准扶贫

人民银行副行长、党组委员　潘功胜

尊敬的刘主任，

金融机构的各位领导，

各位来宾：

大家下午好！首先，我代表中国人民银行欢迎各位参加今天下午的金融扶贫论坛。党中央、国务院历来高度重视扶贫工作。今天上午在人民大会堂，习近平主席、多个国家元首共同参加了一个高级扶贫论坛。习近平总书记近两年来多次到全国各地考察，扶贫工作是其中很重要的内容，今年他又先后两次专门召开了扶贫工作座谈会，在下个月，中央将专门召开中央扶贫工作会议。人民银行相关司局、各相关金融机构一起筹备在中央扶贫工作会议之后，召开全国金融扶贫工作会议，人民银行相关司局、金融部门、相关金融机构正在商议金融扶贫相关政策和措施。今天，借这个机会，就金融支持扶贫开发谈几点看法，供大家参考。

一、提升金融扶贫的精准性水平。

由于在资金来源、运作方式等方面的差异，与财政扶贫等其他方式相比，金融扶贫立足于开发式扶贫，坚持可持续性原则，既讲资金投入，又讲风险防控，着力增强扶贫对象的自我发展能力。同时，不同地区的贫困特征和贫困人群的差异很大，金融扶贫不能大而化之，要做到有所为，有所侧重。

一方面，要精准定位金融扶贫的对象，解决好"扶持谁"的问题。

要充分利用扶贫部门开展的贫困村、贫困户建档立卡工作成果，这几年扶贫办在这些方面做了很多的工作。要针对扶持生产、就业发展、易地扶贫搬迁等"四个一批"制定差异化的扶持政策，找准支持方向和切入点。要加强与贫困地区区域发展规划和相关产业规划的有效衔接，重点支持贫困地区重大基础设施建设、主导优势产业、特色产业发展和生态环境保护，促进贫困地区的经济转型升级。要支持有一技之长的贫困农户、致富带头人、大学生村官、返乡农民工等群体创业、就业，带动贫困人口脱贫致富。

另一方面，要精准定位金融扶贫主体，改善金融扶贫的政策激励，解决好"谁来扶"的问题。坚持市场化和政策扶持相结合的原则，以市场化为导向，以政策扶持为支撑，引导金融资源向贫困地区倾斜。金融管理部门要发挥政策刺激激励、约束考核评估等作用，继续深化金融体制改革，发挥差别化的存款准备金率、再贷款、再贴现、差异化监管等政策的正向激励作用，完善金融基础设施，引导各类金融机构加大对贫困地区的支持力度。人民银行正在研究专门设立扶贫再贷款，目前已有支农再贷款、支小再贷款、流动性再贷款，准备再专门设扶贫再贷款，建立贫困地区扶贫金融专项机制，更好地引导金融机构将扶贫再贷款资金用于支持贫困地区的农户、新型农业主体发展。开发性、商业性、政策性等多种金融机构要发挥主体作用，尤其是机构网点较多、贴近农村、熟悉农村业务的金融机构主力军作用。农业发展银行和国开行已经设立了专门负责金融扶贫的部门，在加强监管和有效防范风险的前提下，引入互联网金融企业、风险投资基金、产业投资基金、私募股权投资基金等机构进入扶贫开发领域，规范发展民间融资，多渠道增加扶贫资金来源。

二、发展普惠金融，增加贫困地区扶贫金融供给的能力。

普惠金融旨在建立有效的、全方位地为社会所有阶层和群体提供金融服务的金融体系，为弱势群体提供平等享受现代金融服务的机会与权利。普惠金融不同于政策性金融，也不是第二财政，以发挥市场作用为主，走保本微利、可持续发展之路。普惠金融强调金融供给的多样性和包容性。正规金融和民间金融、传统金融和新金融、银行与非银行，都是普惠金融供给的重要内容。同时，衡量金融的普惠性也不仅仅是看融资需求供给，还要看在一些贫困地区、在农村地区现代金融服务体系，包括存款、取款和支付等基础性的金融服务。发展普惠金融不仅仅是一个金融问题、经济问题，也是社会问题、政治问题，对于促进金融服务实体经济，推动扶贫开发具有重要战略意义。近年来，我国的普惠金融服务取得了积极的进展，但仍然是金融发展的薄弱环节，特别是在贫困地区的金融机构还比较少，贫困地区金融市场发育不成熟、不充分，金融服务供给不足的问题，仍然比较突出。

一是要完善普惠金融组织体系，大力发展贴近市场的小微金融组织机构，建立大中小型的普惠金融机构体系，降低金融服务成本和费用。适当拓宽贫困地区金融机构的准入门槛，在加强监管的前提下，支持有条件的民间资本在贫困地区设立小型金融机构，促进金融市场竞争增加供给。

二是健全普惠金融市场体系，鼓励金融机构创新，给予贫困地区各类资产产权的产品，扩大抵押品的范围，有效整合存量资产，支持符合条件的地区扩大债权融资，探索发行地方债、金融债的方式，筹集扶贫开发资金，重点支持易地扶贫搬迁、基础设施建设和特色产业发展，建立多渠道全覆盖、监管高效率的股权融资市场，给不同周期的股权市场、不同风险的投资偏好者提供投融资，鼓励和引导创业融资，大力发展政策性农业保险、扶贫小额保险、涉农保证金保险等保险产品，提供贫困地区的保险力度和深度。

三是创新金融服务提供方式，推广非现金支付，积极发展网络支付、手机支付等新型支付方式，改善贫困地区的支付服务环境。深化银行卡、助农取款、农民工银行卡特色服务，满足农村地区不同补贴的发放、取现、转账和余额查询等基本服务需求。

四是加强金融消费者权益保护，加强金融知识的普及和宣传，提高贫困地区金融消费者的金融素养和风险识别能力，依法合规做好信息披露，完善诉求投诉机制，维护贫困地区金融消费者的合法权益。

三、多部门协同合作，为金融扶贫创造良好的条件和环境。

扶贫开发金融服务工作是一项系统工程，不仅需要金融系统自身的努力，更是要加强各地政府和相关部门的通力合作，充分发挥各个部门的工作合力，贫困地区突出的问题要积极培育和发展特色优势产业，增强贫困地区对金融资源的承载能力，形成经济与金融良性循环，相互促进的机制，要切实转变金融发展理念，减少对金融微观活动的干预，切实尊重金融机构的经营自主权，营造良好的金融生态环境。要发展地方社会信用体系建设，维护司法公正，严厉打击逃废债行为，保护债权人的合法权益，加大力度打击非法集资，非法经营证券业务等非法违规的金融活动。维护地方金融秩序。推动建立各种产权流转交易和抵押服务平台，完善融资担保和风险补偿机制，有效分散融资机构的金融风险。同时，要加强金融与财政政策的协同配合，整合各类财政扶贫资金，落实农户贷款税收优惠，涉农贷款增量奖励，农村金融机构定向费用补贴等政策，降低贫困地区金融机构的经营成本，发挥财政政策对金融机构的支持和引导作用。要健全与扶贫开发、发展改革、民政等部门的合作机制，加强各方的信息共享、政策制定和创新发展方面的协调联动，为金融机构扶贫项目和对象的选择、风险管理提供便利的条件。

各位来宾，扶贫开发事关国家经济发展、民生改善、社会稳定的大局，人民银行将按照中央的统一部署，继续实施稳定的货币政策，完善金融扶贫机制，积极引导金融机构对加大扶贫开发的支持力度，促进我国扶贫开发事业不断取得新成绩。在11月中央扶贫工作会议后，我们将召开金融扶贫工作会议，目前我们正在梳理在新的时期加大扶贫支持力度的金融政策措施。我们也在正在编制"十三五"规划，将普惠金融、金融扶贫、绿色金融纳入规划。

在扶贫开发金融服务论坛上的讲话

国务院扶贫办主任 刘永富

尊敬的刘主任，

金融机构的各位领导，

各位来宾：

扶贫离不开金融的支持。人民银行、各个银行、证券、保险、金融机构的朋友们，在这里专门召开一次金融扶贫开发论坛，我一定要来。我来论坛，第一，是汇报当前扶贫开发的情况；第二，是向大家表示感谢、表示敬意；第三，是谈谈我对金融如何扶贫的看法。

大家都知道，党中央、国务院历来高度重视扶贫工作，中国改革开放以来，中国扶贫开发的成绩是伟大的，不仅解决了中国6亿多人的贫困问题，又为世界减贫事业做出了重要贡献。十八大以来，习近平总书记高度重视这件事情，亲自调研、亲自抓，李克强总理也多次做出一系列指示，汪洋副总理担任国务院扶贫开发领导小组组长，亲力亲为。中央各位领导同志对扶贫开发工作都非常重视，全国人大、全国政协都做了许多的工作，各个部门、各个地区都做了大量工作。在高位推动下，我国扶贫开发呈现前所未有的好形势，我们简单概括为"三个一"。

一是一把手亲自抓。总书记、总理带头，要求省、市、县、乡、村五级书记一起抓，大家响应中央的号召，主要领导同志亲自抓，各地书记、省长，书记、市长，书记、县长，书记、镇长，特别是贫困地区的党政一把手，把扶贫工作作为最主要的工作来抓。我们初步统计，今年有扶贫任务的28个省区市的书记、省长，做扶贫的调研都超过了150次。

扶贫老大难，老大出面，就相对容易得多。

二是一套政策组合拳。按照中央要求，到2020年7,000万人要全部脱贫，现有的贫困县全部脱贫摘帽，实现这个任务必须倒排工期，打出一套政策"组合拳"。我们叫"1+N"，地方党委政府出台一个总的文件，明确目标任务、主要政策措施，一批工程、方案实实在在的措施，能汇集到贫困地区、贫困群众的措施，现在都陆续出来了，如甘肃是"1+17"，贵州是"1+6"，广西"1+8"，四川、云南这些贫困人口多的地方，现在很多地方还在陆续地出台"1+N"的措施。

三是一盘棋。各个行业部门、社会各方面都关心扶贫、支持扶贫，参与到扶贫的伟大行动中来，大家都行善，帮助别人、提升自己。

在这种情况下，我们扶贫部门要和大家一起打造好"三个平台"。

一是扶贫开发的大数据平台。通过遍访贫困县、贫困乡、贫困户，把真正的穷人找出来，找出致贫原因，帮助制定脱贫规划，确定脱贫措施，明确帮扶责任，考核脱贫成效，这一系列举措作为信息化的管理，这样精准扶贫就有了抓手，扶贫开发的大数据就成了我们的家底，是出台宏观政策的参考，是抓精准扶贫的依据，也是考核扶贫成效的指标。

二是基层扶贫工作平台。事情是靠人来做的。穷人都在村里。大家知道，农村工作很难，基层工作很难。现在村里有村两委、村支部、带头人，在此基础上，按照中央要求，每个贫困村还有一个驻村工作队、每个贫困户要还有一个帮扶责任人。去年建档立卡识别了12.8万个贫困村，3,000万个贫困家庭，8,963万贫困人口，已有的基层组织和县以上机关、所有企事业单位新派下去的扶贫工作队，这两支力量汇聚起来，共同构成基层扶贫工作的平台，宣传党和国家关于扶贫开发的政策，组织动员群众解放思想，开动脑筋、制定规划、选准项目，支持贫困户劳动勤劳致富。

三是资金平台。扶贫需要资金支持。各级要加大财政的投入，金融要发挥主力军作用，社会各方面要发挥生力军作用，大家共同把资金的盘子做大，建立一套管理、使用、监督的新机制，把资金管好用好。

金融是现代经济的核心。扶贫离不开金融，特别是在社会主义市场经济条件下，扶贫工作更不是例外。整个金融系统对扶贫工作是高度重视、高度支持。人民银行、银监会、保监会、证监会，还有一系列金融机构都做了大量工作。特别是今年以来，我们和农业发展银行、开发银行、农业银行、进出口银行、邮储银行都签署了战略合作协议，开展了一系列活动，有的工作收到了明显成效，有些工作已经启动实施，有些工作还在酝酿之中。在此，我想特别说明一下，去年底，国务院扶贫办和人民银行、财政部、银监会、保监会五家出台了一个扶贫产品。这个产品，不仅符合普惠金融的要求，更体现了对贫困地区、贫困群众格外关心，格外关爱，格外照顾。对建档立卡贫困户发展产业，需要启动资金，我们提供五万以下，三年以内，免担保免抵押，基准利率放贷，县建风险补偿金的扶贫小额贷款。去年启动，今年将会超过1,000亿，许多贫困户从中得到了好处，有的一年就脱贫了。最近，我到宁夏的盐池县，这个革命老区、陕甘宁边区县的贫困农民非常欢迎这个政策、产品和服务。我们这个政策为贫困户提供免抵押免担保，基准利率放贷的优惠，更有党和政府的信誉做担保，这样的政策，贫困户是欢迎的。甘肃从2009年作为妇女小额信用担保贷款试点，至今已累计发放小额扶贫贷款400多个亿，今年发放了200多个亿，按时还款率在98%以上。农民实际上是最守信用的，凡是出现区域性的赖账，后面必有其他原因。现在金融扶贫主要是间接融资，保险、证券刚刚启动，希望保险、证券方面有一些具体的政策和措施出来。

借此机会，我想谈谈我自己的观点。扶贫开发需要普惠金融，普惠金融搞市场经济，保证它的可持续性，特别是投资环境、信用环境是至关重要的。但是，我认为光有普惠金融，还不能解决贫困户的金融服务问题。对贫困户要按照总书记说的还得格外关心，格外关爱、格外照顾的要求，要体现特殊性。扶贫小额信贷以党和政府的信誉，以建档立卡的基础加入进来，也运用市场的机制，但不仅仅是市场的机制，就像发展不能自然减贫一样，普惠金融也不能自然帮助最穷的人。比如高速公路，通了高速路，穷人就能上高速路，那不一定。所以，要在普惠金融的基础上，对贫困地区特别是建档立卡的贫困户有特殊优惠的政策。普惠金融必须遵循经济规律、自然规律，钱往赚钱的地方走，这无可厚非。但是扶贫在遵循经济规律、自然规律的基础上，还要遵循社会的规律，要有一些特惠的措施。所以，我呼吁金融界的朋友们，在普惠的基础上给些特惠的政策，创造一些特惠的产品，为贫困户提供特惠的服务，让贫困户尽快脱贫致富，实现同步小康。

再次感谢大家，谢谢！

在金融扶贫服务论坛上的演讲

中国人民大学　温铁军

各位领导、各位来宾：

非常感谢论坛提供一个与金融部门对话交流的机会。我讲三个问题。

第一，关于对贫困的认识问题。首先要澄清一个概念，自从1950年我国完成土地改革以来，中国的下层社会就是小有产社会，到1986年第二次土改，土地承包以来，中国在工业化的基础上进一步实现了小农社会的土地财产平均化。到现在为止，我们在农村所谓的贫困人群是现金收入能力低，而不是绝对贫困，真正的贫困其实在中国社会并不存在。因为下层人群占中国社会的60%左右，但基本上可以叫做小资，或叫小有产者，有地、有房子，能生存，只不过现金能力低，取决于宏观政策是否向他们转嫁了各种负担。比如，90年代，我们进行税制改革，地方政府原来占税收的73%，因分税制下降至23%，降了50%，那23%就得转化为对农民征收的各种负担。比如，像教育、医疗，一般的行政管理等等，这些就转化成农民必须用现金支付的负担，这是刚性的。这种情况下，才出现了农民因现金获取能力低，导致贫困，这是政策性贫困。就像80年代，家庭联产承包解决了大多数人的贫困，就是让大多数人、全体农民成了小土地所有者，这种解决贫困的方式在其他发展中国家没有，没有哪个发展中国家像中国这样平均分地。因此，绝对贫困在其他发展中国家必须按照日收入1.25美元来衡量，而在中国长期确定贫困的标准是按照1,980大卡，现在上升到2,180大卡来计算。我们没有采用国际上的贫困标准是因为我们和其他发展中国家不一样。目前，大多数发展中国家没有做土地革命，他们得按照国际标准，所以他们有大量的贫困。当我们做中国和印度的比较时就知道，印度无地农民占34%，无地农民都属于贫困农民。而中国就没有无地农民，除非因强征强占造成的无地农民，那这大部分也有收入能力。我们讲精准扶贫，把外国的理论搬到中国来时，请大家注意，我们贫困的概念和标准与其他发展中国家是有差别的。

第二，关于当前农村金融问题。农村金融是问题，但不是农村金融的问题。我在90年代讲，农业是问题，但不是农业的问题，粮食是问题，但不是粮食的问题。农村金融存在的最主要问题是什么？2008年海啸导致金融危机，外需大幅度下降，导致中国去工业化趋势，沿海企业出现倒闭，私人负债增加，私人负债条件下因负债而出现的流动性短缺最终转嫁，导致农村面广量大的高利贷，而高利贷又以现在允许存在的小额贷款公司形式出现。如果我们继续放纵小贷公司，就意味着我们在鼓动农村存在高利贷，这是当前农村金融的主要问题。大多数人很难从政策上鼓励小贷方面转过来，一般很少去做农村调查，而我们的责任就是做农村调查。现在给大家讲个在调查中的看法。当前小贷公司3年生命周期，第一年红火，第二年平淡，第三年黄了。其实就像很多中西部的县级开发区进区企业3年生命周期差不多。为什么小贷公司3年生命周期？因为它做的事是农村很多实体经济要做的事，当资金完全变成生产力要素的时候，它会撬动其他没有被定价的要素，形成要素定价。为什么它在没有资金进入的时候要表现为定价呢？现在的劳动力在沿海打工叫"掐草尖"，最多二十七八岁，30岁以上劳动力是不被老板接受的。所以就被市场定为残值劳动力，不被市场定价，没有价。这部分残值劳动力回到农村，农村劳动力呈现无限供给。因此，沿海城市可以掐草尖，不对扩大劳动力负责任，这是沿海发展的一个重要条件。麻烦就在于，你掐了草尖，草根回去了，又不被市场定价，导致这部分不被定价劳动力不承认当前金融机构按照市场所执行的金融服务。这个客观矛盾长期存在，只是不进入主流讨论之中而已。现在的贫困，是一种不被定价的劳动力挣取现金时处于被动闲暇。

为什么小额信贷能在农村发挥他的杠杆作用呢？是因为这部分残值劳动力没被市场定价，当小额信贷下乡的时候，恰恰被这部分人接受。所以第一年小额信贷所产生的效益，恰恰是这部分劳动力被定价的收益，收益被小额贷款公司收走了。这部分残值劳动力没有得到平均水平的收益，还能让小额贷款公司有超额收益吗？农村小额贷款公司的利息都是1.5、2分，甚至有的3分、5分、1毛都有，当劳动力被市场定价以后，就不允许小额贷款公司再拥有超额收益，这时小额贷款公司就得退而求其次，追求资金的平均收益率，但小贷公司不能，所以第二年收贷困难，第三年就没人再贷，它就得再换地方，不换就收不回资金。我们政策上支持小贷，但却不理解小贷公司在农村到底发挥怎样的作用。

另一方面，我讲到的去工业化同时，发生的是私人债务大幅上升。从2009年中国发生去工业化现象到现在5年了，任何投资实体投资都缺乏考量。2010年前后大量资金从实体经济吸出，投入房地产，从2011年进入房地产高涨，房地产建设周期顶多三年。2014年房地产泡沫挤出，进入股市，而股市顶多半年，现在股市亏损，大量高利贷出现。现在金融秩序比较混乱，银行风险高发期流动性不足，造成短期需求旺盛，带动银行借各种各样名义把中间业务流向市场。而这个市场确实是高利息、高风险的。现在农村高利贷越来越普遍，私人负债越来越高，拉动了利率，包括公司在内，都转向高利贷市场。在这种背景下，市场出现了正常的所谓法治收贷基本无效。如果真的要搞普惠金融，还得考虑这些问题之间的关系。

第三，关于普惠金融问题。怎样看待农村所谓的普惠制金融？中国2005年全面启动新农村建设以来，已经有了实现农村普惠金融搭便车的条件，连续10年增加农村基本建设投资、社会投资，以及公共投资，这是历史上前所未有的。其中至少有1/3投资于农村基本建设，至少3-4万亿用在农村基础建设上，这是普惠金融前期的沉淀。目前98%的行政村实现通路、通水、通电、通电话、通宽带，为农村普惠制金融提供了前期成本。同时，农村中村级出现了很多小微企业，农业银行就是利用这些小微企业，让惠农卡在村里面实现存、取、汇、兑业务。从这个意义上讲，中国已经实现了普惠金融。至于每个人有借贷需求的时候能不能借到，我们不能去要求，什么时候农村高利贷环境清理好了，这个事就好操作了，不然很难让有信贷需求的人得到信贷服务。

我国从1998年开始银行金融商业化改革，政府财政政策和金融部门多有争论。当你面对的农民是一个高度分散的群体的时候，交易费用过高，交易就不能进行，这时就需要组织建设。如果不在农村推行组织建设，很多市场制度安排是不可能实现的，无法形成稳定的契约关系。这就是1998年以来金融纷纷撤出农村这个实体的原因，就是我们没把交易理论纳入进来，制定有针对性的政策。如果不搞组织建设，不可能把交易费用降低，发展小额信贷的第一步就是要在农村搞组织建设，以组织建设的低成本来解决交易费用问题。这是小额信贷推行的关键和前提。所以，因地制宜、因时制宜、实事求是仍是我们在农村推行普惠制金融的基本原则。

谢谢大家！

第六部分

2015 减贫与发展高层论坛产业扶贫论坛
——资产收益扶贫

依托土地股份合作社，盘活农村土地资本，探索资产收益扶贫之路

宁夏青铜峡市叶盛镇五星村党支部书记

徐建平

五星村地处宁夏回族自治区吴忠市青铜峡市（县级市）叶盛镇西北部，全村共有耕地面积7,328亩，辖10个村民小组，现有688户2,862人，其中回族468人，占全村16%。2014年，全村人均纯收入11,400元。多年来，由于诸多原因导致全村集体经济发展较为缓慢，群众增收困难，一部分群众生活贫困的状况一直未得到有效改观，由此给公益事业发展、社会管理、基层组织建设等各方面工作带来一些困难和问题。党的十八届三中全会以来，我们深刻学习领会中央、自治区扶贫开发和农业农村工作精神，认识到农村经济发展特别是精准扶贫不能再像过去那样单纯靠政府，必须转变观念、改革创新，切实增强自身造血机能。为此，结合农村集体土地承包经营权确权颁证工作，我们大胆探索，勇于实践，推行农村土地承包经营权入股合作制，盘活土地资本，探索开展"土地变股权、农户当股东、收益有分红、贫困户受倾斜"的资产收益市场化的扶贫之路。

一、实施土地股权量化，发展农村股份合作经济

2013年，五星村党支部牵头成立了五星村兴旺种植专业合作社，流转本村土地800亩，发展有机水稻种植，实行规模化、集约化经营，实现土地合理利用，为促进农业增效、农民增收、集体增力奠定了基础。

2015年5月，为进一步增强合作社经济实力和发展活力，真正实现村集体收入用之于民、促农增收，村"两委"班子在镇党委、政府引导支持下，依据《农民专业合作社法》有关规定，坚持农户入社自愿、退社自由、利益共享、风险共担原则，引导农民自愿以土地承包经营权作价入股，成立了以农民为股东，农村土地为股权的土地股份合作社。

合作社建立健全股东大会制度下的民主决策、民主管理、民主监督运行机制。根据市场需求和入社社员意向，对"种什么、如何种"以及具体生产经营方式，均提交股东大会讨论决定。生产经营采取订单生产和标准化、规模化生产，统一品种、种植、管理、收割、销售，实现生产管理一条龙，降低生产成本，提高生产效益。

合作社收益主要来源于种植优质农作物和其他相关的经营收入。经营收入分配按《章程》约定采取保底分配加浮动分红的办法，保底分配略高于当地企业或大户土地流转价格，2015年定为830元；浮动分红根据合作社的经营状况控制在全镇地租平均水平的10%以内。集体股权只参与浮动分红，该红利全部用于扩大再生产、办好公益事业、救助贫困农户等，同时解决村党支部、村委会工作经费不足问题。

二、盘活集体资产，创新扶贫投入方式

土地股份合作社首期确立设置总股权1,745.6股，股本金额145万元。股权由四部分构成：一是农户股东个人股。现有218户（含贫困户75户）入股农户，入股土地800亩，折合股权数为800股，每股按每亩流转价格830元折合股金，股本金额为66.4万元。二是村集体股。即村委会以集体资金入股，830元为1股，村集体共有股权223.6股，股本金额为18.6万元。三是政府支持资金股。将吴忠市农牧局、财政局投入农业特色产业发展和发展村集体经济的支农资金打包入股，830元为1股，股权数为602股，股本金额为50万元。四是社会帮扶资金股。由市委组织部、政研室，市农牧局、国土资源局、工商局、民政局，叶盛镇党委、政府的帮扶资金组成，830元为1股，股权数量为120股，股本金额为10万元。

村集体股、政府支持资金股、社会帮扶资金股收益均计入集体收益，由村集体统一管理。政府支持资金股、社会帮扶资金股股本金由镇政府代管。政府支持和社会帮扶资金注入合作社，解决了合作社流动资金不足问题，保障了合作社的健康运行，既增加了村集体收入，又为社员增加了二次分红收益，使扶持资金持续发挥促农增收的作用。

2014年，合作社实现收入80万元，除兑付农民土地流转费64万元外，合作社赢余收入16余万元。村上对赢余收入进行了再分配，其中：拿出4万元向社员每亩再分配50元，拿出5万元用于党内关怀基金，拿出2万元为留守儿童建设"七彩小屋"，拿出3万元救助村里的贫困户，拿出9,800元为全村140名60岁以上老人缴纳医疗保险。今年，合作社种植的优质水稻、玉米农作物喜获丰收，保底分配已于年初按照每股830元的标准兑现给农户，计划在年底分红时，从集体收益中拿出一部分救助贫困户，使贫困户的二次分红收益率再提高10%。

三、就地务工增收，提高农户收入水平

村里留守劳动力、妇女、老人在合作社经营过程中就地务工增收，60岁以上老年人大多数得到了工资收入，克服了企业流转经营仅使用青壮年劳动力的缺陷，破解了留守人员无事干、增收难的问题。2014年，合作社发放工资16万元。村里的贫困户郑玉山感慨的说：以前我们只知道种自己的那几亩田，只想着靠这几亩地过日子，结果日子越过越难，当初村里让我们流转土地的时候，想着土地流转给集体后我们种什么？吃什么？以后靠什么生活？大家都百般阻挠。看看现在，我们每年不但有土地流转的固定收入，还能拿到合作社的分红收入，而且还能在自家的地里打工挣钱，合作社让我们看到了过上好日子的希望。

四、发挥引领作用，助力贫困户脱贫致富

全村依托土地股份合作社组织平台，因地制宜发展养殖业、运输业，千方百计壮大村集体经济，带动村民增收致富。建设占地260亩的奶牛养

殖园区，采取"出户入园"和"奶牛托管"的方式，有效提高奶牛饲养管理水平。园区现奶牛存栏600头，农户比散养月增收500多元。积极鼓励和引导农民种植青贮玉米，与养殖大户签订订单，在解决奶牛饲料问题、节约养殖成本的同时，农户每亩增收近1,700元。围绕剩余劳动力发展劳务产业，培育20多个善经营、精管理、勇创业的劳务能人和务工带头人，进一步拓宽村民增收致富的渠道。目前，我村共输出劳动力1.32万余人次，劳务收入达到1,400万元，农民人均增收4,500余元。

虽然我村在土地经营方式创新改革方面取得了初步成效，但市场化扶贫开发的路子我们走得还不够远，农村股份合作制还需进一步创新完善。群众脱贫增收的渠道单一，还主要依靠种养业和劳务输出产业，加之，村里许多懂技术、有门路的年轻人大都外出务工，致使村里实用人才严重缺乏，严重影响到村集体经济的发展和壮大。

下一步，合作社将从以下两个方面努力，大力发展村集体经济，全力帮助贫困户脱贫致富。一是争取流转全村70%以上的土地，推进土地整组、整村流转，依托"叶盛贡米"的品牌优势，实行土地联片集中开发，大力发展优质水稻种植产业，实现土地经营规模化、集约化、企业化，力争将五星村打造成全镇乃至全市现代农业发展的典范。二是将集体股和政府股分红收益拿出一部分设立贫困户股份，仅贫困户享受。同时，在财政支农资金使用过程中适度向贫困户倾斜，为其增加长期稳定的收入来源，全力帮助村里贫困户脱贫致富，与全市同步进入小康社会。

借此机会，衷心希望国家能切实加大对农村土地股份合作社的支持力度，进一步拓宽农民群众增收致富渠道。一是对土地股份合作社在登记注册、生产配套用地、金融信贷等方面给予重点扶持。二是在农业特色产业、财政支农"一事一议"、支持农村合作经济组织等资金安排方面，进一步向土地股份合作组织倾斜。三是放宽国家财政扶贫资金使用范围，可用于贫困农户、村集体的股金或资本金，参股合作社或扶贫龙头企业，进一步增加贫困农户的资产收益。

全面深化农村改革　开创扶贫攻坚新天地

广西田东县政府副县长　刘军模

当前我国的减贫任务正处在重大的历史转换时期，我们的扶贫开发工作进入了需要大力攻坚、"啃硬骨头"的阶段。习近平总书记高度重视扶贫工作，多次要求一定要打赢全面建成小康社会的扶贫攻坚战。为了更好地贯彻落实习近平总书记的重要讲话精神，在国务院扶贫办、国家农业部等相关部门的指导和支持下，田东县对新时期扶贫攻坚的改革创新做了全面而深入的探索。通过全面深化农村改革，积极推进新时期农村集体产权制度改革、农村金融改革和创新农业经营体制，不断调整生产关系，为促进农业生产力发展注入源源不断的活力和动力，为贫困地区扶贫攻坚开创了一片新天地。

一、推动贫困地区产权改革，将"沉睡"的资源转变为发展的资本

（一）推进贫困地区产权确权，为资产资源的流转交易打下基础。2011年田东县完成了农村集体林权确权工作，2012年完成农村集体土地所有权的确权工作。农村集体土地承包经营权、集体建设用地使用权、农村宅基地使用权、农村房屋所有权、小型农田水利工程产权的确权登记颁证工作全面推进，2015年将全面完成发证工作。产权确权颁证明晰了权力边界，方便贫困地区资源自由交易、优化配置。以田东县贫困村土地承包经营权、林权为例，经估算其价值超过20亿元，按照70%折扣进行抵押贷款，至少可以盘活林权、土地承包经营权抵押贷款14亿元，贫困村平均每户可获得5.7万元贷款。

（二）推进贫困地区产权交易，盘活存量资产，优化资源配置。贫困地区农民仅仅依靠一亩三分地很难实现脱贫致富，而产权交易有效盘活了存量资产，优化农村资源配置，农民手中1亩地只能赚500元，而流转给经济能人却可以得到1,000元的租金，在经济能人那里土地"升值"了！2012年，田东县成立了广西首家农村产权交易中心，开展产权交易信息发布、产权交易鉴证服务、产权抵押贷款服务、农村资产评估、农业投融资服务、政策法规咨询等业务。田东县借助农村产权交易中心，让发展的资本流动起来，寻找最有效的经营主体和经营方式，为贫困地区扶贫开发注入了市场的力量。截止2015年6月末，通过田东县农村产权交易中心平台交易的农村产权8,899宗，交易额6.94亿元；全县贫困村涉及土地流转1,120户1.6万亩，交易额1.22亿元；贫困村产权抵押贷款26宗，银行放贷金额3,128万元。农村产权交易中心一方面为农村产权流转提供了交易市场，流转双方的权利和义务得到鉴证，同时为农村产权提供了抵押平台，实现农村资产变现；另一方面，通过引进有资质的专业资产评估机构进驻交易中心，理顺了农村资产评估渠道；此外，广大群众在交易中心可以享受到免费的项目投融资咨询服务，农村集体"三资"有了交易平台。

（三）探索为贫困地区产权交易安全提供保障。贫困村土地总体比较贫瘠，群众对土地进入市场流转也缺乏充足的信心，担心新的资本主体损害群众的利益。为有效降低土地发包方和承包方的信息搜寻成本和协商成本，并保障双方合法权益，2014年11月，成立了国有控股的国泰投资公司，探索农村土地信托模式——依托农村产权交易中心，引导土地经营权向国泰投资公司流转，利用农业发展银行贷款进行土地整理，再流转到有意向发展农业经营服务的企业，形成土地流转的委托—代理机制。该工作得到农村尤其是贫困村群众的热烈欢迎，目前已成功推出3,000亩标准香蕉园项目，收储并正在进行土地整理的约有12,000亩左右。

二、推动农业经营机制改革，创新贫困地区产业发展模式

（一）探索"新型经营主体＋基地＋农户"的扶贫模式，让贫困农户增加收入，又学会技能。贫困地区农户在解决了资金后，往往分为两种类型：一类是有能力发展致富的，一类是没有能力发展致富或者由于信息不对称一时找不到好的发展路子的。针对后者这种情况，田东县大力推进"新型经营主体＋基地＋农户"等扶贫模式，引导贫困群众土地经营权向新型经营主体流转，充分发挥经济组织和能人对市场价格和风险的敏锐性优势，对产业发展模式和生产技术的专业性优势，带动贫困户脱贫致富。目前全县土地流转面积累计达17.59万亩，全县家庭农场90家，农民专业合作社272家，农业龙头企业17家；全县贫困村流转面积达1.6万亩，发展新型经营主体52个，带动2,263户贫困户发展。

创立"五年返还土地"新模式，让贫困群众参与产业链发展。思林镇真良村是"石头上的村庄"，土地中没多少土壤，村民以前只能种些玉米和甘蔗，收入很低。"80后"青年梁青松2013年在真良村租了50亩土地，做起了火龙果种植，还成立了火龙果专业合作社。2014年，又从70多户农户那里流转了550亩土地。农户每亩年租金700元，还可以在火龙果基地务工，比以往收入高了不少。土地出租5年后，如果村民想收回土地，合作社就会把土地和火龙果树一并返还给村民自行经营管护，第六年农户就能获得火龙果销售收入。五年返还土地，既省去了村民种植火龙果的前期大量投入，又让村民规避了种植风险，村民种植技术和经验，合作社还会免费为种植户提供技术服务和销售服务，让农户无后顾之忧。

（二）探索贫困村集体股份制经济，盘活集体资产，增加贫困农户的财产性收入。贫困地区群众财产性收入薄弱，一直是制约农民人均纯收入快速增长的瓶颈。田东县探索发展集体股份制经济，贫困农户以土地经营权入股参与规模化经营。在坚持家庭联产承包制的前提下，以村集体及村民和投资人合资入股的形式，即村集体及村民以村集体和责任到户的土地、山林荒山、荒坡、荒沟、集体建设用地、集体公共设施等生

产资料、资源作价入股，投资人以现金、设备、技术等形式入股。组建股份合作社，由投资人控股并自主制定和实施企业发展战略，入股农户不干涉投资人的具体经营活动，引入股权托管，保障合股双方利益。田东县作登瑶族乡摩天岭村，53户贫困户，2014年8月村民开始探索发展村集体股份制经济。主要做法是：对摩天岭村村集体土地进行确权，并成立摩天岭村叠穗药用植物种植农民专业合作社，将村民的12,000亩的土地承包经营权通过村集体整体"打包"，"装进"合作社。引入田东源隆农业科技发展有限公司，共同成立股份合作制企业田东裕农药用植物开发公司。田东源隆农业科技发展有限公司以500万元货币资金入股，占股份的80%；摩天岭村叠穗药用植物种植农民专业合作社以12,667亩土地产权入股，占股份的20%，其中53户贫困户以3,813亩土地经营权入股。摩天岭村集体股份合作制项目，既发挥了"农村产权"的资源优势，又引入"社会资本"，支持发展中草药种植。村民既可以获得分红收益，又可以在公司务工，公司还为村民（相当于股东）交了新农合、人身意外保险等。通过土地入股的方式，让村民成为公司的"股东"，村民就会对公司的发展更加关心，激励大家共同努力致富。

无论是"出租土地五年返还"模式，还是贫困村集体股份合作制模式，农民的土地资产价值在流转中得到提升。不同的是，土地出租，贫困户可以获得较为稳定的租金收入，承担的风险相对较少，但是不能分享公司利润；而集体股份合作制经济中，村民根据公司盈利状况获得分红，虽然公司发展前期收益相对较少，但随着公司盈利的丰厚，村民会获得更多收益，但同时也要承担经营失败的风险，为了控制风险，田东县要求公司提取准备金，准备金由田东产权交易中心代管。通过土地流转，发展新型经营主体，发展集体股份制经济，引导和激活农村生产要素，成为新时期贫困地区农村集体经济发展的新模式。

三、农村改革助推贫困地区"三农"全面发展

（一）促进了贫困地区产业的发展和贫困群众生活水平的提高。田东

县合理利用信贷资金发展特色产业，贫困村产业从无到有、从小到大，向特色化、专业化发展，建起了油茶、柑橘、火龙果、牛大力等中草药、生猪、林下养鸡等扶贫产业基地。田东县农民人均纯收入从2011年的5,414元增长至2014年的8,357元，年均增长15.6%；城乡收入比从2009年最高时的4.22:1降低到2014年的3.15:1，连续五年下降；贫困村农民人均纯收入从2012年的3,418元增加到2014年的4,788元，年均增长18.4%，贫困群众生活水平显著提高。

（二）有助于真正实现精准扶贫。信用体系建设应用"互联网"降低了信息收集成本，形成比较完善的信息查询和统计功能，通过采集农户信用信息，每年度进行更新，有助于全面了解贫困地区贫困状况，再与民主评议结合起来，精确识别贫困户，从而实现了精准扶贫和金融改革的有效结合。

（三）助推贫困地区乡村社会治理。一是有助于形成党委政府、市场、社会、贫困农户相互促进、共同参与的贫困治理主体结构。金融扶贫将金融资本的"有偿使用"与财政资金的"无偿使用"相结合，培养贫困户的"没钱借钱，有钱还钱"的市场经济意识和责任意识，金融扶贫中既有政府的引导，又注入了市场的因素，同时激发了贫困农户的积极性，主动寻求脱贫致富路子。二是金融扶贫促进了农村社会环境持续改善。信用评级指标包含了尊老爱幼、邻里和睦、违法犯罪等社会性指标，全面、科学地评价农户和企业遵守公序良俗的情况，农户的信用评级需张榜公示，农户之间会相互比较。潜移默化中促进了社会诚信价值体系的建立，促进了和谐乡村建设。

实践证明，农村产权改革激活了贫困地区的生产资源，农村金融改革为贫困地区的发展提供了资金支持，农业经营机制创新释放了贫困地区发展的活力，全面深化农村改革是当前我国推动农业农村发展的根本动力，而农村的扶贫攻坚必须与全面深化农村改革紧密结合才能不断找到扶贫的发展动力。只有全面深化农村改革，创新贫困治理体制机制，方能突破新时期中国农村扶贫攻坚的困境，为扶贫攻坚工作打开一片新天地。

农村改革支持扶贫开发（简图）

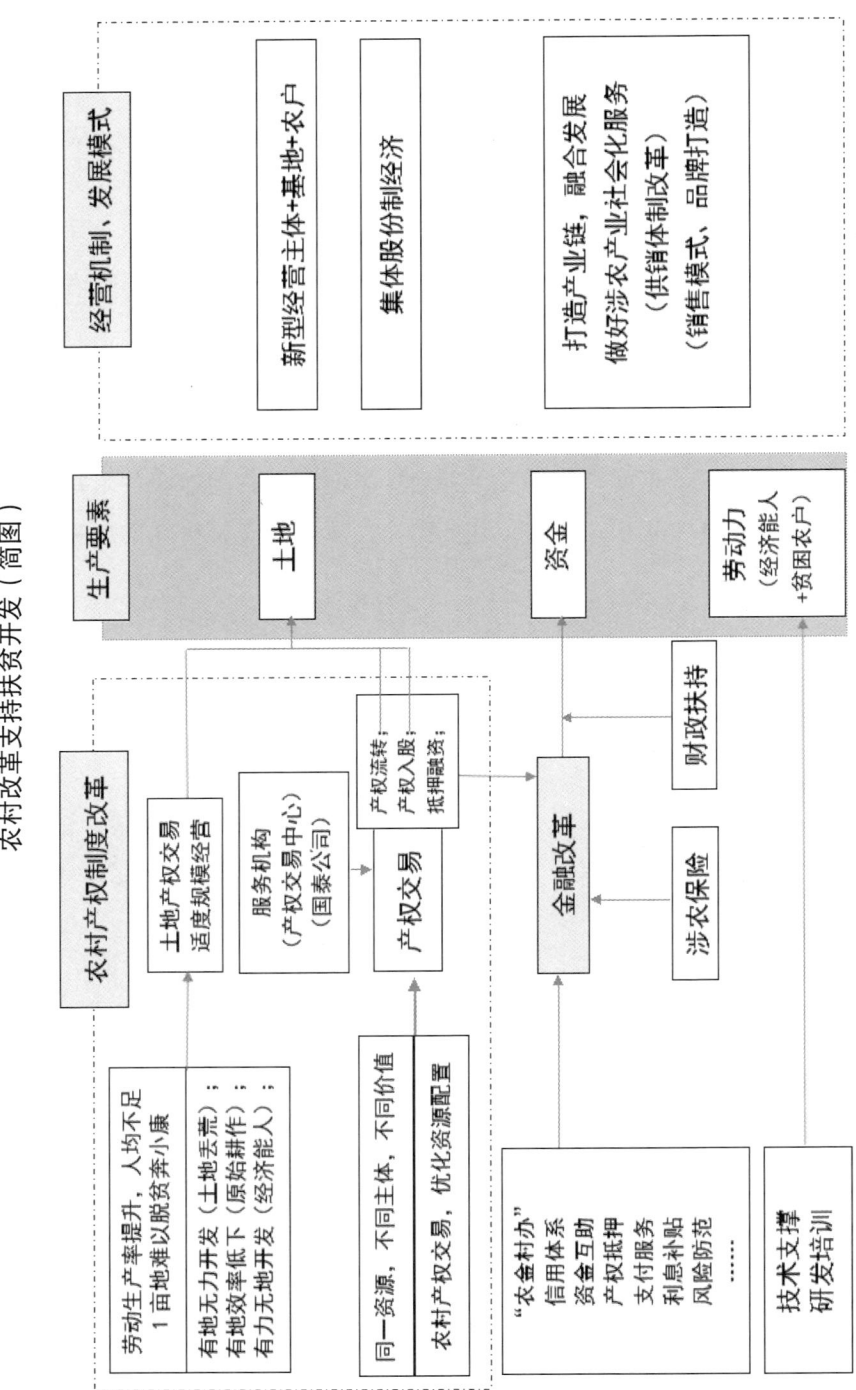

依托合作社，发展现代农业，
增加贫困群众土地资产收益

黑龙江省克山县仁发现代农业农机专业合作社理事长
李凤玉

根据论坛安排，下面我就合作社通过带动农户特别是贫困农户带地入社，增加土地资产收益的具体做法和经验向大家作介绍。

仁发合作社是2009年由包括我在内的7户农民投资850万元和国家补贴1,234万元组建的。历经5年的发展，如今合作社入社总户数已达到2,678户，入社土地达到5.6万亩，固定资产达到5,089万元，其中国投3,034万元，7位发起人投资850万元，其他农户计提公积金1,205万元。合作社先后被评为黑龙江省现代农机合作社示范社和全国农民专业合作社示范社，我个人也分别于2014年和2015年被评为全国十佳农民和全国劳动模范。

一、主要做法

（一）民主决策，绩效管理，社员干劲"足"。一个合作社搞得好坏，管理是关键。在决策上，我们不按出资额表决，而是一户一票，人人平等。几年来，合作社修改章程、接收新社员、取消保底金等重大事项，都是由理事会"拿点子"或其他社员提建议，再提交代表大会集体讨论通过，监事会全程监督执行。在工资分配上，自2012年起，管理人员实行目标责任制，以绩效定工资。规定完成目标后以年度总盈余的2%作为工资总额，理事长挣工资总额的20%，其他人员挣工资总额的80%，有效地调动了管理人员的积极性。在机务管理上，合作社把农机具承包到人，驾驶员实行全员招聘，单车核算，人均年保底工资2万元，划分农机作业区工作量，确定用油和修理费标准，签订奖惩责任状，实行节约归己、满奖满罚的监督约束机制。以2013年为例，17名驾驶员人均年工资达到了3.5万元。在财务管理上，由于合作社没有无主资产，未分配盈余为零，每来一分钱和每花一分钱人人有份，每位成员都非常关心和关注合作社收支情况。为此，合作社坚持每季最后一个月的25日定为财务公开日，接受成员的监督，让成员心里都揣本"明白账"。

（二）规模经营，科技支撑，助推效益"增"。规模化、标准化、科技化等现代化手段的充分运用是农户增收的保障。一是推进规模化经营。我们把入社土地进行整合，按照作物品种网格化耕作，全部实现了连片种植、大农机作业，以规模化生产促进了效益提升。二是实施标准化生产。围绕马铃薯、玉米和大豆等作物应用优良品种，所有土地全部应用了大豆垄四、玉米垄双、马铃薯大垄和防疫灭病、测土配方施肥等先进技术。同时结合县里开展的"科技包保"工程，聘请农业专家包保地块、全程跟踪指导，促进了作物产量和农产品品质"双提升"。三是调优种植结构。依托我县马铃薯产业优势，种植马铃薯并搞起了种薯繁育；针对绿色有机食品价高、市场好的优势，种植了水果玉米、糯玉米、紫薯等高效作物。结构优了，不愁销，价格好，效益自然就上来了。如今，仁发合作社耕种土地5万余亩、年纯利5,000多万元，管理人员和机械手却只有52人，效率高、效益好的秘诀就在于生产的现代化。

（三）风险共担，利益共享，注重分的"均"。2011—2012年，我们实施了"一保、两提、两分"的分配机制。即：秋季为社员先行兑现土地保底金，提取公积金和折旧费，国投盈余分红和入社资金盈余分红。合作社入社成员由314户发展到1,222户，规模经营土地1.5万亩扩大到3万亩，总盈余由1,342万元提高到2,759万元。土地资本按350元/亩计算，参与资金每元回报率由0.31元增加到0.43元。同时，合作社还创新了将国投资金产生的盈余平均量化到户的做法，使亩均分红由710元增加到

730元，高出非入社农民420元/亩，人均增收2,400元。

为使入社农民利润最大化，2013年起，合作社取消了土地保底金，把土地面积视为交易量进行分配，实现了风险共担、利益共享、规模经营，土地面积不减反增。2014年合作社规模经营土地面积达到5.4万亩，我们将总盈余4,920万元的75%，按土地面积分红，现金入社、国投资金和上年计提公积金按25%分红，每元回报率0.226元，入社农民亩均分红854元，人均分红3,148元。几年来，累计提取公积金3,000万元。完善后的分配方式，在保证了社员利益的同时，又增强了合作社再生产和抵御风险能力，得到了全体社员的一致好评。

（四）因需施策，项目帮带，突出帮的"实"。几年来，我们始终坚持产业化带动脱贫这一重点，助民增收、促民解贫，确保帮出实效。2014年末，按照国家"精准扶贫"的要求，我们承接黑龙江省产业化扶贫项目，新建了黄肉牛养殖场，走"种植—养殖—加工—种植"的路子。该项目国投扶贫资金1,300万元、合作社出资1,097万元，实行资产平均量化和承包经营管理。目前已购进大型纽荷兰青贮机2台、西门塔尔黄肉牛150头，年末存栏达到500头。今年通过规模养殖和青贮饲料机作业，预计可产生效益264万元。在养殖场纯效益分配上，我们依据合作社章程规定，按投资2,397万元每元回报率0.11元计算，分两部分兑现给贫困户。一是国投资金1,300万元产生的234万元效益，平均分配给未入社贫困人口，预计每人可增收1,465元，此款以合作社用大机械为贫困户代耕作业和为其统一低价购买化肥、种子、农药等支付，借以降低贫困户的生产成本；二是合作社入股的1,097万元产生的120万元效益，纳入合作社分红范畴，包括贫困户在内的所有社员平均分配。此外，合作社劳转办还采取了优先安置贫困人口外出打工的办法来增加贫困户收入，预计年可人均增收2万元以上。在土地资产和产业项目效益充分发挥的前提下，预计三年内河南乡现有的2,083个贫困人口可实现全部脱贫。

为进一步拓宽扶贫渠道，下一步，合作社将突出种薯繁育优势，继续加大种薯研发力度，进一步扩大网棚和种薯繁育面积，推动农户增收；

215

进一步扩大绿色有机食品生产面积，提质增效，并通过"仁发特卖"追溯和网络营销平台助推高端产品销量扩张。进一步加快我们与县内7家合作社联合出资新建的30万吨谷物综合加工项目建设，完成450个贫困人口进厂工作，实现尽快脱贫的目标。

二、存在的问题

（一）合作社在产业化发展上资金短缺。例如，我们联合县内7家合作社新建的30万吨谷物综合加工项目，由于合作社经济实力有限，财政政策资金短缺支持不足，仅建了一期仓储库和办公楼。

（二）标准化养殖水平有待提高。合作社经营管理人员经验不足，技术水平不高，依托合作社自身进行人才积累和培养苦难很大，需要相应的支持政策。

（三）扶贫政策对合作社支持力度不够。有相当一部分规模以上合作社具备带动贫困户脱贫致富的能力，也勇于承担扶贫责任，但是还缺少扶持政策支持。

三、几点建议

（一）建议国家加大产业化发展政策扶持力度，不断提升扶贫精准度，扶贫资金尽量向粮食综合加工等项目上倾斜。

（二）建议国家加大对基层农业技术及管理人员培训力度，农民实用技术的培训尽量向承担扶贫任务的合作社倾斜。

（三）对承担扶贫责任，承接贫困农户带地入股的合作社，在普惠性政策支持的基础上，还应给予特殊政策扶持。

推进"三变"改革，探索扶贫新路

中共六盘水市委书记　李再勇

非常高兴在第二个"中国扶贫日"暨第23个"国际消除贫困日"到来之际，有机会向大家汇报六盘水市扶贫开发有关情况，不当之处敬请批评指正。

六盘水市地处贵州西部乌蒙山区，辖4个县级行政区，国土面积9,965平方公里，总人口328万，是一座资源型城市，煤炭远景储量840亿吨，探明储量184亿吨，素有"江南煤都"之称；是一座山地城市，山地面积占国土面积97%，耕地463.46万亩，25度以上坡耕地占耕地的47%；是一座休闲养生城市，年平均气温15℃，夏季平均气温19.7℃，冬季平均气温3℃，气候凉爽、空气清爽、人民豪爽，被中国气象学会命名为"中国凉都"，适宜休闲度假、健康养生。2014年以来，我们紧紧围绕协调推进"四个全面"战略布局，在坚持土地公有制性质不改变、耕地红线不突破、农民利益不受损的基础上，探索开展了农村资源变股权、资金变股金、农民变股民"三变"改革，通过发展多种形式股份合作，激活农村各类生产要素潜能，释放了"三变"改革的综合效应，探索了一条资产收益扶贫的新路。今年以来，国务院副总理汪洋同志先后两次对六盘水"三变"改革作出重要批示，国务院扶贫办、农业部、财政部先后进行了调研，给予我们极大的关心、帮助和指导，为我们深入推进农村"三变"改革指明了方向、增强了信心。

一、提出"三变"改革的背景

我市提出"三变"改革，主要源于四个方面的思考：

一是源于在"四化同步"进程中，怎么补齐农业这块短板的问题思考。在"四化同步"进程中，与飞速行进的城镇化、工业化和信息化相比，农业现代化水平相对滞后，扶贫攻坚的重点和难点都在农村。就其原因，主要是农村资源分散、资金分散、农民分散，难以适应农村经济规模化、组织化、市场化发展需要。我们提出"三变"改革，就是通过建立适应市场经济发展需要的体制机制，盘活农村资源要素，提高土地产出率、资源利用率、劳动生产率，推动"物的新农村"和"人的新农村"建设齐头并进，促进农业现代化与工业化、信息化、城镇化同步发展。

二是源于西部贫困山区，用什么路径精准扶贫、实现与全国同步小康目标的问题思考。六盘水市既是贫困山区，也是少数民族聚集区，4个县（特区、区）中有3个国家级扶贫开发重点县、1个省定扶贫开发重点县，居住着44个少数民族，至今还有50.99万贫困人口，贫困发生率为19.55%，大多分散居住在深山区、石山区，生产生活空间狭窄，脱贫致富难度大。我们提出"三变"改革，就是通过股权纽带，把农村各种资源要素整合到优势产业平台上，把股权收益分配到每家每户，让每一户贫困群众都公平地享受到优质资源，实现脱贫致富。

三是源于在喀斯特山地条件下，怎么发展现代农业，促进农民增收致富的问题思考。作为山地城市，六盘水既有小区气候明显、山地资源丰富、土壤未受到污染、生物多样性保持完好的发展优势，也面临山高坡陡、耕地破碎、生态脆弱、石漠化严重的劣势。我们提出"三变"改革，就是通过生态产业化、产业生态化，把山地劣势转化为山地优势，大力发展生态农业、特色农业、有机农业，走一条山地特色现代农业促进农民增收致富的发展道路。

四是源于在共同富裕的道路上，怎么解决平均数与大多数矛盾突出的问题思考。从六盘水市人均数看，2014年人均GDP达到36,228元，排全省第二；但从大多数看，城乡二元结构、城市二元结构、农村二元结构突出，2014年城乡收入比达3.12：1，而且农村收入结构不合理，工资性收入占56.6%，家庭经营性收入占27%，转移性收入占14.77%，财产性收入仅占1.63%。我们提出"三变"改革，就是既要做大蛋糕，又要分好蛋糕，通过体制机制的创新，让每一个人都能够平等参与改革发展进程，共同享受改革发展成果，防止以平均数代替大多数，最终实现共同富裕。

二、"三变"改革的主要做法

（一）推进资源变股权，让沉睡的资源活起来。一是确权颁证。加快推进农村土地承包经营权、集体建设用地、宅基地、集体林权等农村产权确权颁证，截至今年8月底，已完成农村土地确权24.77万亩，宅基地使用权确权4,264.13公顷，集体林地确权544.12万亩，为"三变"改革奠定了基础。二是集体资产入股。经村集体经济组织全体成员同意，对农村集体土地、林地、草地、荒山、滩涂、水面、房屋、建筑物等资源和资产评估入股，并按比例获得收益。2014年以来，全市共有16.52万亩集体土地、8.21万亩"四荒地"、32.18万平方米水面入股，通过股权收益，新增村集体经济收入2,477万元，消除"空壳村"413个，"空壳村"占比从2013年的53.8%下降到15.3%，预计今年将全面消除集体经济"空壳村"。三是农民土地入股。农户以土地承包经营权入股农业经营主体，开展股份合作。2014年以来，全市共有47,213户约17.82万人以承包土地经营权入股企业、合作社、家庭农场等经营主体，入股土地面积20.25万亩，2014年入股农户人均增收1,128元，今年预计人均增收1,447元。

（二）推进资金变股金，让分散的资金聚起来。一是财政项目资金转变为股金。将财政投入到农村的生产发展类资金、农业生态修复和治理资金、扶贫开发资金、农村基础设施建设资金和支持村集体经济发展的专项资金等量化为村集体或村民的股金，在不改变资金性质及用途的前提下，采取集中投入、产业带动、社会参与、农民受益的方式，集中投入到各类农业经营主体，按股比获得收益。2014年以来，共整合农业、林业、扶贫等部门各类财政资金2.74亿元集中投入经营主体。二是扶贫专项资金转变为股金。将精准扶贫到户的财政补助资金，投入到效益较好的企业，合理确定贫困农户持有的股份比例。2014年以来，共集中投入扶贫资金1.25亿元。三是以财政资金撬动各方面资金。坚持以财政资金为杠杆，撬动村集体资金、个人资金、社会资金参与农村发展。2014年以来，通过财政资金杠杆作用，带动村级集体资金7,081万元、农民分散资金1.17亿元、各类经营主体资金12.31亿元入股。

（三）推进农民变股民，让增收的渠道多起来。一是政府主导。针对贫困农户，按照优先确权登记、优先财政注资、优先担保支持、优先提供贷款、优先产业覆盖、优先教育引导、优先连接市场、优先利益分成的原则，引导农民入股经营主体，在本地或异地经营主体中占有股份，获得收益，实现脱贫。二是政府推动。对有入股意愿的群众，按照平等自愿、利益共享、风险共担的原则，鼓励和推动农民以土地、资金、技术等多种方式入股变为股民，增加收入。三是政府支持。支持企业商人、返乡黔人、致富能人、新型潮人等回乡创业就业，培育一批有文化、懂技术、有资金、会经营的农民企业家、职业农民和新型农民，带动农民群众增收致富。2014年以来，共有47,213户178,200农民通过入股变为股民，其中贫困农户21,192户79,153人，通过"三变"脱贫8,841户33,768人。

三、"三变"改革的成效及体会

（一）"三变"激活了农村发展新动力。"三变"涉及农村集体产权制度、农村土地制度、农业经营制度、农业支持保护制度、农村社会治理制度和农村金融制度等方面的深层次改革，激活了农村资源要素，赋予了农民更多的财产性权利，给农民带来了更多获得感，进一步解放和发展了农村生产力，农村发展活力得到极大释放，农民收入得到切实保障。

（二）"三变"找到了精准扶贫的新路径。通过"三变"搭建的股权平台，把贫困群众与企业、合作社、家庭农场等经营主体有机连接起来，改变了过去点对点的扶贫模式，放大了贫困群众狭隘的生产空间、生存空间和发展空间。一方面，贫困群众可以通过把扶贫资金转变为股金投入到经营主体，获得长期、稳定、可持续的收入，变"输血"为"造血"，变短期效益为长期效益；另一方面，经营主体可以通过财政扶贫资金的投入和资源整合，获得更多更好的发展机会，为精准扶贫提供强大的物质支撑。

（三）"三变"构建了共同富裕的新机制。"三变"有效整合村集体和农户手中少而散的土地、资金、劳动力等生产要素，形成互助合作、互利共赢的经营机制，促进农户与经营主体"联产联业"、"联股联心"。对企业而言，按照农户持有股份向其分配收益，而不需支付土地租金，可以在不增加成本的情况下，发展适度规模经营，实现企业利润最大化；对农户而言，通过以土地承包经营权入股农业经营主体，增强了他们的主人翁意识，由旁观者变为参与者，不仅可以获得稳定的股份收益，还可以在企业务工，获得相应的工资收入，实现共同富裕。

（四）"三变"提供了守住生态底线的新模式。在"三变"改革中，通过开展多种形式股份制合作和生态产业化、产业生态化发展，充分激活了山地资源、生态资源、政策资源、劳动力资源等各种发展要素，发展体现资源优势、具有市场竞争力的农业优势产业，发展以农产品保鲜、精深加工等为主的第二产业，发展以农业观光旅游为主的第三产业，推动农业"接二连三"，为生态建设和经济建设同步推进找到了结合点，实现生态价值、经济价值、社会价值、旅游价值"四个最大化"，既保住绿水青山、又创造金山银山，促进生态美和百姓富的有机统一。

（五）"三变"为巩固党的执政基础进行了新探索。通过"三变"改革，把村级组织、企业和农民紧密联系在一起，一切围绕推动农村发展转，围绕企业增效转，围绕壮大集体经济转，围绕农民增收致富转，提高了乡镇党委和政府的服务力、村级组织的战斗力、农村致富能人的带动力，增强了村级党组织的凝聚力、战斗力、号召力，夯实了党在农村的执政基础。

在工作实践中，我们体会到，推进"三变"改革，明晰产权是前提，必须通过清产核资、确权登记、资产评估等工作，构建归属清晰、权责明确、保护严格、流转顺畅的现代农村产权体系；产业平台是关键，必须因地制宜发展特色产业、优势产业，通过股权纽带把资源、资金、农民、企业、产业聚集起来，发挥综合效应；共同富裕是核心，必须把支持企业发展与开展精准扶贫结合起来、平衡推进，坚持先富带后富，最终实现共同富裕；风险防范是底线，必须完善政策性保险、信用担保、财政补贴等风险防范体系，提高风险防范能力；党政主导是保障，必须通过加强领导，主导好产业发展、风险防范、产权明晰、平台搭建、机制完善等工作，保障改革顺利推进。

在"三变"改革中，还有许多问题需要我们进一步探索和解决，如怎么样整合资金，防范风险，完善配套政策，探索农业保险全覆盖，建立股权交易平台等问题。我们相信，这些问题会随着认识的提升和改革的深入，将不断得到解决。我们有信心和决心在国务院扶贫办和有关部委的关心下，在省委、省政府的领导下，在各位专家的指导下，把农村"三变"改革抓好抓实，抓出成效，更加精准地推进"三农"和扶贫工作，确保到2020年与全国全省同步全面建成小康社会。

积极创新企业参与资产收益扶贫新模式

北京德青源农业科技股份有限公司董事长

钟凯民

很荣幸能作为企业代表参加今天的产业扶贫（资产收益扶贫）论坛。德青源公司成立于2000年，是一家以蛋鸡养殖和蛋品加工业务为核心，产业链上下游涵盖种禽和生物质能源业务的现代化企业集团，是农业产业化国家重点龙头企业，中关村国家自主创新示范区创新型企业，也是国家蛋品工程技术研究中心的依托单位。德青源每天为200万首都消费者提供高品质鸡蛋，十五年如一日守卫老百姓餐桌上的安全，更是奥运会、残奥会、世锦赛、APEC峰会、阅兵式庆典等重大活动的唯一蛋品供应商。

在德青源十几年的发展过程中，我深深地认识到，市场化的经营和可持续发展，是企业的立足之本；而承担社会责任，是企业在壮大之后必须履行的义务。"金鸡产业扶贫计划"，正是这样一个契合国家政策，造福于民，同时也符合德青源自身发展规划的项目。

在习总书记"6·18贵州会议"讲话精神感召下，德青源与国家开发银行共同发起"金鸡产业扶贫计划"，得到了中央财经工作领导小组办公室、国务院扶贫办、财政部、农业部、国务院发展研究中心等部委的大力支持。在各级领导的关怀下，经过4个多月的努力，金鸡计划从项目设想到正式在河北威县落地，进入了实施阶段。

金鸡产业扶贫计划在国家产业扶贫政策平台上，将龙头企业和金融资本相结合，规划未来5年在50个县通过金鸡产业扶贫计划形成1亿只蛋鸡总存栏，带动近千村100万贫困人口脱贫，让1亿消费者享受安全健康的食品。

在金鸡产业扶贫计划中，遵循国家扶贫工作"4个切实"的具体要求：由县扶贫办引导建档立卡贫困户共同成立村经济合作社，并整合扶贫资金，将扶贫资金精准到户量化成股本金（股权归合作社，贫困户享有收益权，三年一次调整），国家开发银行1:4杠杆放贷，形成的总资产通过县统贷平台投资建设蛋鸡养殖、加工模块，验收合格后由德青源租赁经营，德青源一方面雇佣合作社部分贫困户作为产业工人从事养殖加工；另一方面，每年按照投资总额的10%支付租金，该租金在还本付息后，用于对贫困户的收益分配，实现长期的投资收益型扶贫效益。

在河北威县"金鸡计划"试点项目中，按照"分散养殖，集中加工"的原则布局在河北威县16个贫困村，总占地面积420亩。项目总投资3.11亿元，贫困县统筹扶贫资金3,840万元，贷款1.536亿元，建设鸡舍和加工厂；德青源自筹2,975万元，贷款8,925万元，购置生物资产。德青源通过租赁鸡舍和加工厂，每年向威县缴纳租金收入1,920万元，县里还本付息后净收益896万元，直接带动12,488人脱贫，同时还将雇佣大量当地农民在德青源的鸡舍和加工厂务工。该项目已完成规划和论证，目前已进入基建阶段，春节前后农民将可以收到第一笔投资收益。

金鸡计划在河北威县试点以来，许多贫困县通过不同渠道了解到项目信息，积极引进该项目。截至9月下旬，德青源已与5省15县互相考察，深入沟通合作。包括：河北省（武强县、青龙县、行唐县）、河南省（洛宁县、汤阴县）、安徽省（金寨县、泗县、宿松县、石台县、利辛县）、江西省（井冈山市、安远县、修水县、寻乌县）、广东省清新县。我相信，在今天的"资产收益扶贫"论坛之后，金鸡会在更多的贫困县落户，给当地贫困人口带去一只会下金蛋的鸡。

通过这一项目的实施，国家、地方、农民、银行、企业都能实现自己的目标或利益，共赢共发展。该项目可以有效地改善国家产业结构，使得贫困地区成为向大中型城市供应质优价廉安全食品的基地；农村劳动力大量涌向城市、农业劳力缺乏的状况也可以得到一定程度的改善，有利于社会稳定和家庭和睦；地方政府可以通过引进产业，发展经济，摘掉贫困县的帽子；银行通过资金的流动和利息收入，实现自身效益；企业可借以扩大品牌知名度、迅速拓展市场规模；农民可以成为企业的产业工人，在自己家乡工作并获取稳定收入，同时可以享受到扶贫政策的实惠快速脱贫，走上小康道路；而更多的消费者则可以得到龙头企业质优价廉的安全食品。

金鸡计划贯彻习总书记"四个切实"的扶贫工作要求，县委书记亲自挂帅督战，从主管农业副县长、县农头公司到村委书记、帮扶队，一管到底，切实落实领导责任；通过量化股本，到人到户的分配方案，实现了精准扶贫；通过政府（提供扶贫政策和财政支持）、银行（提供金融资本）、农民（提供土地和劳动力）、科研机构（提供核心技术）、龙头企业（全产业链管理）五位一体，合力扶贫；并且充分发挥激增帮扶队的作用，实现定点帮扶。

金鸡计划是龙头企业带动经济发展，投资收益带动农民脱贫，在观念上是对传统"输血式扶贫"的否定，这种新的观念还需要相关部门的引导和宣传，使民众摆脱等靠要的陈旧思想。

金鸡计划是金融资本和龙头企业相结合的一种创新产业扶贫模式，银行和企业都在摸着石头过河，在项目操作中，针对土地流转、资产抵押、贴息政策、蛋鸡保险等诸多方面遇到很多政策瓶颈问题，还没有解决，希望将金鸡计划列为资产收益扶贫的试点项目，充分调动多方积极性，共同走出一条可复制的扶贫新路。

各位领导、各位嘉宾，养殖业是一个高投入、低毛利、长效益的行业，资产收益扶贫是一个从"输血型扶贫"转向"造血型扶贫"的新兴事物，"金鸡产业扶贫计划"目前仍处于尝试期，还面临很多困难，但是，我们将沿着这条道路坚定不移地走下去，也希望各位领导和嘉宾给予更大力度的支持，共同为2020年实现全面脱贫迈出坚实的一步。

让阳光"赶走"贫困，用光伏实现资产收益

安徽省金寨县扶贫和移民开发局局长

马昌如

安徽省金寨县是著名的革命老区、国家级贫困县、大别山集中连片扶贫重点县，一直是全国、全省扶贫攻坚的主战场，贫困面大，贫困程度深，扶贫开发具有复杂性、艰巨性、长期性。2013年底，全县仍有贫困村71个，贫困人口4.23万户、13.01万人，贫困发生率22.1%。其中1.83万户家庭成员中有重大疾病或残疾，1.02万人丧失劳动力，0.68万户、2.24万人劳动力弱，"失能""弱能"贫困家庭成为扶贫攻坚中"难啃"的硬骨头。对这些贫困家庭，到底怎么扶、扶什么、谁来扶，如何做到精准扶贫、实现精准脱贫，是我们在扶贫开发工作中面临的最现实、最迫切的问题。

受引进集中式光伏电站项目的启发，我们认为实施光伏扶贫是适合"失能""弱能"贫困家庭增收的好项目。一是光伏发电技术已成熟且不断提高；二是光伏发电成本越来越低，光电转换率和投资回报率越来越高；三是光伏属于绿色新能源产业，国家鼓励发展；四是操作简单，无需过多的人力投入；五是使用寿命至少25年以上，一次投资，长期受益。为此，从2014年开始，我们采取先试点再推广的办法，探索开展了"投入转化成资产、阳光转化成电能、电能转化成收入"的光伏扶贫新产业，通过稳步实施分布式光伏电站，让"失能""弱能"贫困户和贫困村集体有了长期、稳定、可持续的资产性收入，走出了一条精准扶贫、精准脱贫的新路子。

一、主要做法

光伏扶贫是扶贫工作中的新事物。光伏电站建多大规模、如何选定扶持对象、群众承受能力怎样、经济效益如何等，都没有可借鉴的成功经验。为此，我们进行了一系列探索和创新。

（一）科学谋划电站类型，因地制宜配置资产

在综合考虑光照条件、投资收益、各方筹资能力、贫困户安装条件等因素后，我们设计两种分布式光伏电站和1种集中式光伏电站。

1. 户用型光伏电站：装机容量为3千瓦，投资额2.4万元。3千瓦光伏电站所需面积约20平方米，原则上户用光伏电站安装在农户屋顶上，对屋顶不适宜安装的，选择在房前屋后空闲地安装，都不具备的，由乡村协调选择适宜地点，联户集中安装，有效解决了贫困户安装困难。到户光伏扶贫电站采取220伏就近并网，确保发电能上网。产权归农户所有。预计年发电收入3,000多元。该收入水平能够解决三四人的农村贫困家庭一年的粮、油、盐等最基本的生活日用品。

2. 村级光伏电站：设计装机为60千瓦，投资48万元。采取380伏就近并网，提高发电收益。产权归村集体所有。预计年收入6.5万元以上，用于解决本村特困户的困难和发展村级公益事业。

3. 集中式光伏电站：当前在建的15兆瓦的光伏扶贫项目，采取升压至10千伏线路就近上网，减少接入系统成本，适应现有电网消纳能力，提高电站收益。产权归集体所有，发电收入根据当年贫困户状况，选择5,000户贫困户，解决他们的基本生活问题。

（二）精准选择扶持对象，公告公示彰显公平

为使扶持对象精准，我们按照优先照顾有重大疾病、残疾、丧失劳动能力家庭的选户原则，制订了"五比五优先"的选户方案。即：比收入、比财产、比劳力、比住房、比贫困程度；没有劳动力户优先，重度残疾的户优先，困难军烈属优先，困难独孤户、两女户优先，隔代抚养孤儿户优先。

选户程序按照贫困户申请、村级评议公示、乡镇核查、县扶贫部门组织抽查等环节进行，确保最急需扶持的贫困户优先享受光伏扶贫政策。

（三）多方筹措建设资金，收集整合各类投入

户用型光伏电站2.4万元投资中，政府、企业、贫困户各筹集1/3，企业投入算捐赠，农户仅自筹0.8万元。对贫困户无力自筹的，可通过互助资金、小额信贷、社会帮扶等途径解决。农户贷款从光伏发电收益中逐年偿还，县财政贴息支持。

村级电站和集中式光伏扶贫项目，企业捐资40%，政府承担投资60%，实行委托代建，集中安装。

（四）建立完善运维机制，确保项目长期效益

光伏扶贫涉及千家万户，持续时间长，必须建好运维机制，化解项目风险，才能让农户持久受益。

我们组建了县级运行维护中心，乡镇分片设立运维站，每村明确兼职运维人员，建立了运维网络，第一时间发现、解决光伏电站运行中出现的问题。县级建立短信服务平台，根据天气、季节变化，及时发送信息，普及维护保养知识，提醒群众科学操作，并对乡土人才和光伏户进行培训，做到小故障不出村，大故障24小时解决，切实保证光伏电站的正常发电。

同时，建立光伏项目保险机制，按照光伏户每年10元、村级集体光伏电站每年200元、政府同比例配套标准筹集保险金，整体购买保险，解决贫困户和村光伏电站的运维问题。

上网收益模式由最初的自发自用、余电上网，改变为发用分离、全额上网。对极少数因电网和光照条件不好影响发电的户，进行移址整改，保证了贫困户发电收益最大化。

二、取得的成效和体会

（一）光伏扶贫越来越显现出良好的扶贫效益。

自项目实施以来，群众由最初怀疑、观望，发展到后来主动要求建设。以2014实施的2,008户为例，2015年2月18日（抄表数2,267,504度）到6月18日（抄表数4,299,967度），在有50多天阴雨天的情况下，4个月发电2,032,463度，户月均发电253度，测算户年均发电3,036度、收入3,036元，贫困户自筹的8,000元两年多就可收回。到目前为止，通过户用型电站让8,907个贫困家庭年均增收3,000元以上；通过村级电站让71个贫困村实现村均年创收6.5万元以上，可以全部甩掉"空壳村"的帽子。

（二）光伏扶贫是精准扶贫的有效举措。

失能弱能贫困户无劳动力、无经营能力，更缺乏增收的资产、手段和路径。而光伏发电操作简单，无需过多的人力投入，随着分布式技术的成熟且不断提高，贫困户、贫困村直接"种电卖电"获得收入，光伏扶贫产业可以做到扶持到村到户到人。

（三）光伏扶贫提高了扶贫资金的使用效益。

光伏属于绿色新能源产业，国家鼓励发展。目前分布式电站发电结算价为1元/度，其中国家可再生能源补贴0.42元/度，而且发电全额上网，收益基本不受市场波动的影响，有稳定的净现金流，投资回报率较传统产业高。通过扶贫资金建设光伏扶贫电站，让贫困村"失能""弱能"贫困户和贫困村集体有了长期、稳定、可持续的资产，提高了扶贫资金的使用效益。根据前期试点的成功经验，同时综合考虑经济效益、社会效益、生态效益尤其是扶贫成效的基础上，县委、县政府决定，计划用3年时间在全县3万个贫困户和218个村实施光伏扶贫工程，从而为全县早日脱贫打下坚实基础。

（四）光伏扶贫密切了干群关系。

在光伏扶贫项目实施中，县、乡、村干部从选户、选址、筹资、安装到整改、维护，一次次到贫困户家中解疑释惑、排忧解难，拉近了与群众的距离，让群众感受到了党和政府的关心。

光伏扶贫的实践，得到了国家领导和部委的肯定和支持，受得了媒体的广泛关注。安徽省专门成立了光伏扶贫工作领导小组，2015年6月，省政府出台实施光伏扶贫的指导意见，并在我县召开了全省光伏扶贫现场会，在全省31个重点贫困县全面推广实施光伏扶贫工程，决定用6年时间扶持30万贫困户、1,000个贫困村安装光伏电站。

虽然我县在光伏扶贫中先行先试、积极探索、大胆创新，取得了一定效果。但在实践中，还存在着一些困难和问题需要进一步探索，如，如何提高电网质量，解决发电并网问题；如何利用政策性金融支持，缓解光伏扶贫电站建设资金压力；如何保持现行补贴政策不改变，保障贫困户发电即期收益不缩减。这些困难和问题已引起了有关部委的重视。我们相信，随着对扶贫认识的不断提升，光伏扶贫政策的不断完善，更具针对性的探索实践不断深入，这些困难和问题一定能够得到有效解决。我们有信心有决心，在国务院扶贫办和各部委的关心下，在省市县党委、政府的领导和各位专家的指导下，将光伏扶贫工程实施得更好，真正让阳光"赶走"贫困，让光伏扶贫工程成为助力失能弱能贫困人口增收脱贫的一把金钥匙。

实施乡村旅游扶贫，激活资源，促进贫困户获得资产性收益

重庆市扶贫办调研员　孟　奎

2011年以来，重庆市拓展产业扶贫开发领域，在武陵山区和秦巴山区18个国家和市级扶贫工作重点区县，利用高山地区原生态的自然优势，大力发展以避暑休闲为主体的乡村旅游扶贫产业。安排专项扶贫资金4亿元，支持231个贫困村和高山生态移民搬迁点，13,000余个农户开办起农家乐、林家乐和家庭接待点；引导城市资本近20亿元，到贫困地区投资兴业，开发乡村旅游、发展配套产业，促进了贫困地区的资源开发。据统计，近四年来，到贫困地区避暑、休闲、旅游的游客人次都稳定在700万人次左右，带来旅游接待直接收入7亿元左右，综合经济效益近40亿元，参与乡村旅游服务接待的农户，平均年收入达到4万元以上。我们重庆市的做法，得到了各级领导充分肯定，各有关新闻媒体给予了持续报道。2014年，重庆乡村旅游扶贫做法，中央办公厅编入《每日一报》，报政治局以上领导参阅。实践经验告诉我们，发展乡村旅游扶贫，是一个有效激活农村闲置资源，引导旅游投资和消费，推进贫困地区的生产转型，探索实现一、二、三产业的融合发展的重要抓手，是一条贫困地区区域经济发展最快捷、可持续的有效途径。贫困农户通过固定资产经营、资本资源入股、从事旅游服务、发展配套产业和劳务用工等，可以获得稳定可持续的收入。

一、政府扶持激活闲置资产，贫困户自主经营增收。

近年来，随着国家不断增加的高山生态扶贫搬迁，农村危房改造等扶贫投入和农民工外出打工挣钱修房，贫困地区农民的居住条件有了非常大的变化。但是这些房屋很多常年空置，不能有效利用，资产效率极低。2012 年，重庆市扶贫办制定了《乡村旅游扶贫产业发展实施意见》，鼓励农户改造自家房屋，开展旅游接待服务。政府每年拿出 1 个亿的专项扶贫资金，投入到贫困村旅游开发。一部分资金，改善村容村貌和公共服务设施，激活村集体资产；一部分资金直接扶持农户，建卡贫困户每户补助 3 万元，对房屋实施内改功能、外改形象的改造工程。改造后，983 个建卡贫困户、12,000 余一般农户利用自家的房屋，办起了农家乐和家庭接待点，闲置的资源变成了优质的资产，实现保值增值良性运转，获得稳定的经营收益，实现脱贫致富。

二、合作社引导资产资源入股、贫困户获取经营红利。

我们积极探索利用贫困户自有资源实现精准扶贫的手段，在发展乡村旅游的同时，积极倡导支持龙头企业到贫困村成立专业合作组织或者是乡村旅游协会，通过提高农民的组织化程度，增强资产实力，带领农户发展旅游。贫困农户将房屋、土地、林地和政府的扶持资金折算成股份，统一由村合作社组织经营，贫困户通过经营收入分红。如，石柱县石家乡石龙村"梦里荷塘"乡村旅游专业合作社，现有社员 116 家，其中 36 个贫困户。36 个贫困户将每户 3 万元的财政扶持资金，共 108 万元，量化为 36 个股份，投入到专业合作社作为流动资金滚动使用。合作社向 36 个贫困户提供三项收入保障：按国家贷款基准利率保底分红，根据经营收入进行二次分红，按照贫困户在合作社内发展产业情况给予资金奖励。2014 年，该社 36 个贫困户，从合作社获取红利最少的 2,300 余元，最多的达到 12,000 余元。开县长沙镇齐圣村产业专业合作社，将 76 户建卡贫困户的土地 1,035.9 亩折价入社，扶贫资金 30.4 万元配股到贫困户，开展乡村旅游、特色产业园生产经营，让建卡贫困户通过入股分红获得资产性收益。同时，建卡贫困户有劳动能力的全部吸纳入社，取得劳务收入。2013、2014年分红中，贫困户每年户均分红达5,000元以上；预计2015、2016年建卡贫困户户均分红可达8,000元左右。

三、引导外来投资合作建房，贫困户出租赢得收入。

由于贫困户受资源资金和自身能力的多重限制，自我发展能力较弱，我们正在小范围内探索利用村集体用地和贫困户宅基地，引导城市资本下乡开发乡村旅游和与农户合作建房的方式，让贫困户从中获得资产性收益。部分区县在乡村旅游扶贫示范片区内，利用集体用地，招商引资。如，武隆县铁矿乡百胜村，在集体土地上建设房屋，固定资产属于村集体，开发者搞乡村旅游接待，向村集体支付管理费用，由全体村民共享。如，丰都县江池镇横梁村，贫困户提供宅基地，城市居民提供资金，合作建房，除提供贫困户必要的生产生活用房外，多余的房屋租赁给经营者经营，贫困农户除获得一次性的建房投入改善了自身的居住条件外，固定资产因经营还得到升值，房屋租赁后还能分得一定的经营管理收入，更重要的是农户通过劳务可以获得持续的收入。

四、存在的困难。

目前，资产性收益途径，主要有几个方面的瓶颈：

一是农民自有资产微薄，难以发挥效益。贫困农户资源分散弱小，需要进行整合扶持。二是政策束缚，难以突破。比如农村宅基地、土地的所有制属性，难以吸引有效社会投资。三是资金受限，整合难度大。要做好一个地方的乡村旅游业，必须要在基础设施等多方面有较大的投入才能见效，但由于部门条块分割，难以实现资源整合。四是财政扶贫资金能否用于固定资产投资的问题。如购置商业门面，兴建经营性场所问题。

五、推进贫困户资产性收益的措施。

下一步，我们将加大力度围绕乡村旅游及特色产业开发，按照"政府政策引导，资金扶持，鼓励企业市场参与，农民股份合作参与经营"的总体思路，探索贫困户获得资产性持续稳定收入的新途径。

一是探索扶贫资金作为资产性投入，让贫困户参与股份合作经营。我们将探索提高农户组织化程度，整合政府财政资源和农户自有资源，增强生产经营能力，提高经济效益。支持贫困村组建合作社发展特色产业。有意愿加入合作社的贫困户，全部纳入。到贫困村的用于发展产业的财政性扶贫资金作为资产性投资，50%以股份的形式平均量化到贫困户，50%由本村集体经济持股。支持非贫困村内插花分布的可开发贫困户采用加入合作社，或者与企业进行股份合作的方式发展特色产业，对贫困户给予资金补贴，补贴资金作现金入股。合作社和企业入股的贫困户股份，按照持股金额6%（与银行基准利率相当）的标准享受保底分红，并优先享受在合作社内的就业权。对专业合作社社员50户以上，贫困户比例15%以上，运转良好的专业合作组织适当给予补助。

二是适度调整相关政策，支持贫困农户资产资源参股发展乡村旅游。重庆市政府拟于近期出台《关于实施〈重庆市避暑休闲地产规划（2014—2020年）〉的意见》，明确规定了开发避暑休闲地产的开发完善贫困地区基础设施建设和促进贫困地区农民增收措施。要求将贫困村的土地、山林等入股兴建停车场、农贸市场、接待中心、公共服务设施等，参与避暑休闲地产开发和生态资源开发经营，让贫困村农民从中获得资产性收益。重庆市扶贫办《关于扎实推进产业精准扶贫的意见》，明确规定，支持贫困农户采用单独创办、合伙创办、房屋租赁、委托经营以及组建合作社、股份制公司的形式实施项目和开展经营。每户补贴不高于3万元。

三是整合力量，推进贫困村旅游扶贫带动农户发展。积极通过乡村旅游扶贫项目，激活农村闲置资源。鼓励和支持龙头企业到贫困村发展产业，采用股份制、股份合作制、吸纳贫困户就业、订购农产品、提供技术培训、贷款担保等多种形式带动贫困户增收。探索联合经营资产，带动贫困户的模式。支持贫困户将农房、土地经营权等进行出租、股份合作、合伙经营，获取租金和红利。扶贫工作重点区县要安排专项财政扶贫资金，对贫困农户资产经营进行补贴。重庆市政府拟出台《关于促进旅游投资和消费的实施意见》，释放出一些利好措施。意见要求：各部门要围绕贫困村旅游扶贫开发安排年度资金项目，达到整合财力，支持贫困村发展，激发市场活力；市旅游发展专项资金70%用于支持贫困地区旅游发展，重点建设一批旅游扶贫重点项目，打造一批乡村旅游精品线路，创建一批乡村旅游品牌，建设一支旅游扶贫队伍；引导贫困群众通过入股、劳务等方式，参与高山避暑纳凉、乡村旅游和休闲农庄等建设和服务，带动贫困农户经营自有资产获取收益致富。

建立小水电资源开发利益分享机制
加快贫困地区脱贫步伐

水利部农村水电及电气化发展局巡视员

邢援越

我国小水电资源十分丰富,广泛分布在全国30个省(自治区、直辖市)的1,715个县(市),主要集中在中西部贫困山区,技术可开发量达1.28亿千瓦,居世界第一位。截至2014年底,我国已建成小水电站47,000多座,装机容量达7,300多万千瓦。在水电农村电气化县建设和小水电代燃料生态保护工程建设中,各地发挥财政资金的引导作用,在加快农村小水电建设的同时,积极探索小水电开发利益分享机制,支持贫困村贫困农户脱贫解困,取得了一些成效。

一、以水电农村电气化县建设为契机,引导带动贫困山区群众参与小水电资源开发,分享水电开发成果。

水电农村电气化县建设是在国家财政资金和政策的支持下,鼓励地方开发农村小水电资源,解决当地用电问题,增加清洁可再生能源供应,促进经济社会发展的一项民生工程。"十二五"期间累计投入小水电建设300亿元,其中中央财政29亿元,支持建设了近千座农村小水电站,装机容量达310万千瓦。在国家发展改革委和水利部联合印发的项目管理办法中,明确中央和地方财政补助资金所形成的资产属国有资产,要求各地积极探索电气化建设国家投资形成的收益反哺"三农",促进社会主义新农村建设的多种形式,积极开展试点,培育电气化建设在促进农民入股办电，农民增收等方面的典型，对试点项目在资金和政策上予以重点倾斜。各地在电气化建设中，坚持服从和服务于扶贫开发总体战略，采取各种有效措施支持村集体经济组织和贫困农民分享小水电建设成果，主要有以下几种形式：

（一）把小水电资源作为股份量化给当地村集体经济组织。

小水电资源是山区可以经济利用的宝贵资源，许多小水电资源丰富的贫困地区根据资源禀赋，在政府与项目业主签订的开发协议中明确小水电资源5%左右的股份，股权归当地村集体经济组织所有，股权收益主要用于村级公益事业建设。

（二）对村集体经济组织开发小水电资源给予资金补助。

各地结合扶贫开发，支持贫困村开发小水电资源。如广东省政府把农村小水电作为扶持村集体经济组织的重要手段，据统计，全省山区30%乡镇、村委会的行政经费，主要来源于小水电。乳源县全县40个行政村，村村有小水电股份。浙江省缙云县金岭脚电站装机容量为250千瓦，电站总投资207万元，其中国家和省级财政补助129万元，电站年发电45万度，每年增加集体收入10万元。

（三）支持农民入股小水电站。

对于资源禀赋好的小水电资源，鼓励当地农民以各种方式投资入股。如湖南省桂东县允许农民用林地、河滩地等入股，解决了那些农民想参与但苦于没有资金的问题。石壁山电站，装机1.2万千瓦，有股东3,000多人，其中农民1,200余人，年分红率达到30%，每户每年可分红1.02万元。广东省阳山县农民以出让山林、土地、相关补偿、投工投料等形式获得电站股权，农民持股电站涉及80多座500千瓦以下水电站，涉及总装机容量2.9万千瓦，持股比例一般在10%左右。

（四）就近优惠供电，减轻农民负担。

小水电分布广泛，可以分散布点，就近供电，弥补大电网远距离供电成本过高的缺陷，降低到户电价。如江西省铜鼓县洪家二级电站装机850千瓦，就近直供一个行政村272户1,027人，到户电价0.35元/kWh，比大电网电价低0.2元/kWh，每年每户可节省电费支出约300元。

二、以解决农村能源问题为切入点，建立开发小水电资源直接帮扶贫困农民新机制。

为巩固退耕还林成果，解决农民生活燃料问题，2003年国家做出实施小水电代燃料生态保护工程的决策，通过中央资金扶持建设代燃料电站，让电站周边农民用低价电做饭、取暖，替代烧柴、烧煤，保护森林植被。项目实行国家扶持、企业运作、农民参与的运行机制，实现了国家得生态、企业得效益、农民得实惠的多赢。自2009年全面实施以来，国家投入35亿元，建设了320个项目，总装机95万千瓦，可解决90万农户的生活燃料问题，每年可减少薪柴消耗570万立方米，保护森林面积1,120多万亩。项目区农户每度电平均可降低0.2元，每户年均可减少电费支出300元。从砍柴、烧柴中解脱出来的农民，通过外出务工等，平均每户每年可增加收入5,000多元。在政府的扶持和指导下，发动群众改厨、改厕、改圈，通电、通水、通路，使农村人居环境和农村面貌发生了巨大变化。

三、下一步大力扶持贫困地区小水电开发的打算和建议

小水电建设在扶贫开发中虽然取得了一定成效，但与中央的要求和贫困群众的期盼却还有较大差距。根据全国小水电资源的调查评价成果，832个贫困县中有700个拥有农村水能资源，技术可开发量7,134万千瓦，占全国总量的56%，截至2014年底已开发3,250万千瓦，开发率为46%，较全国平均开发率57%的水平低11个百分点，还有很大的发展潜力。根据中央精准扶贫精准脱贫的要求，结合近几年小水电开发的相关经验，我们拟开展农村小水电精准扶贫工程建设。总的想法是在832个贫困县中选择农村水能资源丰富的三四百个县，精选一批开发条件较好、生态环境影响较小的小水电资源开发项目，投资收益专项用于扶持贫困村、贫困户的脱贫解困。国家财政投入小水电开发形成的资产，可折股量化给贫困村，不具备持股条件的可由县有关机构代持，收益专项用于贫困村贫困户发展生产，改善生活，增加贫困群众财产性收入，让贫困人口分享资源开发收益。

为做好贫困地区农村水电扶贫工程，一是要加强工程建设和运行监管，严格项目绩效考核，确保国家投资可持续发挥效益。二是加强国有投资及收益监管。明确贫困村级集体经济组织或有关机构作为国有投资出资人代表，投资收益专帐专户存储，用于补助建档立卡贫困户和村级公益事业发展，切实做到精准扶贫。三是建立鼓励和支持贫困户参与工程建设，运行管理等多渠道增加收入的政策措施。四是在项目立项审批、移民征地，上网、电价、税收等方面为工程实施创造良好环境。

最后，建议国家加大贫困地区农村小水电开发扶持力度，大力实施贫困地区小水电精准扶贫工程建设，制定特惠政策，让原住民在水电开发中获得稳定的资产性收入，为实现我国2020年的脱贫目标做贡献。

第七部分

2015 减贫与发展高层论坛
青年扶贫论坛

青年扶贫，只要有梦想，哪里都是舞台

蜂聚投资管理股份有限公司　傅智建

各位领导们、专家们、老师们：

大家下午好！我是蜂聚投资管理股份有限公司的联合创始人，贵州绿宝石电子商务有限公司、贵州同和开元农业发展有限公司的傅智建。首先，感谢团中央和国家扶贫办的邀请，让我有幸作为扶贫青年创业代表发言，与在座的各位领导、专家和老师们共同探讨"青年扶贫的机遇与挑战"。今天的演讲的标题是"青年扶贫，只要有梦想，哪里都是舞台！"

我出生于1987年10月17日，今年28岁。明天是国家扶贫日，也恰好是我的生日，历史的惊人巧合，注定让我此生要与扶贫事业，结下不解之缘。我目前担任中国农村青年致富带头人协会理事，是贵州省和浙江省的青年创业导师，同时被浙江省衢州市政府和贵州省黔南州政府聘为政府电子商务专家顾问。今年1月28日，我有幸获得了团中央和农业部评选的第九届全国农村青年致富带头人十大标兵之一，代表贵州省当选，同时也是唯一入选的浙江籍创业青年。

我出生于浙江省衢州市龙游县的一个小山村，今年全市刚刚才摘掉了欠发达地区的帽子。在我6岁那年，父母选择了外出经商。于是我当了7年的留守儿童。2009年，我毕业于浙江温州大学国际经济与贸易专业，我从在校期间开始创业，摆过地摊，送过快递，当过《温州都市报》客座主编，并在温州团市委支持下，先后创办了温州市希望工程阳光青年网、温州阳光青年创业基地。2013年4月，携手金州集团改造了占地面积200亩，建筑面积25万平方的金州电商城，园区现为浙江省十大电子商务产业园，入驻电商企业200多家，员工7,000多人，年产值25亿元。2012年12月，我被浙江省人民政府评为"浙江省就业创业优秀个人"。

但是令我意想不到的是，一直在浙江创业的我，却与千里之外的美丽的贵州有个约会。一个很偶然的机会，让我接触到了贵州。贵州是茅台酒的故乡，有着好山好水好空气，是优质农产品的原产地，但由于地形险恶，交通不便，经济一直比较落后，全省88个县市区，其中有50个是贫困县。而我们所在的黔南州荔波县，虽然是世界自然遗产地，同时也是中共一大代表邓恩铭的故乡，但一直高度贫困，高速公路今年才通到了县城。带给我们触动最大的，是长期处于贫困线下的当地老百姓。年轻人大多都出去打工了，留守的妇女、儿童和老人，现在还住在摇摇欲坠的木房子里。全县还有9,968户农民，尚未人畜分离，楼底下住着牛羊，楼上住着孩子们，我们在农户家里吃饭的时候，一边是饭菜的香味，一边闻着猪粪和牛粪的臭味，让人难以下咽。最贫困的瑶山地区，甚至一度还有人睡在破烂的牛棚里，安全卫生无法保障，实在令人痛心。

看着眼前的这一切，我们企业和合作社明确了打造万亩油茶种植基地的目标，通过发展油茶种植和加工产业，带动当地扶贫增收。我们聘请了300多位农民工，带动1,000多户贫困户，经过4年的努力，从2011年底发展到今天，完成了1.6万亩的油茶扶贫种植基地建设，在荔波的荒山荒坡上种下了180多万棵油茶苗，成为贵州省农业龙头企业，2017年即将逐步投产。在贫困地区发展农业，通常都会遇到了很多困难，包括资金短缺、扶贫项目申请难、领导怕担责任、资金发放不及时、农村工作难处理、银行贷款难等各种问题，限制了扶贫项目的推进。我们殷切地希望政府能够帮助企业解决这些困难。

近年来，随着党中央和国务院高度重视"互联网+"产业的发展，贵州省委书记陈敏尔也在"互联网+"和大数据产业，为青年电商创业打造了一片热土。2013年，我们率先把农业电商O2O模式带到了黔南州荔波县，成立了全省第一家O2O旅游农产品体验馆，叫做"爱贵州荔波馆"。

组织当地农产品在线上和线下同步销售。开业之初，当地招聘不到一个运营总监、一个美工、一个客服，我们就从浙江带过来，然后培养本地大学生，招聘很难，人才不断流动。

从来贵州，到爱贵州，我已成为一名"新贵州人"。去年《中国青年报》的记者曾问我，为什么不远千里，来到贵州投资创业，我说："只要有梦想，哪里都是创业的舞台，带动更多大学生从事农业电商扶贫是我的梦想，所以我来到了贵州。在贵州的几年是艰苦的，我来了，也许会后悔几年；但是如果我不来，可能就后悔一辈子。"青春，不就是用来折腾的么？

虽然我们很努力想要帮助当地脱贫致富，但光凭一个企业，力量是有限的，改变不了当地贫困的面貌。但是如果有千千万万个，比傅智建更优秀的贵州年轻人返乡创业，那他们一定能够带领全省老百姓们脱贫致富。授人以鱼不如授人以渔，一年多来，我们对全州、全县开展了10多场电子商务培训，包括1,200多位政府领导和当地企业。我们不断号召年轻人回到贵州创业就业，还请到了阿里巴巴研究院、淘宝特色中国的老师们来黔南州传经送宝。

曾经有团队成员呆了一段时间，实在待不下去了，他说："傅总，你让我们回到贵州创业，可是这样小的舞台，怎么能够实现我们的梦想？"去年9月，我们参加了"邮政储蓄杯"中国青年涉农产业创业创富大赛，获得了贵州省总冠军，并参加了全国总决赛，最终获得全国初创组十强，创下该赛事贵州有史以来的最好成绩。我对他们说："只要有梦想，哪里都是舞台！贫困县的团队，照样能够闯进全国十强！荔波是世界自然遗产地，我们明明站在世界的舞台上！"

贵州的农业电商扶贫模式，是我们的一次尝试，我们所能做的，就是希望创新模式，从带动一个县，逐渐去影响一个市，乃至全省的大学生创业。但是我们国家那么大，还有7,000多万贫困人口，全世界还有7亿多贫困人口，吃不饱，穿不暖。只有一个傅智建，哪怕复制出100个傅智建，也还是不够的。还有更多大学生需要创业的舞台，他们需要资金，需要办公场地，需要老师指导，创业的第一笔钱是最难拿到的，谁来帮助更多年青人实现创业的梦想，怎么办？

如果要让年青人回到家乡创业就业，变输血为造血，那我们就需要筑巢引"蜂"，给他们搭建一个创业平台，为他们提供各项服务，所以我们就给我们的孵化器取名叫做蜂巢。怀着这样伟大的使命感，今年4月，有幸与阿里巴巴集团的创始人、米仓资本等知名投资基金，共同投资成立了"蜂聚投资管理股份有限公司"，建设蜂巢"互联网＋众创空间"。我们为入驻团队免费提供办公场地和桌椅，目的就是要帮助更多有创业梦想的年青人降低创业成本，减少创业弯路，帮助他们融到第一笔天使基金，推动他们成功创业。

第一个蜂巢孵化器已经在杭州梦想小镇12号楼正式落地营业，吸引150多个创业团队申请入驻和申请天使投资，里面有从事水污染治理的水马科技，有做有机蔬菜配送的智蔬科技，还有做降低胎儿死亡率的胎心监测仪。我们还在国内北京、上海、杭州等地，调研了50多个众创空间，7月份还前往美国硅谷，与全世界前三的创业孵化器YC、PLUG＆PLAY、500startups的创始合伙人进行了深度交流，并开展了一系列的合作。我们将重点扶持那些环保科技、公益创业、农业科技、生物科技等对人类生命和健康有贡献的创业项目。

接下来，我们的蜂巢"互联网＋众创空间"运营模式成熟后，将向全国各地公益性地推广和复制，打造一个个蜂巢众创空间，支持创业青年返乡创业，带动老百姓脱贫致富。在衢州市委市政府和龙游县委县政府的支持下，我在家乡衢州龙游，新建设了一个8,000平方米的龙游电商城，最终吸引了20多家返乡创业的青年电商企业入驻，在衢州市区也正在筹建一个衢州产业众创空间。若今后每个众创空间能够容纳20家企业，解决300多人创业就业，那100个孵化器每年能够培养2,000家企业，解决3万人创业就业。最后，我借今天这个机会发起呼吁：全国的青年创客们，家乡人民需要你，我们喊你回家创业了！

谢谢大家！

凤凰醒来百姓富

中共重庆市万州区太安镇委员会书记
龚元建

  我叫龚元建，来自地处三峡库区的重庆市万州区太安镇。我常想：一个人的价值应该如何体现？能将自己的能力和青春用来为群众办一些好事，干一些实事，这就是我最大的心愿。2011年底，走上乡镇党委书记岗位后，我感受更深，决心更大，一定要竭尽所能干好工作，繁荣太安、富裕百姓。

  太安镇位于渝东北连片贫困区，基础薄弱、发展滞后。最穷的凤凰村处于海拔1,000多米的高山上，当地人都流传："有女不嫁凤凰山"，作为新到任的书记，听到这样心酸的话，面对眼前贫穷的景象，我难过极了。让老百姓脱贫致富，既是我朴素的感情、心底的渴望，更是我这个党委书记应有的责任与担当。我马不停蹄展开调研，连续召集了多次会议，议题只有一个，那就是怎样改变贫穷落后的面貌。根据茶园、梯田、高山、云海、古树、古楼等资源优势，因地制宜，我把目光盯在了旅游扶贫上，研究确定了以乡村旅游业"一业带多业、一业兴全镇"的发展思路，并细化了"乡村旅游休闲化龙头工程、农业发展精品化基础工程、村镇建设生态化依托工程"的"三项工程"具体举措。4年间，在旅游扶贫的撬动下，我牢牢把握重庆市级乡村旅游扶贫示范片建设机遇，克难攻坚，扎实推进，太安镇先后获得了中国美丽田园、中国最美休闲乡村、全国特色景观旅游名村等8项国家级称号，《人民日报》《光明日报》等作了典型经验报道，并被确定为重庆市委党校生态产业现场教学基地。去年，我还作为重庆市乡镇党委书记的唯一代表参加了全国服务型党组织建设示范培训并交流发言。

乡镇党委书记有想不完的事，干不完的活。再加上，我是主动向组织请缨来的乡镇，心里更有一种压力，总怕干不好。所以，我加倍干工作。几年来，我放弃公休，没有请过一天病事假，节假日、周末和晚上我也经常加班。不"沉"在基层，两天不到村里看看，心里总会感觉不踏实。走村入户，不做表面文章，亲知、细知、深知了很多的实际情况，不断在问题中思考，在思考中得到前行。今年扶贫攻坚走访中，我注意到很多贫困户家里堆积有无法卖钱的小土豆，有的已经烂掉了，很可惜。怎样转化增收？我开动脑筋：筹集了85万元的扶贫攻坚互助基金；建立了由村干部、驻村干部、农家乐老板和贫困户等589人组成的互助组织；给最为贫穷的210户贫困家庭每户发放了20只鸡仔；充分利用无法变钱的土豆等喂鸡，并免费按月定量发放富余的夏秋季茶叶粉末作为添加料，新开发了独具特色的茶香鸡，第一批茶香鸡已经在国庆期间上市，老百姓多了脱贫致富的新门路。前不久，在中组部有关负责人召集的座谈会上，我在发言中说，我们乡镇干部也在努力，也在做事。实际上，这就是新时期基层干部投身扶贫开发、谱写青春年华的真实写照。

几年的实践，我体会到：事贵有恒，只要持续发力，沉睡的乡村也会焕发蓬勃生机，贫穷的农村也能走上富裕道路。在太安镇乡村旅游扶贫开发初期，由于不靠大景区、不临大市场，游客量上不去，镇里一些干部信心不足，家人也在替我担心。但目标已明，我不愿放弃，围绕市委、区委生态涵养发展的要求，瞄准生态这一旅游扶贫的最好卖点，持之以恒，做出了特色，"三峡田园，太安老家"越来越响亮。在凤凰茶乡，老百姓渐渐形成了靠生态吃饭的共识，茶园不再使用任何农药，开发茶树花、茶花蜂蜜等新产品，茶下种植茶皇菇，依靠良好的生态，招来越来越多的游客，老百姓多个途径吃上"旅游饭"，不出家门发了"旅游财"。但随着各地新开发旅游项目不断增多，压力和挑战接踵而至。怎样让刚刚苏醒的凤凰山展现出持续的魅力？让刚刚尝到脱贫甘甜的村民们过上更加有滋有味的生活？我带领镇村一班人坚持以创新为灵魂，深入挖掘本地资源，用文化滋养生态，一批具有本地特色的方言文化、谚语文化、姓氏文化、农耕文化、生态文化等景观相继建成，有机融入当地环境，提升了乡土品味，彰显了不一样的旅游价值；打破单个贫困村资源条件限制，以凤凰茶乡旅游扶贫为品牌，稳固形成了30万人次的客流市场；我们积极探索体制机制创新，采取贫困户到户资金入股参与乡村客栈、茶馆等经营，通过年底分红或打工就业增收，走出了旅游扶贫新路。

　　创新无止境，奋斗无止境，我愿在基层为扶贫事业继续作出更多的贡献！

在2015减贫与发展高层论坛
青年扶贫论坛上的发言

华北电力大学　贾时轮

尊敬的各位领导、老师，

各位朋友们：

大家下午好！我是来自于华北电力大学"阳光枣农"项目公益扶贫团队的贾时轮，非常荣幸能够参加此次"2015青年扶贫论坛"。2015年8月"阳光枣农"项目团队继续前往甘肃省开展扶贫调研，我简述一下我们项目的情况，并从大学生的视角来表达对于扶贫的观点。

"阳光枣农"公益扶贫项目起源于2013年暑假的一次暑期社会实践活动，在调研过程中，当地落后的生产和生活条件，使团队产生了很大的触动，并由此产生了利用学校能源电力特色的优势对当地实现能源解困的想法，在此后的一年里，当地贫困地区农民的迫切需求始终牵挂在团队师生的心头，通过团队的不懈努力和多方筹措，在2014年暑假组建了一支由学校能源扶贫专家、硕士研究生以及部分当地本科生为主的调研团队，并携手汉能控股集团联合开展新能源扶贫调研，在当地有关政府部门的支持下，调研团队深入考察当地能源结构与解困模式，并为当地小学进行了价值两万余元的书包书籍捐赠，同时也受到了当地的热烈欢迎。对于贫困地区的扶贫解困方式随着调研的深入逐渐明晰，我们准备着眼于当地支柱产业，也就是大枣的生产上，2015年暑假，团队再次来到甘肃省靖远县，为了更加深入地剖析当地红枣生产现状，以及为团队想出的研发太阳能红枣烘干设备进行市场需求调研。项目一步步走来，从最初的迷茫到现在的持续努力，我们也很欣喜的看到团队为当地扶贫的努力正逐渐受到认可，我们前进的决心也更加坚定。

同时结合本次调研活动，对于公益扶贫工作，我们主要有以下几点看法：

第一，扶贫不易，需要脚踏实地解决农民的实际需求。扶贫工作不是一蹴而就的事情，需要持续开展工作，对于正在求学的大学生来讲更是不易，但是大学生可以利用所学知识通过不断的科学的挖掘剖析当地的贫困要素和解困模式，根据实际情况组建专业的调研团队，深入到农民实际生产和生活中，解决他们的实际需求。

第二，个人的力量是单薄的，扶贫工作需要争取多方的支持和帮助，对于大学生而言，社会资源较少，但是可以通过不断努力，一步步坚持做下去，通过与老师的交流，不断地完善扶贫的思路，坚信自身所做的意义所在，不断地努力争取外界的支持。"阳光枣农"项目的开展过程中，很幸运地得到了摩托罗拉中国、汉能控股集团、友成企业家基金会等的帮助与支持，他们为项目能够不断开展起到了很大的作用。

第三，结合专业所学，贡献扶贫事业。理论联系实际是大学生创新培养的重要组成部分，不能仅仅让专业知识停留在书本上，而是能够在扶贫事业中发挥作用才是当代大学生的学习之道。利用学校的优势资源，采用专业的方法来助力成功。

目前，"阳光枣农"公益扶贫项目仍在继续，我们将利用我校华北电力大学能源电力的学科优势，为当地枣农研发太阳能大枣烘干设备，为古丝绸之路上贫困地区农户的能源解困，贡献我们当代大学生的力量。

以上是我们的项目和观点，谢谢各位的聆听。

在2015减贫与发展高层论坛
青年扶贫论坛上的发言

中国农业大学人文与发展学院教授

李小云

  80年代，团中央青年部那时候做的一件事叫青年星火带头人，那时候农村都是青年，现代的科学技术引导那些青年人，今天讲青年和扶贫有点纠结，总体上来说，青年不再是直接扶贫的对象。救助式的扶贫对象去掉以后，开发式扶贫实际上已经逐渐或者正在没有承载主体了，过去五六年的文章写得很清楚了。开发式扶贫按照原来轨迹设计的，开发式扶贫80年代中国大量劳动力过剩，而我们没有强大财政资源进行工资转移支付去覆盖大量穷人的情况下，我们采取的这种结合性的扶贫措施一直延续到今天出现问题了。广西、云南、贵州比较好，劳动力比较丰富，由于语言各方面局限很多人没法在外面长期打工，不是特别贫困，相对比较容易生存，不出去打工这个情况下我们就有劳动力。今天的开发式扶贫面临的是一个载体的问题，直接服务对象是为老人，叫"转型贫困群体"，可能在一定时期消失，也可能10年或者更长时期还是贫困。第二个问题是青年怎样能够帮助贫苦地区扶贫，有一个过程，从经济发展角度，西部地区新的增长点在形成，比方说乡村旅游、乡村饮食、乡土文化等。新的增长点已经在往西部地区移动，大量的年轻人可以带着现代的思想、观念，能够让城市、市场这些要素进入到贫困地区去，会给贫困地区带来正面的"符号"，潜力在于可能提升贫困地区的文化价值。

  最后倡导扶贫、倡导援助，对穷人的帮助是我们应该做的，关注凤凰新闻我最近写的一篇文章。

经 历 分 享

华中师范大学社会学院 刘 邦

尊敬的各位领导,

各位老师、同学:

大家下午好！我是来自华中师范大学社会学院的2014级硕士研究生——刘邦，很荣幸今天能参加这次的青年扶贫论坛，也很高兴能作为青年学生代表与大家一起分享自己的一些经历。首先，我想感谢中国扶贫发展中心能提供大学生扶贫调研这一青年交流平台，同时也要感谢指导老师的辛勤指导。

这是我第二次参加这个调研活动，所以我想就自己两次的调研经历和大家分享一下：

首届的寒假调研，我利用半个月的时间在自己生活的村庄做了一次调研，运用访谈法和问卷法对我们村子进行了资料的收集。在村委代表的帮助下，我走访了村庄里的很多农户，对村落的变迁情况进行了调查研究，通过调研我发现因打工积累而搬迁开始成为该村的时尚，村庄也逐渐变成以扶小、养老和休闲为主的地域，它既没有出现城中村痛并快乐的终结，又没有因饥饿贫困而消亡，而确实在终结的潮流中存活下来了，我在此基础上撰写了一份关于村落变迁的描述性调研报告。

第二次就是今年的暑期调研，我同样利用半个月的时间调研，这次我去的是武陵山片区的恩施咸丰、重庆黔江和贵州铜仁，在那里，我在当地相关政府部门的帮助下获得了返乡农民工较为详实的资料，同时也做了深入的个案访谈。通过调研我发现咸丰县的返乡农民工就业创业存在着很多问题，针对这一现状，同时通过对比黔江和铜仁的相关情况，我提出了参考性建议，并撰写了这次的调研报告。

两次调研经历在我看来其实没有太大的区别，都包括了选题、选址、文献阅读等调研准备工作和实地资料的收集整理，以及报告的撰写这三个步骤，这些也都是做社会研究的必经之路了，是大同小异的。不同只是具体的选题选址和结果，第一次我获的是优秀奖，选的是我自己的家乡，湖北省汉川市，不是贫困地区；这次是一等奖，是在武陵山连片贫困地区，咸丰县是国家级扶贫重点县。

所以，我想说的是既然同样是做调研，特别是做扶贫减贫相关的研究，就应该去贫困发生的地方，去贫困地区深入实地调查，去发现那种致贫的特殊性和减贫的针对性对策。忽略特殊性，普遍适用的理论框架和措施肯定重要，但是8,000多万贫困人口相对于14亿来说个人觉得已经是比较少了，完全可以做到精准扶贫，从特殊出发，分门别类地上升到一般经验，然后切实减少贫困。

如果说第一次的寒假调研使得我开始重新关注农村、认识农村，也重新开始深切理解农民、认识农民，那么刚过去的暑假调研则使我迫切认识到解决农村，特别是贫困地区农村问题的重要性，多了一份社会的使命感。

作为学生的我们，需要的是担当起一种社会责任，深入到贫困地区，致力于扶贫减贫，专心研究、独立思考、勇于创新，努力为实现全面建成小康社会尽自己的一份微薄之力。

谢谢大家！

在2015减贫与发展高层论坛
青年扶贫论坛上的发言

中国扶贫发展中心产业扶贫处　　刘　为

各位领导：

我叫刘为，是中国扶贫发展中心产业扶贫处的一名干部，今年8月国务院扶贫办选派我到贵州省雷山县南猛村工作两年，任村第一书记。两个多月里，我按照中央对第一书记的要求，与村两委、驻村工作队一起主要做了三件事：一是遍访贫困户，完成了全村44户建档立卡贫困户的入户调研，了解特殊困难，形成基础数据，逐户解决问题；二是建立南猛村一户一档制度，为194户村民建立194卷档案，通过入户访谈和定期回访，了解每个家庭发展变化，提升服务水平和治理能力；三是谋定发展思路，推动项目建设。

工作在扶贫系统，对农村并不陌生，但真的到了村里工作和生活，仍然感受到不少困难和挑战，也因此对青年参与扶贫工作有了更深的体会。

一、深感青年要积极响应党中央号召，积极参与扶贫开发工作

今年6月，中组部、中农办和国务院扶贫办决定从中直单位选派干部到村任第一书记，要逐步实现对12.86万个建档立卡贫困村的全覆盖。按照中央要求，第一批来到贵州工作的第一书记一共19人，绝大多数都是青年干部，通过驻村工作和平时沟通交流，大家对第一书记的工作有了更深的认识。从宏观上来说，国家的经济社会发展需要有更多的干部了解农村、研究农村、投身农村；从农村工作本身来说，扶贫开发刻不容缓，而肩负这一任务的农村贫困地区基层党组织依然是党建工作的最薄弱环节，迫切需要一批干部解决存在的突出问题。中直单位干部深入农村，推动扶贫开发，加强基层政权建设，为基层发展注入新鲜血液，有助于提高农村治理水平。从干部培养上说，也有助于青年干部了解农村实际情况，便于以后参与相关政策制定，更能够将党和国家的惠农政策直接传达给农民群众，密切党群关系。

二、深感青年要争当贫困地区致富带头人

随着国家扶贫投入力度不断加大，制约贫困村发展的最重要因素可能已经不是资金，而是人力资源的匮乏。我们南猛村194户，756人，其中243人长期在外务工，村内集体经济凋敝、产业发展滞后，只靠每年1万元的运转经费开展工作，脱贫致富的形势严峻。但南猛村也是个民族文化大村，芦笙歌舞底蕴深厚，是首批中国传统村落和国家旅游扶贫试点村，经过反复讨论，我们一致认为南猛村要发展，主题是乡村旅游。我们的乡村旅游没有名山大川、没有热门景区，人少地偏也搞不成农家乐，唯有芦笙文化是南猛特有的优势，芦笙之乡就要通过芦笙来脱贫致富。于是在县有关部门的帮助下，我们组织村民筹建乡村旅游扶贫合作社。就在我回来的前一天，我们召开了南猛村乡村旅游扶贫合作社成立大会，会议通过了合作社章程，选举出了理事会和监事会，全村44户建档立卡贫困户和村集体完成了出资人登记程序，成为旅游扶贫合作社的原始股东。值得一提的是，我们的合作社理事长今年35岁，副理事长23岁，都是返乡创业的青年代表，全体贫困户一致同意选举他们作为旅游扶贫合作社的主要领导，说明了大家对青年的信任，也说明在带领村民脱贫致富的问题上，青年责无旁贷。

三、深刻感到困难很多，责任很重，必须争分夺秒全力以赴做好工作

我刚来的时候，一些村民听说从北京来了个小伙子，还是国务院扶贫办派来在村里工作两年的第一书记，来到我住的地方拉着我的手说，"从北京那么大的城市到我们这么偏远的小地方，受苦了，很感谢你，我们村有希望了。"这样的一句话让我感触很深，我们虽然是贫困村，但绝大多数村民们致富的愿望更为迫切。来之前，国务院扶贫办刘永富主任对我说："刘为，你如果找省扶贫办要了几百万让你们村脱贫了，那不是自己的本事……"，现在我体会刘主任的意思就是，虽然是贫困村，但我们不等、不靠、不要，不添麻烦、不找理由，第一书记必须激发群众的内生动力，坚定脱贫致富奔小康的决心和信念，艰苦奋斗、自力更生，塑造一支"永不离开"的工作队伍和"永不放弃"的工作精神。

各位领导，很荣幸参加这个论坛，请领导放心，虽然困难很多，但我们绝不偷懒、绝不畏难，一定放下身段、虚心学习，依靠群众、依靠干部。一定把着眼点放在贫困户上，体现党的温暖和关怀；把着力点放在合作社和集体经济发展上，体现党的号召和引领；把关键点放在发挥青年干部作用上，吸收更多优秀青年加入村两委、合作社，培养党的事业接班人。

我的汇报完了，谢谢各位领导！

在2015减贫与发展高层论坛
青年扶贫论坛上的发言

北京师范大学　　陶传进

　　青年人和扶贫这两个概念放到一起去，为什么要放到一起去呢？为什么搞这个会场呢，看会场"青年梦、扶贫梦、中国梦"，感觉青年容易有梦，所以就把青年人跟扶贫关联上了。扶贫是一件大家都可以做的事情，或者说是一些高姿态、高境界，有梦的人才能做的事情，所以青年人容易有梦，所以青年人在做这个事情。如果把两个现象给区分开来容易发现，一个是救济一个是扶贫，救济是帮助那些没有劳动能力又因为老、病或者灾难没法过基本生活的给他一些钱、一些物资让他们能过基本生活，是无偿给的，是叫他拿来生活的。而扶贫的话是叫他自己能够富起来，就得通过别人帮助可持续地富起来而不是可持续地给他东西。后边的这个扶贫，和救济区分开来的扶贫怎样才能实现呢？就得靠市场。我们现在所指的大社会有三个分部门，一个是政府、一个是市场、一个是社会。这个资产它越来越具有重要性，社会财富相当一定程度上来自于市场，穷人要想脱贫相当程度上来自于市场，青年人要帮助他扶贫，相当程度上来自于借助于市场，借助于市场，就不再是一个梦，就变成一个创业，你在市场上创业，把市场的机会和资源利用起来，然后让穷人或你个人增加收入，有钱了就行了，这就是一个创业，创业就和年轻人就非常密切了。如果你对我这个说法还不是特别理解的话，我再说一下我另外的一个感受，我的感受是我们国家甚至是全球从30年前开始到20年前结束，那个时候市场机会非常丰富，最典型的市场已经基本上搞定了，全球化的格局基本上形成了，网络已经全球化了，密布到所有的地方。最近几年有两个新的领域在过去看来是贫瘠的领域不能赚钱的领域基本出来了。一个是社会服务，为妇女、为儿童、为老年人、为残障人士服务开始市场化了，在过去，市场是覆盖不了这些领域的。未必是老年人、儿童没钱，但是不是资产做的，现在资产可以进入这些领域，现在很多年轻人创业开始进到社会服务领域，那个和我们无关，和扶贫无关。今天的社会发展领域就是扶贫领域，发展开始有一些前沿地带，大城市、发达地区、发达国家开始向不发达国家、发达国家的不发达地区渗透，为什么现在开始渗透，因为人的购买力有限，好的资源已经被发达地区吸纳去了，现在剩下的资源、不太重要的资源，是不够丰厚的购买力，现在靠你的能力把贫瘠的资源吸纳和利用起来，吸纳到你的口袋中，然后你再用到扶贫领域。这非常类似你到青藏高原看到春天开的花，你会很奇怪沙土地带、贫瘠的土地上还能开出漂亮的花来。所以现在创业除非你有大本事，而现在经典的一创一个是社会服务，另一个就是扶贫。社会服务要靠你很高的本事，扶贫也要靠你很高的本事。你要考虑你有什么本事要靠你来做，所以我的观点又一次亮明，并不是梦，并不是比别人高尚、道德更高一筹，而是你有这个本事，能在贫瘠的土壤上开出花来。大家如果愿意多分享一句的话，我认为扶贫就是能够让人们自立起来，能够依据现在的产生财富的机制能够自己富起来，扶贫怕一些机械的观点，认为我们现在社会这么发达，贫困人口那么多，于是又产生革命的思想，这个是最容易产生出现的思想，这个不需要能力、不需要头脑，甚至只要有原始的正义感就行。我们现在在扶贫过程中能用专业、机制，就一定要把这个用好，然后才是正义观。千万不要本末倒置，我现在最怕的就是随时发现重大信号，现在社会发达到这个程度了，于是就开始要劫富济贫，现在要证明这个观点是错的，就是要靠年轻人到贫困的地方来创业，把不太丰富的资源吸纳出来。接下来就看你的本事了，这里边是传统企业家没有的本事，是什么呢？先回归到农村，到贫瘠的市场里去看一看，重庆的脐橙、延安的油桃都是特殊的气候长成的，利用这个气候资源就可以创业。另外一个是农村的劳动力资源，40%是18岁的人，这是最大的资源，所有的资源加到一起是有上限的，再让他使劲就使不上了，就需要你来帮忙了，你能帮他什么是最关键的。第一个本事是技术和信息。工科知识也是，畜牧业的防御知识、市场信息、供求总量缺口有多大，价格是多少。第二条是动员农民让他自己有诉求，调动他的积极性，而不是简单的宣传教育，比如说小额贷款。第三条是合作社，现在建的太晚了，如果上世纪50年代建的话，中国会极大地发达。农民之间可以通过集体的方式有责任心，获得信息、技术和实用技术的能力都会提高一筹。再往下你会发现贫困地区政府、贫困地区的经济小主体以及农户和国际组织这几大主体在我们国家目前没有多大结合的比例，而这几个方面一旦结合会产生巨大的新的空间，如果能把1,000户农民变成一个小农场，潜力马上就会产生出来。企业这里面需要非常大的激活的和调控的能力。最后一个就是现在应该极力支持扶贫，没有比现在更好的时光了。政策、资金以及组织机构方面都是我们现在能够发挥作用的空间。我从积极的角度来看，越是落后的现状越说明我们可以进步一点，所以当我们有政策、技术、手法等几个方面的优势的时候，你到贫困地区添一把力气，市场就会往上走一步，所以说创业的空间太大了，未来的扶贫一种形式是你去创业或者你把企业家引进去，第二种形式是你去帮着别人创业，第三种是你有微型的企业你去帮他创业，帮他提升一步。这三种模式都会使我们现在的贫困状况得到很迅速的改善。这也是青年人最擅长的。这是我对青年人参与扶贫的一个看法。

在2015减贫与发展高层论坛
青年扶贫论坛上的发言

山东省沂源县王家泉村支部书记　王建国

尊敬的各位领导、同志们：

大家好！我叫王建国，是山东省沂源县王家泉村支部书记、主任、扶贫互助社理事长。我村298户763口人，其中贫困人口380人，是省定贫困村。近年来，我村在上级党委、政府的正确领导下，在各级扶贫部门的支持帮助下，积极利用扶贫互助资金大力发展优势产业项目，加快推动了贫困村、贫困户脱贫奔小康进程。现将情况简要汇报如下：

一、拓宽融资渠道，强化资金保障。

我村于2007年11月，组建成立扶贫互助社，共吸收社员288户，其中贫困户140户；村民入社率94%，其中贫困户入社率100%。目前，全村互助资金由最初的36万元增加到80万元（其中：村民自筹19万元，财政资金50万元，其他资金11万元）。同时，积极争取县农行在我村授信60户，授信额度200万元；积极争取国开行批发贷款100万元。目前，全村扶贫资金总量达到380万元，为贫困户实现增收致富提供了有力的资金保障。

二、严把资金投向，实施精准扶贫。

扶贫互助社严格按照"民有、民管、民用、民享，周转使用、滚动发展"的原则，以扶持贫困户为重点，采取"三优先、一结对"的办法

（即：贫困户借款优先、小额短期借款优先、诚信农户借款优先；成立互助联保小组时，富裕户与贫困户结成借款担保帮扶对子），并积极争取资金对诚信借款贫困户进行财政贴息，保证了资金重点投向贫困户，确保了70%以上的资金投向贫困户。比如，理事会成员主动与贫困户结对子，帮助残疾人孙启海购置了农田灌溉设备，通过向村民提供有偿农田灌溉服务，实现每年增收3,000元以上；还帮助他购置了旋耕机，开起了小卖部，使该贫困户实现了脱贫。同时，互助社在互助资金收益使用上突出"民享"，累计投入8万元，走访慰问贫困户960户次，举办果树技术培训班24期、畜牧养殖培训班8期、有机食品、绿色食品生产技术培训班12期，培训会员4,000人次。

三、扶持优势产业，夯实减贫基础。

截至目前，累计发放借款1,030万元（其中互助资金430万元，农行小额信贷500万元，国开行批发贷款100万元），其中向贫困户发放借款694万元，解决了贫困户发展产业项目资金短缺问题。重点扶持贫困户发展绿色有机产业项目，新上有机韭菜120亩、蒜苗50亩，发展波尔多山羊、肉鸡、肉兔等特色养殖10万头（只），实现贫困户户均年增收3,800元。特别是我村利用扶贫互助资金发展的有机韭菜，注册了"悦庄韭菜"商标，通过了欧盟及国标双重认证，每斤卖到了60元，真正成了贫困户的致富"金苗苗"。

以上，是我村利用扶贫互助资金开展贫困户脱贫奔小康的一点做法和体会，不当之处请大家批评指正。

谢谢大家！

扶贫攻坚是青年实现梦想的主战场
——从地方党政角度谈谈青年扶贫的机遇和挑战

中共百色市委常委、田东县委书记
王　军

一、当前农村青年扶贫中存在的问题

一是青年扶贫经常变成短期行为，不可持续。扶贫是一项长期而又艰苦卓绝的工程，而志愿者、驻村工作队等到农村扶贫的时间较短，长则一两年时间，短则一两个星期，更多时候是做一些宣传、调研或者输血式的赞助，并且一些活动流于形式，部分调研浮于表面，即便有一些在产业方面做出了一定的成绩，但是无法有效激发起贫困地区发展的内生动力，无法解决根本问题。

二是青年扶贫的出发点过于现实，无法完全融入当地。一些青年到农村，没有将扶贫的精神内化于心，没有真正地深入到贫困山村，真正地与困难群众打成一片，也就难以找到当地真正贫困的主要原因。青年到农村支教也好调研也好，一些研究生支教的志愿者其主观目的是为了保送研究生，一些大学生村官或志愿者主要动机是为了过渡，为考公务员积累资历，群众对青年扶贫的认可度大打折扣。

三是青年扶贫往往注重某一方面以及短平快的扶贫，而不是综合治理。现在青年扶贫在整体设计上存在认知上的缺陷，青年在基层的扶贫往往更多地局限在教育、产业扶持两个方面，没有从"人的全面发展"的角度推进扶贫开发，没有从贫困治理的角度来推进贫困地区的社会建设。即使一些短平快的项目使得物质收入暂时增加了，没有素质的提升、文化的改变，即便是暂时脱贫了，也很可能返贫。

四是农村基层组织中青年群体的缺失，话语权不足，领导力不够。现在尽管随着工业化、城镇化的进程，大量的劳动力外流农村剩余劳动力转移到城镇，有技术有文化的青年在城市就业是一种必然且合理的现象。但是农村中大量青年的离开，农村空心化、老龄化比较严重。村两委等基层组织工作人员年龄普遍变大，乡镇公务员中年轻人偏少。没有一个覆盖全面、功能健全的基层党组织体系，没有一支素质较好、年轻有活力的党员、干部队伍和基层党组织领导班子，也就不可能团结带领农民群众脱贫致富奔小康。

只有正确认识青年扶贫，才能更好地开展青年扶贫。什么是青年扶贫？不能一提青年扶贫，就是大学生到农村社会实践，也不能仅仅局限于优秀的青年到农村，优秀的青年回农村创业就业，还要结合城镇化发展的特点，为更广大的农村青年走出农村到城镇提供创业就业的机会。这需要我们在青年扶贫的机制设计上进行调整，树立正确的导向，一方面既要引导广大的青年扎根基层，扎根农村建功立业；另一方面鼓励更多的有为青年成为就地就近城镇化的主力军。

二、关于青年成长成才和青年扶贫的的思考

这里我讨论的既有青年扶贫的问题，又有青年成长成才的问题。先从青年成长角度谈两点思考，再来谈青年扶贫如何作为的问题。

（一）青年从哪里来，要到哪里去？

习近平总书记在纪念五四运动95周年与北京大学师生座谈会上指出，青年的价值取向决定了未来整个社会的价值取向。这番话既是对青年价值观重要性的肯定，更是对当代中国青年要奋力担当起历史重任的激励。

我国历经30多年改革发展，经济建设取得巨大进步，社会建设全面展开，但是不可否认青年的价值取向日趋多样，一度面临着矛盾、困惑、混乱、分化。十八大以来，随着社会主义核心价值体系的构建，青年的价值观逐步统一认识、走向整合、回归主流，并呈现出非常积极向上的

变化。特别是在职业观上从单纯的就业向就业创业转变，从追求物质收入向更加注重精神价值转变，从寻求好的工作环境向"到西部、到基层、到祖国最需要的地方去"转变。此外，年轻人在社会责任上从强调自我向更加关注他人、社会、国家转变，更加积极地参加社会建设，更加积极地投身政治生活。

青年从哪里来，要到哪里去？是每一个青年都会思考的问题，这是一个青年价值观的问题，是对自身如何在实现中国梦的伟大实践中，找准定位，书写当代中国青年精彩人生的问题。只有想清楚这个问题，方能担当起时代责任，创造出无愧于时代的光荣业绩。

我们党的发展历程告诉我们，正是在改造社会的过程中，形成了"坚持群众路线，发扬人民民主"的创新思想。它要求我们党和在党领导下的广大青年要主动走到基层群众中去，与他们同吃、同住、同劳动，立足基层、立足最广大人民群众，即时回应最广大基层群众的需求，解决群众的困难和诉求。前不久中央党的群团工作会议上，习近平总书记指出要切实保持和增强党的群团工作和群团组织的政治性、先进性、群众性，也正是在实现中华民族伟大复兴的中国梦进程中对广大青年提出的新要求。

"人民有信仰，民族有希望，国家有力量"，青年的价值观决定国家的未来，青年的声音将成为社会进步的最强音，青年的行动就是时代前行的伟大力量。

（二）青年成长成才应融入民族复兴的伟大进程中。

每个有志青年都会在内心激荡一种思想，个人的成长成才如何与祖国的命运更加紧密的结合在一起？历史和现实告诉我们，任何一个时代变革的时候，青年始终站在时代前列引领，同时在民族复兴的伟大进程中更是造就了一批批为国家做出巨大贡献的青年才俊。一个人的理想志愿只有同国家的前途、民族的命运相结合才有价值，一个人的信念追求只有同社会的需要和人民的利益相一致才有意义！

没有农村地区的小康，特别是贫困地区的小康，就没有全面小康。

随着城镇化步伐的加快，我国贫困地区大量青年离开，使得其发展缺乏青年劳动力，农村空心化、老龄化加剧。然而，农业农村的发展又需要一批懂得科学技术、现代农业知识、金融资本等方面的年轻人才。到祖国最需要的地方去。贫困地区两者之间的矛盾为广大青年施展才华提供了广阔的发展平台，扎根生存。更为新时期广大青年成长成才融入民族复兴的伟大进程中找到最好的切入点。

（三）青年扶贫大有可为。

1. 在转变扶贫观念上大有可为。积极推动扶贫攻坚从提高贫困群众的经济收入，向从经济、政治、文化、社会、生态文明"五位一体"多方面综合施策，全面推进贫困治理体系的构建；积极推动在农村的项目式扶贫，通过全面深化农村改革加快扶贫攻坚步伐。通过推进新时期农村集体产权制度改革、农村金融改革和创新农业经营体制，不断调整生产关系，为促进农业生产力发展注入源源不断的活力和动力，为贫困地区扶贫攻坚开创一片新天地；积极推动由依靠财政和社会帮扶资金扶贫，向通过市场化运作的手段使用金融资本，不断为贫困地区扶贫开发注入金融的力量，同时增强农村金融的可持续性。

当地的青年摆脱等靠要的思想。青年应当做转变贫困地区发展观念的先行者，全面激活贫困地区发展的活力。

2. 在推动贫困地区发展方式上大有可为。青年人应当摆脱传统农业的小、分散、落后的状态，积极壮大专业大户、家庭农场、农民合作社、农业产业化龙头企业为骨干的新型农业经营主体，推进多种形式的农业适度规模经营，大力开展农业产业化经营，创新农业经营方式，延伸农业产业链，提高贫困地区农业综合收益；大力推广轮作和间作套作，积极发展草食畜牧业，鼓励发展种养结合循环农业，深入推进农业结构调整，促进种养业协调发展，有效防治贫困地区因为发展农业带来的生态破坏；不断引进农业新技术，进行农业科技创新，让农民掌握更多的农业科技知识。推进农业生产机械化、信息化和科技化水平，大力培育新型职业农民。

青年应当做贫困地区先进生产力的代表者，推动贫困地区农业发展方式取得新进展。

3. 在提高贫困地区群众素质上大有可为。全面实施营养工程、艺体教育、职业教育，阻断贫困的代际传递；需要全面提升基本公共卫生服务均等化水平，不断加强农村三级卫生服务网络建设，构建因病致贫和因病返贫的防控体系；需要从发展繁荣农村文化入手，促进民风好转，引导贫困群众树立勤劳致富改善生活的观念。

青年应当做贫困地区农村教育阵地的坚守者、农村公共卫生的服务者、先进文化的传播者，激发贫困群众脱贫致富的主观能动性，增强自我发展的信心，不断提高发家致富的本领和能力。

三、对青年扶贫的建议

实事求是地讲，青年工作在地方不是主流，客观地讲，经常被忽视，青年扶贫是经常看不到的一个领域，而在现实中农村也好、城市也好，团组织软弱涣散，上层团组织不着调，今天这个会团口的领导应该完完全全地听完这个会，才能听到我们同学们的，他们率先离开了，对这个问题不重视，青年扶贫在地方应该受到重视，应提到一个重要的高度。

（一）在制度层面，决策部门要科学设计青年参与扶贫的激励机制。

青年扶贫是一项非常有意义的工作，科学设计针对青年扶贫的制度激励机制对于确保该项工作的有效性、持久性具有举足轻重的作用。

1. 从精神上给予荣誉激励。青年参与扶贫能为扶贫开发工作输入活力，输入新意，最终为取得扶贫成效输入动力，他们的付出理应得到社会的尊重，得到政府的肯定，因此从中央到地方各级政府部门，理应为他们这样的赤诚之心给予各项荣誉，以资鼓励。通过合理设立各种扶贫奖项和荣誉事项，从精神上激励他们为我国扶贫事业继续贡献光和热。

2. 从保障上给予物质激励。青年朋友们离开象牙塔进入社会的时候，往往也是到了开始担负起家庭责任的时候，普遍面临着住房、养家甚至养老等现实问题。但由于他们刚踏入社会，工作能力和工作经验还不足，在经济收入上并不宽裕，尤其是体制内的青年人，工资水平相对较低，使得他们在开展工作时顾虑较多、理想信念较易动摇。因此，为激励青年人积极投身于扶贫开发工作，对于体制内的青年，相应地提高补贴水平；对于体制外回乡创业的青年，则应该给予更充足的政策支持。

3. 从政治上给予职级激励。随着我国公务员人事行政改革的不断推进，越来越多的优秀青年通过村官、选调生、人才引进、公开招考等多种方式进入体制内，尤其是在中西部地区工作的青年同志，哪怕自身工作条件艰苦，他们在做好本职工作的同时，也不忘积极深入农村开展扶贫工作。对于这些在扶贫一线做出巨大贡献的体制内的年轻人，党政部门可以结合个人实际情况从组织上进行相应提拔，甚至是破格提拔，以政治资源肯定和激励他们所做出的贡献。

（二）在社会层面，社会各界要形成助力青年参与扶贫的积极氛围。

扶贫开发工作不是由某个部门或者某个群体孤立开展，而是需社会各个层面共同参与。青年人是扶贫开发的生力军，社会各界要通过各种举措支持和帮助青年人参与扶贫。

1. 社会媒体积极宣传青年扶贫模范。媒体作为现代社会中信息流通的关键节点，可以为弘扬社会正能量、宣传主流价值观发挥积极作用。青年人在开展扶贫工作中涌现出了一个个优秀典范，他们的踏实肯干、身先士卒、不畏艰辛、锐意进取值得社会群众向他们学习，需要社会上各种形式的媒体积极宣传他们的先进事迹，弘扬他们明德为公的精神，在社会上形成向优秀扶贫青年学习的浓厚氛围。

2. 社会团体积极支持青年扶贫行动。青年人见识面广、想法多，往往在开展扶贫工作时会产生一些新思路、新理念，但要把这些新思路、新理念转化为行动，就需要来自社会团体的积极支持。民营企业、社会组织等可以充分利用自己的社会网络、组织资源甚至资金帮助年轻人去实践他们的扶贫项目，通过多种方式支持青年人的扶贫行动。

3. 贫困群众积极参与青年扶贫项目。扶贫的对象是贫困群众，无论扶贫主体是谁，只有贫困群众积极参与进去才有实际意义。青年要具有做群众工作的本领，充分动员广大的贫困群众积极参与扶贫，既能赋予贫困农民知情权、决策权和监督权，又能给青年人开展扶贫给予实际支持，让扶贫效果得以快速和高效体现，做到"真扶贫"和"扶真贫"。

（三）在个人层面，青年朋友要塌实践行青年参与扶贫的精神信念。

1. 纸上得来终觉浅，绝知此事要躬行。我们这个社会从来不缺少夸夸其谈、天马行空的梦想家，缺少的是兢兢业业、脚踏实地的实干家，所以青年人要更加塌实地行动起来，把自己的想法和思路付诸实践。实践是检验真理的唯一标准，这句话永远都不会过时。

2. 世事洞明皆学问，人情练达亦文章。现实与理想的差距会很明显地展现出来。一个问题不是非此即彼，一项政策不是非好即坏，尤其在扶贫时会涉及到多方利益主体、涉及到各种决策困境，如何恰到好处地平衡这些主体、解决这些困境需要青年朋友们真正融入群众中去，思考问题时既要沉得下去，又要提得起来；处理问题时既要着眼未来，又要立足当下。

3. 未出土时先有节，已到凌云仍虚心。任何一项扶贫项目只有与当地实际情况紧密结合，因地因时因人制宜才能事半功倍，而最了解当地实情的当然非群众莫属。青年朋友们要时刻保持一种谦虚的心态，虚心向当地群众学习，虚心向熟悉当地的老百姓请教，在规划和实践扶贫项目时多征询他们的意见和建议，不断创新工作方式。只有融入群众，才能真正从群众中来，到群众中去。

最后，值此全国扶贫日来临之际，我们呼吁更多有志青年投身基层扶贫工作，到贫困治理的一线去实现梦想！

谢谢大家！

筑梦扶贫，青春无悔

岳西县五河镇叶河村第一书记、驻村扶贫工作队队长
王竹青

尊敬的各位领导、各位参会代表们：

大家好！我是安徽省岳西县人民检察院助理检察员王竹青，去年10月份，被选派至岳西县五河镇叶河村担任第一书记和驻村扶贫工作队队长，至今参与基层扶贫工作整整一年时间。

岳西县位于大别山腹地、皖西南边陲，是集革命老区、贫困地区、纯山区、生态示范区、生态功能区"五区一体"的深度贫困县。我出生于此、工作于此、生活于此，我的祖辈父辈们都是农民，我的家也曾家徒四壁也曾是榜上有名的贫困户，但我很庆幸，我的双手自小就沾满了乡间的泥土，种过地、养过猪、放过牛，艰苦的农村生活教会我很多，也让我更加了解农村、了解农民，热爱农村、热爱农民，如今让我发挥自己全部的力量去帮助农民摆脱贫困，这是我人生最有意义的事情。我所任职的村庄有1600多人，其中有三分之二的村民常年外出务工，留守在家的多数为老弱病残幼，这群劳动力不强的群体构成了贫困人口的主体，也导致扶贫工作开展面临巨大困难。一是新型产业发展阻力大。为实现荒山荒地经济效益最大化，2012年我村就引进了公司发展构树产业，2015年实施光伏扶贫产业，但受制于传统农业的思想观念，这两项扶贫产业多数村民都抱着观望的态度，新型产业在推动过程中阻力较大，发展较慢。二是人口素质和劳动力素质偏低。在我村，仍有不少的青壮劳力由于心无半点墨水、身无一技之长而难以在外谋生，只能留在农村靠

打零工、领取低保度日。三是伤残、智障、因病、因学构成了农村贫困的最主要原因。针对以上问题，我有一些体会：一是精准扶贫要从观念扶贫开始。穷则变，变则通，通则久。提高贫困地区农民的思想认识，摆脱旧思想的束缚，进而提高农村农民的自我发展能力，通过调整产业结构，推动传统农业向现代化农业的转变，才能从根本上迈上脱贫致富的路子。二是树先进，摆典型，通过先进带动后进，通过典型刺激发展，让群众切实感受到新的产业能致富增收，新的事物能发展壮大。三是精准扶贫要细化，不仅要精准识别，更要有精准的规划，精准的措施。在农村，贫困家庭的情况各不相同，只有具体问题具体对待，才能使得精准扶贫措施行之有效，这是一个很艰难的任务，但我有信心去完成。四是发挥知识、人才在扶贫工作中重要作用。知识是人类进步的阶梯，在农村，知识扶贫相对于产业扶贫更为重要，它不仅会成为谋生的手段，更是推动农村发展的利器。

扶贫助困是我的梦想，下一步我将结合我村正在新建的为民服务中心，打造村级电商服务站，推动农产品进城和电商扶贫；同时，利用好水面资源，鼓励发展以休闲垂钓为主的乡村旅游业，帮助贫困户开办农家乐，利用自己的知识和能量不断为农村寻求更加宽广的发展途径，做好脱贫致富的领路人。最后我想说，摆脱家庭的贫困是我曾经的一个梦，帮助任职村实现脱贫致富是我现在的一个梦，也是我无悔的青春，脱贫致富的梦圆了，全面建成小康社会、实现中华民族伟大复兴的中国梦就不远了。

谢谢大家！

在青年扶贫论坛上的发言

共青团中央第十五批驻灵丘扶贫工作队队长
谢　兴

各位领导、各位同仁：

大家下午好！我是共青团中央第十五批驻灵丘扶贫工作队队长谢兴。

我们都知道，到中国共产党成立100年时全面建成小康社会，是党的十八大报告中再次重申的"两个一百年"目标之一。这一目标的实现，离不开广大青年的广泛参与。我队自今年2月起，在灵丘县开展驻点扶贫工作，8个月时间里，我们实施了一些项目，开展了一些探索，下面，我就工作队参与扶贫工作的一些认识和所做的工作向各位作一个汇报，如有不妥之处，敬请各位领导同仁批评指正。

一、重视调研，掌握实情

我国幅员辽阔，东中西部处于不同发展阶段，存在较大的地区差异。而就算在同一省份，甚至是同一地区，不同区县的情况也因为其地理区位、资源分布、人口集聚情况的不同而千差万别。所以，我建议，首先要了解所在地区的实际情况，这是青年发挥自身优势、参与扶贫工作的基础和前提。

团中央历来高度重视调研工作。书记处第一书记秦宜智同志等领导，多次到灵丘调研。历任工作队来到灵丘后，也都会在认真学习上一队同志们传承下来的宝贵经验和优良做法，积极吸收消化往届调研成果的基础上，再花费1至2个月时间到全县12个乡镇进行实地调研。

为什么呢？首先，到乡镇和村去调研，有利于加强对往届工作的理解，更好地将经验和工作融会贯通。其次，我国正处在前所未有的高速发展浪潮之中，每年各地都会有新发展、新变化。如今年7月24日，G18荣乌高速灵丘至涞源段正式贯通，从此灵丘至北京车程缩短至3小时以内。这些新发展、新变化，只有在实地调研后才能更好理解其影响，才不会犯刻舟求剑的错误。最后，到基层调研，是熟悉地方的最好方法。每个地方都有自己独特的风土人情，走到田间地头，与群众坐在一条板凳上，才能真正做到交心交融。

今年，经过细致调研，工作队的几个重点项目都是围绕灵丘距离北京较近，生态文明较好、产品质量过硬的特点，结合县委、县政府确立的"把灵丘建设成为面向京津冀地区宜居宜业宜山水特色城镇"的目标开展的。这些项目不但成功帮助部分群众直接增收，也受到了灵丘县委、县政府和当地干部群众的好评。

二、选准方向，抓住关键

在对地方情况有了一定了解后，就要选择好方向开展扶贫工作了。而工作成效好坏，我认为在于能否抓住几个关键点。

一是要结合地方实际，贯彻好中央精神。习近平总书记6月18日在贵州调研时指出，"扶贫开发贵在精准，重在精准，成败之举在于精准。""要坚持因人因地施策，因贫困原因施策，因贫困类型施策，区别不同情况，做到对症下药、精准滴灌、靶向治疗，不搞大水漫灌、走马观花、大而化之。"团中央定点扶贫工作领导小组也强调，要把群众增收作为第一位的任务，把组织推动的积极性与群众参与的主动性统一起来，坚持"走出去"和"请进来"相结合，突出智力扶贫和工作针对性，进一步集中资源和力量做好定点扶贫工作。

按照这些指示精神要求，扶贫工作队积极与灵丘县委、县政府合作，围绕灵丘县发展目标，开展了招商引资、涉农培训、教育资助、送医送药等工作，通过创造工作岗位、提升就业技能帮助贫困人口实现就业，通过资金扶持和送医送药帮助贫困家庭减轻教育、医疗方面的后顾之忧，从而帮助灵丘部分城乡居民实现精准脱贫。

二是要紧跟时代潮流，以新业态、新产业、新商业模式为抓手，开展扶贫工作。十八大以来，李克强总理多次强调，要加大对农村电子商务发展的支持力度。他指出，电子商务为大众创业、万众创新提供了一个全新的平台，"大大有利于就业"。团中央书记处领导也多次要求工作队在电子商务、青年创业等方面积极发挥作用。我队来到灵丘后，充分发挥基层团组织作用，通过团县委成立了"灵丘县青年电子商务协会"，将全县有志于电商创业的青年汇集起来，为他们搭建交流平台，提供一定支持，有效调动了青年电商创业的积极性。

目前，已有2个涉农电商项目依托协会得以实施，其中创业青年韩继东的"灵丘灵蕴有机农产品基地"淘宝店项目，作为山西省唯一入围决赛圈的项目，获得了2015年"创青春"中国青年互联网创业大赛优秀项目奖。该项目充分运用灵丘区位优势，通过再造物流流程，实现了灵丘鲜活特色农产品一日直达北京，有力帮助当地农民直接增收。

三是要积极发挥当地青年的主观能动性。我曾从事新闻工作多年，并在城乡统筹发展试验区，有着"大城市、大农村"之称的重庆工作近3年，期间去过不少贫困县。据我个人的观察，贫困地区也存在一些共性的问题。如基础设施不完善，干部视野有一定局限性，农民抗风险能力差，不敢尝试新鲜事物，不敢改变等。基础设施建设，国家、省、市、县层面都有规划，这些年，贫困地区的基础设施改善有目共睹，这方面工作队能做的不多。所以，我们将发挥当地青年的主观能动性作为工作重点来抓。

在拓宽视野，提升能力方面，2006年以来，在团中央组织部的支持下，历届工作队先后组织了6批66人次灵丘青年干部赴沿海发达地区挂职3个月。就在一个月前，我们刚将今年的12名灵丘科级干部，送往山东、江苏、福建、广东挂职。这项工作开展后，灵丘基层青年干部思想观念受到触动，视野更加宽广，谋事创业能力得到提升，效果十分理想。

在促进农村发展方面，每年，工作队都会利用团中央各部门、各直属单位支持的资金，在灵丘开展一些农业技改项目，如大棚改造资金补助、核桃嫁接补贴、先进农艺试点推广等，通过补贴少量资金，鼓励灵丘青年农民应用先进农技，在地方发挥示范带动作用。这些项目的实施，有效降低了灵丘农民应用新技术方面的风险，促进农民运用新技术提高农业生产效率，增加收入。

三、持之以恒，久久为功

扶贫工作不可能一蹴而就，必须持之以恒，久久为功。自1998年团中央按照国务院扶贫办总体部署，担负起定点帮扶山西省灵丘县的职责以来，团中央书记处高度重视这项工作，先后派出15批工作队在灵丘驻点帮扶。每一任工作队也都积极继承历任工作队的好项目，发扬好传统，本着"功成不必在我"的理念，一茬接着一茬干，从而开创了如今的局面。所以我想，青年参与扶贫工作，还需要有长性、有定力，就像团中央帮扶灵丘一样，用一年又一年的实干，为实现"两个一百年"目标贡献自己的力量。

我的汇报完了，谢谢大家！

在 2015 减贫与发展高层论坛
青年扶贫论坛上的发言

北京大学社会学系　杨成成

大家下午好！我是来自北京大学社会学系 13 级的硕士研究生杨成成，很高兴参加本次的青年扶贫论坛，同时很荣幸作为青年学生代表发言。

在 2015 年的暑假，我利用一个月的时间在家乡山东省的一个小村庄做了一次全面的调研，运用社会学的田野调查方法——访谈法和参与观察法对该村进行了个案研究。在这一个月的时间里我走访了村庄里的村委会代表以及很多农户，着重对该村的农业和种蒜产业进行了调查研究，通过调研我发现这个村子存在着很多贫困问题，针对该村庄的贫困现状，我试图从提高农村及农民自身脱贫致富的能力角度，在理论和经验层面提供解决农村相对贫困群体问题的实用性和参考性建议，并撰写了一份具有普适性和反思性的调研报告。

对于此次调研我深有体会，体会一共有三重：第一重体会是作为一名村民，我在所调研村子里长大，对这个村子充满了感情，作为村民的一员，我目睹了这些年来村子的缓慢发展，村民们虽然摆脱了绝对贫困的困扰，但是由于很多原因，相对于省内甚至于全国其他村庄而言仍然处于群体性贫困阶段，这个村子的贫困是看得到的、无法忽视的贫困，对于这种情况我不免忧心忡忡，急于结合现状找出问题参与到村庄的扶贫改造中去；第二重体会是作为一名学生，青年学生有责任为政府分忧，为中国扶贫开发、全面建成小康社会贡献一份力量，积极参与提出大学生假期扶贫调研方案是题中应有之意，青年学生不仅应该学习掌握先进的理论知识，同时也需要深入基层、深入群众，探索研究扶贫新形势、新方法，为"十三五"扶贫工作建言献策；第三重体会则是作为一名社会学人，社会学是入世的学科，它有着与生俱来的人文关怀与关照弱势群体的使命，中国社会学从诞生之初就致力于农村的发展改造，这项任务贯穿始终，我们这些青年社会学人对于农村扶贫减贫有着义不容辞的责任，社会学的理论知识和研究方法需要而且应该应用到新时期的农村扶贫发展中去，应对多维度的农村贫困问题，调整扶贫思路，建立起与新时期农村发展相适应的可持续的反贫困战略框架。

穷则思变，找出方法跳出贫困循环圈、消除贫困需要众人携手努力探索，方能实现共同发展。正如本次论坛的主题——"青年梦，扶贫梦，中国梦"所展现的，我的梦想不仅是我的村庄，而且是中国所有的村庄都能摆脱贫困、走向真正的小康。消除贫困这个美好而又急切的梦想在不久的将来一定会实现。

谢谢大家！

中彩项目搭平台，无怨无悔干扶贫

大同市天镇县塔儿村驻村帮扶干部

赵　波

各位领导、各位同志：

大家好！我是山西省大同市天镇县塔儿村驻村帮扶干部赵波，从2014年开始，由县档案局派出驻村帮扶塔儿村。塔儿村是建档立卡贫困村，也是2014年度中彩项目村。全村305户827人，其中贫困户147户385人，占总人口46.6%。全村耕地3,620亩，全部是旱地。2014年村民人均可支配收入大约2,800元。

作为一名驻村干部，我全程参与了塔儿村中彩项目的规划和实施，项目经过管理组织成立、申报、宣传发动、公示公告、组织实施、竣工验收等阶段，新建联户路14,174平米。这个参与过程让我受益匪浅，更让我感触颇多，下面我谈三点体会。

一、耐心是干好扶贫工作的前提

贫困村的村民，素质参差不齐，只有通过耐心细致、不厌其烦地讲道理、讲政策，他们才会理解、才会配合。村民葛娃子听说扶贫资金可以扶持养羊，他才不管资金使用范围，三番五次酒后去村委会闹事，背着铺盖挡在县委书记办公室门前妨碍办公，讲政策他不听，给文件他不看，谁劝也不顶事，急得我嘴上起水泡、嗓子变沙哑，当了解到他有一个儿子在大同大学上学，我利用周末，让老公开车送我到离县城120公里的大同大学找到了他儿子，把项目申报指南、政策要求都拿给他看，他儿子愿意配合村里工作，在儿子的劝说下，这一阻力成功解除。在村里，项目实施小组组长落选的、对小组成员分工不满的，等等，可谓是五花八门，这些都需要耐心地做思想工作，既要保证农户知情权、参与权、决策权和监督权，又要及时化解随时出现的矛盾。而耐心是解决所有问题的利器。

二、用心是干好扶贫工作的关键

我被村里推选为项目监督小组组长。对于这一头衔，于公，我要对项目村负责、对项目负责、对村民负责。于私，我刚刚驻村不久，尤其还是个女人，这更是我树立威信的机会。我暗下决心，一定要把工作做实做好。"联户路"最主要是把握两个环节，一个是硬度、一个是厚度。从施工队进入工地开始，我吃住在工地，一刻也不离开混凝土搅拌机，确保砂浆的配比是C30，就算离开，也会让其他监督小组成员顶上，每一条联户路支模板时，我都要亲自测量板的高度，以保证路的厚度。我的工作态度打动了村民，有的送水、有的送水果，还有请我去家里吃饭。村民张瑞硬要送给我一盒他孙女从福建给她带回来的好茶叶，被我婉言谢绝了。工程按期竣工，顺利通过验收。虽然我瘦了8斤，但看着笔直的联户路和整洁的入户台阶，把一个个农家小院连在一起，"出门两脚泥，一走两里地"的土路彻底消失，我却很欣慰。用心是解决所有问题的良药。

三、公心是干好扶贫工作的保证

做农村工作，我时刻提醒自己一定要公私分明，才能服人，必须做到一碗水端平。村民郝二柱是我高中同桌的父亲，找他女儿说情想用工地混凝土硬化院子，我拒绝了。工队负责人找到我，想让我在联户路厚度上"松一松"，我拒绝了。我反问他们，如果其他村民也要硬化院子怎么办？如果因降低工程标准验收不合格怎么办？我知道，他们当时会误会我，但我相信，他们一定会理解我。因为我对得起公德，对得起村民赋予我监督的权利，工程竣工验收时，在工程监督纪录上我坦然地签上了我的名字。公心是解决所有问题的钥匙。

"路漫漫其修远兮，吾将上下而求索"。驻村干部一驻六年，扶贫的道路还很长，有人说，驻村女干部，差不多就行了，而我认为，人这一辈子，一定要在从生到死这个过程中，证明自己能干成什么。干好驻村帮扶工作，我无怨无悔。我会把"用项目拿人、用感情动人、用工作服人"作为我的扶贫座右铭，用"对上跑项目、对下问民意、对外诉贫困、对内干实事"的工作态度，配合扶贫等部门干好每项工作，帮助塔儿村动态管理好建档立卡数据，科学谋划、聚焦产业、提升素质、增收脱贫，把塔儿村打造成"经济发展、环境优美、乡风文明"的社会主义小康村。

谢谢大家！

第八部分

2015 减贫与发展高层论坛
乡村发展论坛——资产收益扶贫

只要全党全社会共同努力
一定能够打赢扶贫攻坚战

福建省南安市梅山镇蓉中村党委书记
李振生

各位领导、各位来宾，以及新闻界的朋友们：

大家好！我是党的十七大代表，第十二届全国人大代表，福建省南安市梅山镇蓉中村党委书记李振生，很荣幸应邀参加这次盛会，心情非常激动。近几年，我在社会扶贫方面办了点实事，在实践中有三点体会，现汇报如下：

一、开展"东部带西部，先富帮后富"实践活动，是动员和凝聚全社会力量参与扶贫攻坚战，践行邓小平"共同富裕"理论的实际行动。

我们敬爱的改革开放总设计师邓小平同志把毕生精力献给了中国人民的解放和建设事业，并在长期实践中，集中全党智慧形成了邓小平理论，"共同富裕"思想是邓小平理论的核心内容和价值追求。改革开放使我们农村发生了翻天覆地的变化，使我们蓉中村富了口袋又富了脑袋，去年农民人均纯收入达到22,500元。2012年3月我受全体村民委托，赴甘肃感谢省委书记王三运在福建工作期间对蓉中村的关怀，时逢甘肃省委正在全省开展轰轰烈烈的"联村联户，为民富民"大行动，得知甘肃省还有6,780个贫困村，1,200万个贫困人口，我感到帮扶西部贫困农民脱贫，责任重大。回村后我马上组成赴甘肃参加"双联"的15人扶贫志愿者团队，专程到甘肃省会宁县钟家岔村和武山县北顺村签订结对共建协议，这15人中有退休干部、民营企业家和村"两委"成员，大家满怀"东部带西部，先富帮后富"的豪情，自掏腰包，进村入户，深入调查研究，针对这两个村存在的思想不解放，观念滞后，发展经济的主体被掏空，依靠输血过日子，村两委软弱涣散的4个主要问题，提出"换脑、育种、造血、夯基"的帮扶指导思想，主要做4件事，一是帮助村干部解放思想，更新观念，把他们请到蓉中村参观学习，第一年我去甘肃18次，与村民座谈交流，引导村民扔掉"等、靠、要"思想，走"创业兴村"的发展路子。二是采用"1+11"创新培训模式，把76位外出打工青年分四批请到蓉中村免费进行为期一个月的创业培训，我出资100万元在这两个贫困村各创办一个工业园区，着力培养能带动村民创业的精英"种子"。三是把单一的产业结构调整为农、工、商一体化的产业结构，把"输血"改为"造血"，着力提高村民的造血功能，上个月我借给钟家岔村100万元，建成集繁殖、育肥、屠宰、销售一条龙的养羊专业合作社。四是着力加强村党组织建设，把支部建在产业上，把原有的村党支部升格为党总支，使基层党组织有号召力、凝聚力和影响力，这两个贫困村2011年农民人均收入2,300元，2014年达到11,000元。实践证明，开展"东部带西部，先富帮后富"的帮扶活动，让东部更多的先进单位和个人自费指导、帮扶、带动西部贫困村，能有效地加快西部贫困村脱贫、致富、奔小康的步伐。我们用实际行动践行邓小平总设计师"共同富裕"理论和习近平总书记精准扶贫的重要指示，看到贫困村的变化，我觉得这件事情很有意义。

二、采用"1+11"创新培训模式，加快贫困村创业致富带头人培训，是破解当前贫困村严重存在的"空心、空壳、三留守"难题的最有效办法。

2014年2月我向国务院扶贫办建议，采用"1+11"创新培训模式在全国贫困村开展创业致富带头人培训，得到了国务院扶贫办刘永富主任的高度重视，经过考察、调研、论证，国务院扶贫办于去年10月18日批准成立蓉中培训基地，同意采用"1+11"创新培训模式开展雨露计划闽甘、闽宁试点工作。我认为"1+11"创新模式，是对传统扶贫培训模式的挑战，也是扶贫培训工作与时俱进的大胆创新。"1"就是让参训学员在蓉中培训基地集中学习一个月，分为4个阶段，1. 燃烧创业激情阶段。让参训学员从不想创业到想创业，从不敢创业到敢创业。2. 体验创业实践阶段。让参训学员与企业家零距离接触，在实践中感到创业的酸甜苦辣。3. 提升创业能力阶段。让参训学员从不会创业到会创业，从不熟悉创业到熟悉创业的全过程。4. 完善创业计划阶段。让参训学员在老师指导下制定出创业的目标、计划和作出带动其他村民创业的承诺。"11"就是用11个月的时间对学员回村创业进行全方位的跟踪、帮扶和指导，既有当地政府选聘的扶贫创业导师采用"师傅带徒弟"、"母鸡带小鸡"的办法，就地就近指导帮扶，又有蓉中培训基地创业导师每季度到学员所在地跟踪帮扶指导，基地的"富拼网"利用"互联网$^+$"的形式开展远程跟踪服务，确保参训学员一年时间内能够让创业计划落地，两年创业发展，三年创业成功。一年多时间，我们已为闽、甘、宁的143个贫困村培训458位创业致富带头人。蓉中培训基地的指导组已3次到闽、甘、宁等35个贫困县去对接、指导、帮扶，现根据普查结果，已办好营业执照的学员213人，创业率达到50.5%。宁夏海原县学员许丽华回村创办宁夏海原县富康养殖专业合作社，已带领62户贫困农民养牛300多头，自己养牛200多头。甘肃省临洮县学员杨宗寿创办洮羊养殖专业合作社，旭东良种肉羊繁育场，洮珠饲料草种植专业合作社3个企业，采用"合作社+农户"办法，共养羊4,000多只，带领36户村民加入合作社，带动几十家农户在家养羊。甘肃省靖远县学员张学鹏回村后，带动几十户村民养羊，在今年下半年羊肉价格下滑的情况下，他又到西安创办3个手抓羊肉连锁店，每天需要宰100只羊，他以高于市场价3元的价格收购本村贫困农民的羊，使全村养羊产业稳步发展。甘肃会宁县学员宿文亮是第一期培训班一班的党支部书记，他回村后带头创办顺源养殖专业合作社，采用投母还羔的办法，带动193户贫困村民养羊，这次中央电视台在会宁县采访了他。实践证明"1+11"创新培训模式具有5个特色：创新性鲜明、时效性显著、领先性持久、示范性突出、完整性合理，这套模式得到国务院扶贫办的充分肯定，今年9月2日已给28个省市（区）下发通知，贫困村创业致富带头人培训工程正式启动，要求全国592个扶贫县，12万贫困村，两年内培训40万个带头人。实践证明，我们培训的学员回到贫困村后，不仅带头创业，还带动其他村民创业，使贫困村充满了活力和生气，有效地缓解"空心"、"空壳"、"三留守"现象存在的压力。

三、扶贫开发是全党全社会的共同责任，要动员和凝聚全社会力量广泛参与，充分发挥社会扶贫的巨大力量，一定能够打赢扶贫攻坚战。

习近平总书记今年6月18日在贵州调研时指出："我国扶贫开发工作已进入啃硬骨头、攻坚拔寨的冲刺期。到2020年，7,000多万贫困人口要全部脱贫，时间十分紧迫。6年时间，平均每年需要减少1,170万人，任务相当繁重。越往后，脱贫难度就越大……所以，采用常规思路和办法，按部就班地干，难以按时完成任务。""必须全党全社会总动员，采取力度更大、针对性更强，作用更直接，效果更持续的措施，才能确保2020年全国如期全部脱贫。"习总书记的战略部署是我们打赢扶贫攻坚战的根本指导思想，习总书记在福建省宁德市担任地委书记时多次到寿宁县下党村调研，去年10月30日蓉中村与下党村共建，我4次到下党村指导，提出茶产业扶贫，不卖茶叶、卖茶园的创新思路，每亩茶园一年使用权卖2万元，回赠100斤优质高山红茶，这个办法使下党村每户每年增收3,000~5,000元，村集体每年有20万元的收入。当前扶贫攻坚任务重、压力大，但我深信，有党中央、国务院的正确领导，有全社会的积极行动，五年内一定能够确保7,000多万贫困农民按期脱贫，2020年实现党的十八大提出全国同步建成小康社会的宏伟目标，全国人民期盼的第一个百年中国梦也一定能够在习总书记的亲自带领下如期实现。

作为一名党代表、全国人大代表、全国社会扶贫先进单位、全国先进村的书记。每当想起一代伟人邓小平同志的亲切教导和习近平总书记的重要指示，使命感和责任感便油然而生，今年"两会"期间，记者采访时问我，"你的中国梦是什么？"我告诉他们，"全国没有贫困村，没有贫困农民就是我的中国梦。"我是农民，能量很小，能力有限，为了打赢全面小康扶贫攻坚战，我有决心再接再厉，担当责任，当好一名扶贫攻坚的志愿者和排头兵，在扶贫攻坚战中冲锋在前，勇于创新，有所作为。我坚信，只要全党、全社会共同努力，一定能够打赢扶贫攻坚战！

　　谢谢！

用光伏照亮贫困人群的希望

——山东陵阳街村扶贫甘肃三益村情况汇报

马先富

尊敬的各位领导：

现在我向大家汇报一下我们山东陵阳街村对口帮扶甘肃三益村的情况。

首先，向大家简要介绍一下我们陵阳街村的发展情况：我们陵阳街村是全国创建文明村镇工作先进村镇、中国百强村、中国最美休闲乡村、中国科普教育基地，还是国家扶贫导师团成员单位。我们陵阳街村的发展可以用"以工富农、以农促工、文化兴村、旅游惠民"这16个字来概括。上世纪80年代，我们陵阳街村还是当地有名的穷村，穿衣靠补丁，吃饭靠救济，当时我自己依靠党的好政策在外地做生意先富起来，但是看着村里的老少爷们过穷日子，心里很不舒服。为了帮助村里尽快富裕起来，1984年，我把自己在外地经营的三个企业全部无偿捐给了村集体，回到村里带领大家共同创业致富。借着改革开放的东风，我们村里的企业很快就从3家发展到13家，1993年就实现工业产值过亿元。90年代后，我们立足陵阳蔬菜之乡的实际，与韩国、匈牙利客商合资建成了日照东莒果菜食品有限公司等3家合资企业，做起了蔬菜存储加工出口，让产品走出了国门，让外汇走进了陵阳街村。现在我们村里建起了能一次储存一亿公斤果蔬的冷藏加工区，开发了万亩绿色瓜菜出口创汇基地，配套建起了近万平方米的瓜菜批发市场，西瓜、西红柿、西葫芦、大姜、绿芦笋成为中国绿色食品发展中心认定的A级绿色食品，统一注册了"陵阳河"牌商标，产品远销国内外。2014年，全村年工农业总产值突破30亿元，集体经济收入超过2,600万元，农民人均纯收入达到25,600元。

村里企业发展起来后，我们立足村情大力发展文化事业和特色产业。我们陵阳街村是大汶口文化陵阳河遗址的所在地，这里诞生了中国最早的文字，将中华文明向前推进了1,500年，这里出土了世界上最早的酿酒器，是酒文化的真正发源地。为了挖掘和发扬陵阳河文化，我们陵阳街村和中国社科院考古研究所合作建成了鲁东南考古研究中心和陵阳河文化博物馆，这也是中国社科院考古研究所第一次和村级机构合作。同时，我们积极打造高端农业产业，发展桂花特色产业。桂花文化在我国底蕴深厚，中秋赏桂已经成为老百姓的一种习俗，我们陵阳街村从2003年开始瞄准桂花产业，打造北方的桂花特色村，并在每年的中秋佳节来临之际在村内举行桂花节，以桂为媒，以桂招商。去年，我们陵阳街村举办的"中国陵阳桂花节"被山东省节庆咨询委公布为山东省重点保护的节庆活动。在陵阳街村的带动下，莒县桂花已发展到2万余亩，专业桂花园100多个，从业人员2万多人，年交易额过亿元。

"一个人富了不算富，大家富了才是真正富；一个村富了也不算富，所有的农村都富了才是真正富。"这是我一直的理想，也是我们陵阳街村百姓的共识。因此，我们陵阳街村富裕起来后，每年都会坚持帮扶一到两个贫困村，实现共同发展。这次帮扶甘肃省临洮县三益村既是响应国务院扶贫办的号召，也是实现我们陵阳街村"东部带西部，先富带后富，达到共同富"的一个愿望。

光伏产业是国家重点支持的朝阳产业，环保无污染，而且能够持续给村民带来收益。现在，我们陵阳街村的桂花园上面都建起了光伏大棚，冷库上面也开始建造光伏电站，下一步老百姓的别墅楼上也会全部安装分布式光伏发电装置，这样的做法既能够满足我们企业和家庭的用电需求，剩余的电量还可以卖给电网，获得持续的收益。为了取得最好的帮扶效果，我们陵阳街村先后多次到临洮县三益村进行实地考察，对三益村所在临洮县太石镇的自然环境、地理位置、荒山土地质量等情况进行了一系列实地勘查，听取了当地农民的介绍，并与当地政府就如何开发利用土地资源，开展光伏扶贫项目，进行了多次深入座谈。经过2个月的磋商洽谈和不懈努力，最终取得成功，在这期间国务院扶贫办的领导和临洮县的领导都给予了我们很大的支持。

这次的光伏扶贫项目，我们拟投资2.7亿元，建设25兆瓦的光伏电站一座，5.9兆瓦的分布式电站一座，温室大棚400座，总占地面积约1,000亩。项目建成后采用"四位一体"的运营模式，由光伏发电，到农产品种植、畜牧业养殖，再到产品的储藏、加工、销售，完成一个"一体化"运营的产业模式。并且，我们还将在保障整个项目运作良好和收益稳定的基础上，在延伸产业链条上下功夫，通过拉长产业链条，辐射带动第三产业，来提高当地政府税收，促进旅游业的发展，带动农民从事种植养殖、农产品加工项目，从而解决当地老百姓的就业问题，提高农民收入，帮助带动更多的贫困户致富。

在整个项目进行的过程中，我们将对荒山土地进行整体改良，建设提水灌溉工程，改善土地种植条件。以油用牡丹、黑枸杞育苗为主，有机蔬菜生产为辅，辐射带动油用牡丹、黑枸杞的大面积种植，以采摘带动观光旅游产业，提高贫困户收入。另外，三益村所在地区的昼夜温差大，虫害少，非常适合种植五彩椒，现在国外需要大量的五彩椒，每年全国各地都要从甘肃运输大量的五彩椒加工出口，为此，我们计划在当地直接建设冷藏加工厂，对五彩椒进行加工出口。同时，我们还将利用种养一体大棚，养殖猪、羊，提高整个项目的收益。通过不断完善农作物和养殖产品加工生产线，形成"种植养殖—屠宰加工—仓储销售为一体"的种植养殖产业链条，并建立高效的销售团队和便捷的物流输送团队。为此，我们还将成立种植养殖专家班组，对当地农户进行现场培训、帮助指导、外派学习考察等一系列措施来保障当地农户在项目建成后的经济利益。

这个项目建成后，能够解决当地1,000户无劳动能力贫困户每户每年3,000元的扶贫资金，20年共计6,000万元。解决400户有劳动能力贫困户从事种植、养殖等农牧产业，户均年收入 60,000 元，20 年共计 4.8 亿元。

以上就是我们山东陵阳街村帮扶甘肃三益村的具体情况。在这里也诚挚地邀请在座的各位领导、朋友到我们陵阳街村做客。

谢谢大家！

创办一个产业，兴办一份家业，带动千家万户

广东省佛山市南海区九江镇河清四村党支部书记
潘健章

尊敬的各位领导，
同志们、朋友们：

下午好！我是来自广东省佛山市南海区九江镇河清四村的党支部书记潘健章，受邀出席论坛让我深感荣幸，更加鼓舞我对扶贫工作的信心，在此我对国务院扶贫开发领导小组的邀请表示衷心的感谢。

国务院扶贫办为完善雨露计划工作体系，推进东西协作对口帮扶培训工作，在福建容中基地的推荐下，日前批复同意在广东省佛山市南海区九江镇河清社区设立粤桂两省（区）贫困村创业致富、带头人培训基地，并任命我为基地负责人。

河清是全国桂花鱼品牌村，九江镇是中国淡水鱼苗之乡，鱼苗总产量占全国鱼苗的23.6%，超过1,220亿尾，小产业已走向产业化，形成了一条集鱼苗孵化、种苗培育、鱼苗交易、成品鱼养殖、销售、专业打包、物流和渔具批发于一体的完善产业链，涌现出一批养殖基地和龙头企业。近年来水产业又走上科技创新之路，引进了国际最先进的智能养殖科技技术，形成循环水工厂化养殖，成为食品安全、环境保护、节能减排的养殖新模式、新标杆、新典范。

先富不忘记后富，先进不忘记后发，九江河清村积极投身扶贫事业，在2014年底由我代表河清四村向国务院扶贫办刘永富主任汇报九江河清的情况后，刘主任安排开发指导司海波司长一行到我镇村进行调研，并

对淡水养殖产业输出贫困地区、智能科技养殖项目扶贫的多赢模式作出顶层设计，为政策落地作出具体指示。我村按国家扶贫的指导思想，在南海区委区政府、九江镇委镇政府大力支持下，整合优质资源、先进技术，向龙头企业大力宣传养殖产业扶贫多赢模式，邀请企业成为扶贫创业导师，参与扶贫事业，九江河清村以创业致富带头人培训为基础，淡水养殖产业为核心，按照国务院扶贫办指示，在广东、广西两省（区）扶贫办的安排指导下与广西上林县进行对接，在上林县委县政府的高度重视和积极努力下很快达成帮扶方案，由上林县政府组织挑选100名有文化、有思想、有干劲、有强烈创业致富愿望的村民，派到九江河清基地、培训一个月，让他们实地学习水产知识，了解创业成功的方法，参与成功养殖基地的日常管理工作，体验成功的氛围，实习成功创业的各种细节。为产业落地带动发展提供优秀的带头人，基地组织推荐南海九江镇澳品智能科技渔业公司和南海九江达亿渔业有限公司，组团在国家扶贫政策支持下，在上林县投资建立上林水产养殖基地。

把九江拥有的国际先进智能科技养殖技术和成熟的传统水产养殖产业链推荐给上林县，使智能科技养殖与带动家户科学养殖结合在一起。其中，澳品智能科技有限公司计划对上林县分三期共投资2亿元，养殖澳洲墨瑞鳕鱼等国际知名度高的优质鱼种，设计年产量为2,000吨的智能科技工厂化循环水养殖基地，建成集孵化、育苗、养殖、饲料生产、鱼肉加工和食品开发、推广培训、休闲旅游为一体的综合化产业基地。

澳品智能科技渔业有限公司为响应国务院扶贫办东西协作、对口帮扶、精准扶贫的号召与设计，体现企业的社会责任感，将安排40%的股份让上林县建档立卡贫困村民入股，上林县委县政府将根据扶贫政策协助村民融资入股，企业将承诺保底分红，让上林县七百户贫困户（特别是失去劳动力的贫困农民）有所依靠，保障收入。

公司根据市场对墨瑞鳕鱼不同规格的需求，设计的公司+农户模式，可带动1,500农户鱼塘养殖年产量4,000吨，户纯收达50,000元。这样，企业通过农户一年养殖，回收智能工厂再养殖的商品鱼进行加工出售，使企业扩大产量与销量，农户通过养殖脱贫致富，从而实现双赢目标。

其中佛山市南海达亿渔业有限公司计划在上林县投资7,000万，建立桂花鱼为主的传统高值鱼养殖示范基地，形成集孵化、育苗、示范养殖、销售专业水产、物流为一体的桂花鱼养殖产业链，基地通过示范养殖为上林县提供整体基塘科学整改方案。由上林县委、县政府通过扶贫政策为农户进行基塘整治，使之符合科学养殖桂花鱼和饲料鱼的要求。由基地提供种苗技术培训，带动8,000农户养殖30,000亩桂花鱼和饲料鱼，使每户收入达到20,000至100,000，这样该水产产业的输出可带动上林县近万贫困户脱贫致富。

我们将努力做好各项细节工作，脚踏实地、逐步推进，决心做成以九江淡水鱼养殖产业输出为核心，培养优秀贫困村水产养殖业致富带头人为基础，企业基地与带头人合作共同带动千家万户养殖致富的河清模式上林经验。

各位领导，同志们、朋友们！

习总记提出2020年全面实现小康社会，而目前有国家级贫困县592个，贫困村12.9万个，减贫发展的任务非常艰巨。优质的淡水鱼在全国以至全球市场需求非常巨大，我们九江河清基地愿意连同龙头企业按河清模式上林经验帮助全国符合淡水水产养殖条件的贫困县、贫困村，让老乡过上小康日子，让东部发达地区与西部欠发达地区人民一起共同追求、实现中国梦！

谢谢！

驻村帮扶对于精准扶贫的效果评估

社会科学院　　王晓毅

2013年，中办和国办联合下发的《关于创新机制扎实推进农村扶贫开发工作的意见》提出，"在各省（自治区、直辖市）现有工作基础上，普遍建立驻村工作队（组）制度。可分期分批安排，确保每个贫困村都有驻村工作队（组），每个贫困户都有帮扶责任人。"随后，在国务院扶贫办等7部门发布的《建立精准扶贫工作机制实施方案》中进一步提出"加强驻村工作队的规范管理，实现驻村干部帮扶长期化、制度化和规范化。"文件发布以后，各省积极响应，到2014年7月，全国已有27个省（区、市）建立并派驻了驻村工作队，省、市、县三级共派出了以扶贫工作为主要任务的工作队超过10万个，驻村帮扶干部40万人。

2015年，在派驻工作队的基础上，各项派驻制度不断完善。如贵州省按照"一村一同步小康工作队，一户一脱贫致富责任人"的要求，每年派驻5.6万余人，覆盖11,590个贫困村。甘肃省在"单位联村和干部联户"的双联扶贫模式的基础上，整合选派到村任职（挂职）干部、联村联户干部、乡镇包村干部和大学生村官，共选派26,432名驻村干部，实现对6,220个建档立卡贫困村的全覆盖。驻村帮扶在实施精准扶贫中发挥了重要作用。

一、驻村帮扶结合了对口帮扶和包村干部的双重优势，与干部联户制度相结合，发挥了中国扶贫的政治动员优势。

对口帮扶是由县以上的政府部门或企业、社会组织，利用本身的优势资源，对贫困村进行重点帮扶。在精准扶贫中，对口帮扶仍然发挥着重要作用。因此多数工作队队长是由对口帮扶的单位派出，与本单位的扶贫优势相配合，统筹贫困村和贫困户的脱贫致富。同时驻村工作队多吸收乡镇干部参加，在一些工作队中还包括了本村的成员，这可以发挥基层干部熟悉贫困村情况的优势，便于工作队开展工作。

表1　驻村工作队成员构成

工作队来源	人数	百分比
省	41	3.5
市	65	5.55
县	212	18.10
乡镇	852	72.76
中央	1	0.09
合计	1,171	100

资料来源：贵州和甘肃两县的组织部提供，下同

驻村工作队的组织保障已经日趋完善。为了保证工作队更好地开展工作，各级政府都强化了对帮扶单位的责任落实。首先各级政府都强化了帮扶单位的责任，强调对口帮扶单位的主要领导要承担帮扶的主要责任。在贵州关岭，将帮扶单位的一把手任命为贫困村的挂帮书记，这使帮扶单位不仅派出强有力的干部驻村帮扶，而且动员单位的资源对驻村帮扶的干部提供直接的支持。其次，组织部门制定了一系列的政策，激励驻村工作队员开展扎实细致的扶贫工作，将驻村帮扶作为提拔使用的重要考量标准，并且对驻村工作队的工作进行严格督查和评估。由于各级政府的高度重视和对口支持单位的支持，一些富有工作经验的骨干被

派驻到贫困村，承担驻村工作队长的责任。从我们两个县的调查资料看，60%以上的驻村干部年龄在26~45之间，80%以上的工作队员是中共党员。

表2 县以上驻村工作队的年龄分布

年龄	人数	比例
25及以下	14	4.39
26~35	107	33.54
36~45	109	34.17
46~55	73	22.88
56及以上	16	5.02
Total	319	100

资料来源：贵州甘肃两县的资料，下同

表3 县以上驻村工作队的政治面目

政治面目	人数	比例
党员	258	80.88
非党员	61	19.12
合计	319	100

资料来源：贵州甘肃两县的资料，下同

二、驻村工作队在精准扶贫和全面建成小康社会的工作中，发挥了不可替代的作用。

在对贫困村农户的问卷调查中，农民普遍认可驻村工作队在扶贫攻坚中的重要作用。超过90%的回答者认为驻村工作队是非常重要的。

表4 驻村工作队的必要性？

驻村工作队是否重要	回答人数	比例
非常重要	78	90.7
有比没有强	7	8.14
没有必要	1	1.16
合计	86	100

村民对驻村工作队在扶贫中的作用给予了肯定。超过3/4的回答者认为驻村工作队对村庄的扶贫作用很大。

表5　你觉得驻村工作队对村庄扶贫的作用大吗?

评价	人数	百分比
作用很大	72	76.6
有些作用	12	12.77
基本没有	3	3.19
不知道	7	7.45
合计	94	100

在村民看来,驻村帮扶的首要贡献在于扶贫资源的增加。精准扶贫需要更有效的目标瞄准机制,将日益增加的扶贫资源投入到贫困村和贫困户。驻村帮扶工作队不仅利用自己机构的优势,动员了更多社会资源用于贫困村的帮扶,而且通过政府部门之间的协调,将农村发展的资源更多更快地倾斜到贫困村。在村庄内部,资源也更多地进入到贫困户,预防了非贫困户挤占扶贫资源。

表6　作用体现在哪些方面(多项选择)

	总和
村里扶贫资源(资金、项目、上级重视等)增加了;	46
村里道路、水、电、房屋等基础设施改善了	71
扶贫资源分配更公平了	32
农户致富门路更清楚了或(和)更多了	42
村干部做工作的方式方法改善了	28
村干部更清廉	21
村干部之间更团结了	19
村民与村干部之间关系更融洽了	37
农户之间关系更好了	17
其他	3
合计	94

党中央提出到2020年全面建成小康社会的目标，各省也制定了相应的脱贫目标，要实现这一目标，驻村工作队具有不了替代的作用。

首先，驻村工作队是实施各项精准扶贫措施的保障。要实施精准扶贫需要高质量的信息采集和汇总，而精准扶贫所需要的信息采集已经超出了贫困村原有的组织系统的能力，需要贫困村之外的力量介入。建档立卡和信息汇总已经成为驻村工作队的重要任务之一。

其次，随着大量资源投入到扶贫中，需要有一套透明和公平的资源分配机制，特别是涉及到贫困户、低保户的识别。如果没有透明和公开的机制，就不能保障扶贫资源的公平分配。驻村工作队作为村民和村级组织之外的第三方进入贫困村，成为事实上潜在的监督方，对于扶贫资源的公平分配发挥了重要作用，

第三，驻村工作队借助对口帮扶单位的优势，动员更多资源进入贫困村，帮助贫困村更快更好地落实和实施发展项目。随着扶贫攻坚的开展，特别是贫困村都被确定了脱贫时间点，脱贫需要更多的资源进入到贫困村，驻村帮扶可以利用自身的优势，克服现有体制上的弱点，帮助贫困村争取到更多的项目，从而达到资源向贫困村和贫困户倾斜的目标，弥补项目的不足，从而推动贫困村更快地发展。

第四，在工作队的帮助下，贫困村的自我发展能力在提高。通过村庄发展规划，驻村帮扶与贫困村一起理清了发展思路，发展了农村合作组织，改善了农村文化生活。通过驻村帮扶和工作队员对贫困户的访问和调查，改善了农村基层的干群关系，化解了许多农村矛盾，从而使贫困村的自我发展能力得到提高。

三、通过帮扶，贫困村的面貌发生了很大变化。

从我们的调查来看，超过80%的回答者都肯定在贫困村中，贫困户的数量在减少，贫困村整体的收入水平在提高。

表7 近年来村庄贫困户的数量变化？

贫困户的变化	人数	比例
减少了	78	81.25
增多了	3	3.13
没有变化	7	7.29
不知道	8	8.33
合计	96	100

表8 近年来村庄贫富差距状况？

贫富差距	人数	比例
减小	51	53.13
加大	25	26.04
没有变化	14	14.58
不知道	6	6.25
Total	96	100

驻村工作队的首要工作是走访贫困户，在建档立卡、确定扶贫措施和对工作队的考核方面都需要工作队深入细致地走访贫困户。向贫困户宣传党的政策也被作为工作队的首要任务之一。通过走访贫困户，驻村工作队与贫困户熟悉了贫困村的状况和问题所在，密切了与贫困户的关系。大多数的回答者认为驻村工作队熟悉贫困村和贫困户，也了解驻村工作队员。

表9 驻村工作队了解村里或农户的问题和困难吗？

驻村工作队情况	人数	百分比
很了解	58	63.74
有一些了解	17	18.68
基本不了解	9	9.89
不知道	7	7.69
合计	91	100

通过走访贫困户，贫困户熟悉了驻村工作队，也愿意向驻村工作队提出建议和沟通情况，所以大多数村民都至少熟悉部分工作队员。有超过2/3的村民知道工作队来自于哪个部门或单位。

表10　是否熟悉驻村工作队人员？

是否熟悉工作队	人数	百分比
很熟悉	37	38.54
熟悉大多数	18	18.75
熟悉少数人	23	23.96
不熟悉	18	18.75
合计	96	100

表11　是否知道驻村工作队来自什么单位？

知道工作队员单位	人数	百分比
知道	60	63.83
不知道	34	36.17
Total	94	100

四、中共的历史上有很多次向农村派驻工作队的经验，但是在前面建设小康社会中的驻村帮扶与以往的派驻工作队不同，资源动员能力更强，其任务更为艰巨。

首先，以往的工作队多是单一目标，不管是推动一项政治运动或发展某项产业，其目标都是为了自上而下地推动一项政策的完成。但是以扶贫为主要目标的驻村帮扶却是以推动贫困地区和贫困农户的发展为目标，因此其任务更加复杂也更加艰巨。工作队不仅要通过实施扶贫项目来改善贫困地区的基础设施状况，而且要推动产业调整以增加贫困户收入；不仅要关注贫困村的整体发展，更要保证扶贫资源能够到达贫困户。这为驻村帮扶工作队的工作提出了更高的要求。

其次，随着各级政府对扶贫工作的重视，扶贫的力度不断加大，投入的扶贫资源更多。这些资源能否被正确地使用从而发挥更好地扶贫效果是扶贫工作能否按期完成目标的关键，也是对帮扶工作队的考验。帮扶工作队要形成适合本村的发展思路，实现按期脱贫的目标就需要深入调查，自下而上地形成扶贫的思路，扶贫项目的实施必须结合本地的实际。这对驻村帮扶工作队的工作能力是一个严峻的考验。

第三，与以往派驻的工作队不同，驻村帮扶要与村支两委相互配合，既不能超越村支两委的领导，高高在上，又需要在村庄发展中主动发挥作用，这对工作队的工作方式和工作经验都是一个挑战。

目前，由于各级党委和政府高度重视，工作队已经覆盖了全部的贫困村，并且按照组织部门的要求在贫困村住下来，开展工作，但是面对如此复杂和艰巨的任务，有一些工作队还不能适应工作需求。工作队的工作情况差异很大，部分工作队还不能很好地发挥作用；特别是一些工作队员缺少农村工作经验，尚难以适应驻村工作的要求。个别工作队还缺少自下而上的工作视角，存在程度不同的形象工程问题。因此，工作队需要从能力建设、制度建设两个方面加以改善。

工作队的能力建设，特别是来自县以上机构和单位的工作队能力建设亟需进行。目前对工作队的培训还不能满足工作队的需求，首先，一些缺少农村工作经验的工作队员还缺少深入实际，开展参与式扶贫工作的知识和经验。其次，尽管各级政府对工作队员的任务都进行了详细的阐述，但是这种一般性的任务如何与贫困村的实际相结合，还缺少有效的经验和机制。再次，多数工作队员的任期是一年，在他们掌握了工作经验以后可能会离开工作队，从而形成知识的流失。可以考虑对驻村工作队员开展岗前培训，特别是参与式农村发展的培训，加强驻村工作队之间的经验交流，通过典型案例和实地考察等方式，提高驻村工作队处理实际问题的能力。

其次，强调效果考核，切实发挥驻村工作队的能动性。现在对驻村工作队已经制定了较为严格的考核制度，但是多数考核还更多地强调工作过程，对扶贫工作效果的考核重视不足，可以考虑对驻村工作队的考核从过程考核向效果评估转变，强化扶贫工作的效果。

最后，要认真总结驻村扶贫的经验，在驻村扶贫中已经形成了许多好的经验，这些经验不仅对改善驻村帮扶和实现全面小康社会具有重要的借鉴意义，而且对于农村长期可持续的发展也具有重要意义。

网络万家茶园　造福百万茶农

北京聚茶园网络科技有限公司 CEO

王筱甜

尊敬的女士们、先生们，

　　大家下午好！我是北京聚茶园网络科技有限公司的 CEO 王筱甜，是一名一直想回祖国创业的 80 后海龟。十年海外留学，从中学到研究生毕业一直在外漂泊，上学期间喜欢折腾，用部分生活费跟同学们一起投资创业，做过红酒、羊毛被、澳洲鲜鲍生意，也合伙开过干洗店，没赚多少钱，但从中学习和体会到了想做成一件事的不容易。去年毕业回国，一个偶然的机会，参与了扶贫活动，应聘成为一名扶贫志愿者，参与扶贫活动一年多来，震动很大，感触太深。认识到以前对于贫困的认知实在是太浅薄。如今国际贫困线标准上调，我们扶贫事业更加地任重道远。一个想做点什么的念头逐渐清晰并越来越强烈。

　　我跟很多踏入创业潮的年轻人一样，想在成就自身价值的同时，为需要帮助的人做点什么。由此生发了扶贫创业的想法，于是和几个小伙伴一起成立了聚茶园。

　　贫困地区多处于偏远山区，生态资源丰富，尤其适合茶叶种植，全国有 14 个集中连片贫困山区，其中 11 个适宜茶叶种植，国家级重点贫困县近 50%、也就是约 276 个分布在 8 大茶产区。于是我和几个小伙伴聚在一起想：大山困住了茶香，好茶卖不出好价，是大山里的茶农依旧贫困的主要原因。他们无暇顾及建立品牌，更无暇顾及到好茶的推广。只能处于交易劣势把辛苦种的好茶贱价卖给茶贩子，茶贩子再层层加价，市民们不得不为中间渠道买单，买来广告词中的某产地茶叶。

于是小伙伴们行动起来，成立了聚茶园，很荣幸地成为了扶贫牵手行动中的首个消费扶贫项目。不以善小而不为，消费认购贫困地区茶农的产品也能扶贫，可以直接帮助茶农摆脱贫困。

聚茶园集结扶贫各方资源，得到了国务院扶贫办的支持，中国人民大学农村发展研究所的指导，以及品牌策划、互联网品牌推广行业领军人物的帮助。整合276个国家级重点贫困县的茶产业，以县为单位成立"茶业馆"，12.8万个贫困村的驻村工作队作为项目后援，具体跟进各村的茶产业项目。邀请茶叶专家和营销领域专家，因地制宜为本地茶发展出谋划策，建立地方品牌。聚茶园作为茶品类公平交易平台，依托"扶贫＋互联网＋茶"的创新模式，牵手天下茶园，造福百万茶农。让茶农增收；为市民减负，让人人都能用合理的价格喝上好茶。

截至2013年，全国实有茶园面积约3,700多万亩，当年茶叶产量200多万吨，产值3,000多亿人民币，其中贫困茶产区占比近一半。中国的茶叶市场潜能是巨大的，而茶农仍普遍处于贫困状态，据统计，2013年我国每亩茶园产值仅3,489元，茶农真正拿到手里的收入就更少了，归根结底就是钱被茶贩子们赚走了。消费者不得不支付几倍的渠道费购买茶叶。

聚茶园的消费扶贫模式让一亩茶园的销量能切实帮助一户茶农脱贫，一人买一斤，百人帮一户。消费亦能扶危救困，不以善小而不为，鼓励全民用认购茶园的形式，带给茶农一份有尊严的收入，也带动当地茶产业的发展。聚茶园通过整合贫困地区的茶叶资源，设计不同规模大小的茶园，方便大众认购茶园、参与扶贫。购买三棵茶树也是扶贫，购买一亩茶园就能帮助一户茶农脱贫。以"茶叶售价＝茶青收购价＋炒制费用＋包装"的定价，运用"互联网＋"的模式，面向大众，还利于茶农和市民。做到茶农增收，市民减负。最低仅需支付50元就能认购茶园，吃水不忘挖井人，作为公平交易，茶农以优质的茶叶回馈爱心消费者。

女士们，先生们，那聚茶园是如何做到品质与低价并存的呢？

贫困地区的茶农普通缺乏品牌意识，整合各方营销资源的能力低，聚茶园作为网上的公平交易平台，面向贫困地区茶农免费开放，但光靠茶农自己在茶行业这片海洋中单打独斗势单力薄。我们以各地茶业馆为单位，由当地驻村工作队向聚茶园推荐数个制茶品质优良、产能稳定的茶厂，茶厂面向周边地区茶农收购优质茶青，遵循市场规律，茶青品优则价优，统一进入茶厂，加工炒制。每户茶农在当地驻村队的安排下建档建卡，内容包括：家里人口、去年年收入、家有茶园几亩、年产多少、当年茶青收入等自家茶园信息。茶农与茶厂的每一次交易，都记录在案，以便于聚茶园帮助消费者对口帮扶到具体的茶农，真正意义上的"一人买一斤，百人帮一户"，统计一年中该户茶农共销售出的茶青数量，记录该户增收情况，在聚茶园官网公开发布贫困茶农脱贫后的变化。每个茶农都有自己的身份档案，同时便于茶厂依照《扶贫手册》指导茶农，严格按照要求种植、施肥、采摘等。不符合收购条件的茶青，坚决不予收购，并列入茶农档案，第二次不合格，茶农将列入收购黑名单。每批次成茶都将送质检、存档，并不定期由茶行业专家学者"微服私访"抽查产前、产中、产后各个环节，保证茶叶品质。茶农身份档案便于聚茶园监控成品茶品质，做到质量追溯，也协助当地驻村工作队、扶贫单位、农业单位做茶产业扶贫数据收集。茶厂的招商与挑选，聚茶园同样有一套完整的准入退出机制，遵循生产品质、生产能力为优先考虑。各个茶农以茶青品质竞争，茶厂以采购价格、生产能力竞争，聚茶园平台各方都处于良性的生态竞争中，最终造福消费者。

此次扶贫牵手行动是聚茶园牵起了茶农、茶厂、消费者的手，三方绕成一个圈手牵手，我和聚茶园的小伙伴用心驱动扶贫，用心服务于以上三方，茶农用心种植，茶厂用心制茶，最终呈现给消费者的是，只要付合理价格就能喝到安心茶，喝到品质茶。

女士们，先生们！

在此，我代表聚茶园向大众宣布，聚茶园扶贫牵手行动正式启动，众筹网聚茶园项目今天上线！让我们一人一斤生态茶，消费也能助脱贫！

我们80后是被人称为骄子的一代，渐渐我们成长为社会的中坚力量。聚茶园这群80后努力"让天下茶农没有难卖的茶，让喝好茶不再需要支付没必要的成本"，"让在家务农也是一份体面、高收入的事业"。我们刚起步，我们在路上，我们一根筋地向前飞奔。

谢谢！

贵州省江口县闵孝镇鱼良溪村
扶贫工作情况汇报

贵州省鱼良溪村党总支部书记　杨再炼

尊敬的各位领导：

　　我是贵州省梵净山脚下的鱼良溪村党总支部书记杨再炼，非常感谢各位领导能够给我这次机会，参加此次2015年减贫与发展高层论坛。下面，我谨代表鱼良溪村全体村民就扶贫工作情况作简要汇报，不当之处，请批评指正。

一、基本村情

　　鱼良溪村位于国家级自然保护区、联合国"人与生物圈"保护区网成员——梵净山脚下，地处贵州省江口县城西侧18公里、闵孝镇东部2公里处，距杭瑞高速、安江高速闵孝匝道口8公里，303、305省道穿境而过，区位好，交通便利，江口县现代高效农业（扶贫）示范园区、核心区鱼粮农业公园坐落于此。全村土地面积33平方公里，可耕地面积2,885亩，辖19个村民组，共1,082户4,588人，党总支下设第一党支部、第二党支部、水果党支部、蔬菜党支部共四个党支部，11个党小组，有党员116名。有汉、土家、侗等民族聚居于此，其中少数民族占78%。全村共有贫困户116户326人，约占全村总人口的7%，其中残疾人116人。

　　鱼良溪村境内依山傍水，气候宜人，森林覆盖率达65%。由于地处生态功能区，文化旅游资源和特色优势农业资源异常丰富，近年来，在江口县委、县政府和闵孝镇党委、政府的正确领导下，村"两委"按照全县"一业带三化、三化促一业"（以文化旅游产业为龙头，带动农业产业化、新型工业化、城镇园林化发展，以工业化、城镇化和农业现代化发展，合力推动旅游产业再上新台阶）发展战略要求，突出"支部引导、群众主导、企业带动"工作思路，基地建设、设施建设和项目建设均取得了初步成效。其中，以大棚果蔬为主导的种植业和以中华鲟鱼、虹鳟、大鲵为特色的养殖业，已成为我村产业结构调整和农民创业增收的亮点，2014年全村农民人均纯收入8,650元，成为了市级新农村建设示范点和市、县产业结构调整示范村。曾先后被国家人口计划生育委员会、中国计划生育协会评为"人口和计划生育基层群众自治示范村"，被省委评为"先进基层党组"，被中华全国妇女联合会评为"全国妇联基层组织建设示范村"，被中组部评为"全国创先争优先进基层党组织"，被省委评为"全省创先争优基层党组织"，被中国科协、财政部评为"全国科普惠农兴村先进单位"，被司法部与民政部评为"全国民主法治示范村"等荣誉，获得"全省文明村"、"贵州省卫生村"等称谓。

二、主要做法及成效

一是引能人带动，促经济转型。在全村创造性实施了"党员先锋"工程，推行了1名能人党员帮扶3名群众和1名困难党员创业为内容的"1+3+1"（即1名能人党员帮扶3名贫困群众和1名困难党员）党员带富模式，并在党员中开展"十个一"（即：党员身份亮一亮，党的精神学一学；惠民政策讲一讲，产业发展带一带；群众困难帮一帮，矛盾纠纷劝一劝；群众意见听一听，个人不足找一找；履职践诺评一评，名利好处让一让）评比活动。通过能人党员带动困难群众和贫困党员投入果蔬产业发展，目前，全村从事果蔬种植农户已达473户2,160多亩，平均每天需聘请劳动力200多人。同时，采取"走出去、请进来"的办法，邀请洋教授课堂授课和土专家现场示范。先后组织376名农村实用人才、种植大户到江苏华西、湖南辰溪等地参观学习，转变了思想观念，增强了创业信心。

二是强社会管理，促素质提高。开展了"加强社会管理，争当优秀村民"活动，在村民之间、寨邻之间掀起了比奉献、比致富、比整洁、比孝道、比和谐、比文明的热潮。如今，全村"空巢老人照看难，留守儿童管理难"这一社会现象得到有效化解，全村外出务工人数由2006年前的1,000多人下降到现在的200余人。邻里纠纷、打牌赌博和小偷小摸等行为基本杜绝，全村上下谈发展、话发展、谋发展的现象随处可见，家庭和谐指数进一步提升，社会日趋和谐。

三是推政策帮扶，抓资金投入。我们出台优惠政策扶持果蔬种植户，对所有果蔬种植户免费提供种苗，优先提供贷款，对所有蔬菜大棚支付50％的建造费，解决了部分种植积极户资金紧缺的困难，极大地调动了农民群众参与积极性和主动性。

四是促土地流转，抓组织建设。按照"依法、有偿、自愿"的原则，把农户的土地集中由村委会统一承包，按照产业布局重新发包给种植户，让土地所有者既有租金，又能解决就业问题。在土地流转的基础上，我们按照公平的利益分配机制，以土地、资金、技术等形式入股的方式成立了鱼良溪农业专业合作社，充分发挥了群众合作组织凝聚人心、提供信息、组织生产、开拓市场的作用。

五是争项目支撑，抓产业设施配套。先后争取项目资金970余万元，用于抓好农业产业化的配套设施建设。投入300余万元新修建1米宽以上U型渠13.2公里、0.4米宽以上U型渠7公里，渠道灌溉全部到田；投入50余万元修建了交易市场，配置了农药检测仪、太阳能杀虫灯等；投入40余万元修建了育苗设施；投入资金230万元修建了气调库；投入资金350万元建成大型喷灌工程，覆盖面积200亩。基础设施不断完善，村民生产生活得到充分保障，更加有助于村民实现农业产业化。

六是强集体经济建设，助群众全面小康。全村以调整农业产业结构、增加农民收入为目标，把特色果蔬种植、加工，现代渔业、畜牧业发展作为重点，将发展壮大村级集体经济，促进贫困群众就业增收作为重要任务来抓，切实提升扶残助困等系列保障能力，确保全村同步小康一个也不落下。现"休闲垂钓创收鱼塘"、"党员干部实训基地"、"红心猕猴桃种植基地"等村级集体经济已建成，为村中20名残疾人提供了就业增收场所，成功带动了周边困难群众发家致富。

三、近期规划

继续争取村级集体经济项目建设，加大扶贫助残力度。通过依托我县萝卜猪养殖优势，在鱼良溪村成立贫困残疾人生态养殖专业合作社，建造一个具有500头规模以上的萝卜猪生态养殖基地，为更多的贫困户以及拥有半劳动力的残疾人、五保户等弱势群体提供集中就业的机会，让其吃、住、行、穿、医疗等基础性生活条件都能够得到充分保障。确保我村早日实现全面小康。

四、存在困难

在上级党委、政府及相关部门的大力支持下，我村减贫工作虽然取得了一定成绩，但也还存在一些困难，如：集体经济扶贫助残项目建设资金不足、专业技术人才紧缺、技术跟踪不到位、市场拓展不开等问题。下步工作中：一是继续加大争取项目、招商引资工作力度，努力争取更多资金投入我村扶贫项目建设。二是引导农户提高认识，更加积极主动参与产业致富。三是加大村民培训力度，力争与省内外高校和农业专家进一步合作，改变群众思想观念，提高群众生产技能。

我的汇报完毕，谢谢大家！

搭建旅游养老产业大联盟
创新乡村旅游扶贫新模式

国奥集团副总裁　张浦宁

各位领导、各位朋友：

我受国奥集团张敬东董事长的委托做个发言。实现"环球同此凉热"，实现"全体人民共同富裕"，是中国共产党历代领导核心一以贯之的伟大抱负。党的十八大以来，以习近平总书记为核心的党中央，以非凡的政治魄力和历史担当，大刀阔斧治国理政，纵横捭阖国际风云，在"四个全面"的战略布局中，把扶贫工作摆在重中之重，在连续3年使4,000多万人口脱贫的历史性突破基础上，又进一步发出了到2020年，实现我国农村全部脱贫的攻坚战总动员令。这是举国上下的一件大事，也是社会各界，特别是企业义不容辞的社会责任和道义担当。

我们国奥集团应北京奥运会而生。10年来，我们秉承奥运精神，坚守报国惠民理念，以城市区域运营商为己任，实施多元发展、多边合作，以旅游养老产业联盟为龙头，打造包括地产开发、休闲度假、健康养生、文化体育和信息技术等新兴产业链和开放式投融资平台。2015年，按照北京市委市政府的要求，我们在怀柔区田仙峪村启动了盘活农村闲置房屋，发展乡村旅游、休闲养老试点工作，打造的"国奥乡居"项目，采取"三分三合"模式，也就是农民闲置房所有权、使用权和经营权"三权分离"，"农户+合作社+企业"的合作经营方式，建立了"农民所有、合作社使用、企业经营、政府监管"四位一体的运行机制。近一年来的实践证明，这是解决长期困扰我们的"三农问题"，建设美丽乡村，消除城乡二元结构，带动农民就业、增收、致富的有益探索，有效途径，得到当地政府和农民乡亲的普遍欢迎。

这次中国扶贫志愿服务促进会，把国奥集团接收为创始会员，我们作为企业界代表，深感使命光荣、责任重大。我们要认真学习贯彻习主席在这次论坛上的主旨讲话精神，把扶贫攻坚作为份内事，把发展乡村旅游作为总抓手，在总结"国奥乡居"项目运作经验的基础上，进一步创新精准扶贫开发新模式，通过搭建众筹型旅游养老产业合作伙伴平台，采用"房地产+旅游业+合伙人+互联网+信托化"的形式，实施"农村包围城市，星火燎原拓展"战略。

一是通过政府搭台、企业唱戏、农民参与，发展乡村旅游产业，有效解决农村发展模式、产业结构、就业途径单一这个千百年来困扰农业、农村、农民发展的老大难问题，大规模吸纳农民就地就业，进而加快城乡一体化进程。

二是通过O2O模式，有效优化旅游资源配置，创新乡村旅游消费方式，提升乡村旅游服务品质，把城里人引进来，让村里人动起来，让空心村、闲置房热起来，让新农村建设火起来，让农民的钱包鼓起来。

三是通过发展规模化、标准化、可复制、可推广的乡村旅游新业态，有效解决乡村旅游自发、无序、分散的低水平、低层次的徘徊状况，促进乡村旅游迈向新台阶，实现大发展。

四是通过合作共赢、资源共享的新型旅游经济模式，把社会资本引入农村，把城市职业化人才输入农村，把先进的思想理念、生产方式、生活方式导入农村，有效改变农村面貌，提升农民素质。

各位领导、各位朋友！

实现党中央、习主席的战略决心，用6年时间完成7,000万人口的彻底脱贫，任务十分艰巨，工程非常浩大。我们国奥集团有决心有信心，在各级政府的支持下，在政策的扶持下，在金融的支撑下，一如既往地发扬特别能战斗、特别能奉献的奥运精神，少说空话，多干实事，多办好事，坚决完成扶贫促进会赋予的旅游扶贫任务，向党和政府、向贫困地区交一份满意合格的答卷。

总之，我们的使命愿景就是：让山更绿，让水更清，让农村更美，让农民更富，让城里人留得住乡愁！

第九部分

2015 减贫与发展高层论坛
残疾人精准扶贫论坛

致2015减贫与发展高层论坛

——残疾人精准扶贫论坛的贺信

中国残联主席　张海迪

尊敬的各位嘉宾，

亲爱的同志们、朋友们：

你们好！在第二个国家"扶贫日"和第二十三个"国际消除贫困日"来临之际，国务院扶贫开发领导小组在北京举办2015减贫与发展高层论坛，习近平总书记出席论坛并发表了重要讲话，深刻阐述了在全面建成小康社会的进程中扶贫的重要意义。这届高层论坛将"残疾人扶贫"作为六大议题之一，体现了对残疾人的关心与爱护，也表明了扶助贫困残疾人在国家工作大局中的份量。在此，我谨代表中国残联，向残疾人精准扶贫分论坛的举办表示热烈的祝贺！向关注、支持和参与扶助贫困残疾人工作的各界朋友表示由衷的感谢！贫困是当前和今后一段时期残疾人面临的最大困难，也是加快推进残疾人小康进程必须面对的挑战。全国8,500万残疾人口中有70%以上生活在农村。残疾人口的贫困与残疾类别的多样性和残疾程度的严重性交织在一起，很多残疾人失去了及时康复和平等受教育的机会，就业更是受到一些歧视，这使他们成为贫困人口中贫困程度最深、扶持难度最大、返贫率最高的一部分人。而他们改变贫困现状的愿望非常迫切，盼望能过上小康生活。

我认为，研究推进残疾人扶贫工作，应当考虑这项工作的长期性、复杂性，在加强制度建设上下功夫。最近国务院出台了困难残疾人生活补贴和重度残疾人护理补贴两项政策，在建立残疾人基本福利制度上迈

317

出了重要的一步。我们的扶贫工作要在"精准"上做文章，努力提高残疾人扶贫的针对性、实效性。贫困残疾人家庭的困难各种各样，我们要走近残疾人，深入了解每个家庭的特殊需求，真正帮他们解决实际困难。同时，要在源头上推动残疾人脱贫，千方百计帮助残疾人特别是农村地区残疾人解决康复、教育的问题，提升残疾人综合素质和社会竞争力；想方设法消除残疾人生产劳动、就业创业和参与社会生活的各种障碍，帮助残疾人得到更多的发展机会。扶贫也要与自强不息的精神相结合，激发残疾人对美好生活的向往，引导他们积极参与，这样的扶持才有内在的动力，残疾人才能过上有尊严的生活。

不久前，联合国成立70周年之际召开的高峰会议，通过了2015年后可持续发展议程。这一议程继续关注世界范围内的减贫问题，在中国和有关方面的共同努力下，也首次将残疾人事务纳入了该议程，为开展残疾人事务国际交流合作创造了条件。我希望扶贫论坛能够站在全球的视野上，介绍国际上消除残疾人贫困的有益经验和做法，推动解决中国残疾人贫困问题，为世界减贫事业做出贡献。

最后，预祝论坛圆满成功！

充分发挥残联组织
在残疾人精准扶贫工作中的作用

中国残联副理事长　程　凯

各位嘉宾，

同志们、朋友们：

在第二个国家"扶贫日"和第二十三个"国际消除贫困日"来临之际，我们共聚一堂，共话残疾人精准扶贫，为加快推进残疾人小康进程集思广益，令人兴奋和感动。首先，我代表中国残联、中国残疾人事业发展研究会，代表张海迪主席向与会的同志们、朋友们表示欢迎和感谢。刚才，我们分享了海迪主席专门为本次论坛发来的贺信，贺信反映出她一向的工作追求、工作感情和工作要求。她也经常告诉我们，最放心不下的就是农村地区穷困的残疾兄弟姐妹，这也是我们举办今天论坛的初衷。

党中央国务院高度重视并采取强有力的措施推进扶贫开发工作，把扶贫开发的战略定位提到新的高度，残疾人扶贫又赶上了历史性机遇。残疾人是贫困人口中贫困程度最深、扶持难度最大、贫困数量较多的特困群体，是扶贫开发工作中的重点人群。习近平总书记强调，残疾人是一个特殊困难的群体，需要格外关心、格外关注，要求各级党委和政府要高度重视残疾人事业，把推进残疾人事业当作分内的责任。在中央党的群团工作会议上，习近平总书记又强调指出，群团组织要坚持从群众需要出发开展工作，更多把注意力放在困难群众身上，努力为群众排忧解难，成为群众信得过、靠得住、离不开的知心人、贴心人。这些重要论述，成为指导我们做好新时期残疾人扶贫工作的重要指针。

按照中央的部署和国务院残工委的工作要求,残联组织特别是基层残联组织要认真履行"代表、服务、管理"职能,在协助党委、政府参与精准扶贫战略的关键时期倾听诉求、抢抓机遇、夯实抓手、主动作为。

一是要把配合基层党组织助残扶贫作为加强基层残联组织政治性的重要体现。要充分发挥党委领导、政府负责、社会参与、残疾人组织充分发挥作用的体制机制优势,主动在党组织的领导下,积极会同扶贫办等政府部门,发挥残联作为联系广大残疾人的桥梁和纽带作用,更加坚定地带领广大残疾人跟随党组织,勇敢地面对生活的挑战,在全面建成小康社会、实现中华民族伟大复兴中国梦的征程中,努力肩负起不负党的重托、不负残疾人期盼的历史责任。实践证明,残联组织配合基层党组织深入开展助残扶贫工作,是加快农村贫困残疾人脱贫致富进程的有力保障。要充分发挥驻村工作队和第一书记的作用,巩固并深化基层党组织助残扶贫工程,在结对子、办实事上下功夫,在解急难、增本领上多用力,在抓眼前、谋长远上想措施。我们相信,以基层党组织开展助残扶贫工作为示范引领,一定会带动更多社会力量共同做好贫困残疾人精准扶贫、精准脱贫。

二是要把持续推进残疾人精准扶贫作为体现残联组织先进性的重要方面。贫困与社会主义本质和先进生产方式格格不入。当前,广大农村贫困残疾人的最大心声就是脱贫,就是与全国人民一道共建共享小康社会。残联组织更应顺应潮流、倾听心声,落实党和政府扶贫战略,带领广大贫困残疾人脱贫致富,这是体现组织先进性最直接、最真实的反映。作为扶贫开发工作的重点和难点群体,做好残疾人精准扶贫、精准脱贫也是扶贫工作精准化最真实、最公平、最广泛、最精细到位的直接体现,是残疾人事业和扶贫事业的双重亮点,是扶贫部门和残联组织先进性的共同展现。

各级残联组织对于带领残疾人精准扶贫要主动宣传动员,理直气壮、大张旗鼓,充分借助大众传媒和农村有效宣传形式和载体,广泛宣传党和国家残疾人扶贫政策信息及残疾人扶贫解困典型,为社会和贫困残疾人搭建沟通联系的桥梁，激励起广大农村残疾人奋发自强、生产自救的勇气和信心，扩大残疾人扶贫工作的影响，在发动社会、营造氛围及鼓舞残疾人方面发挥积极作用。各级残联组织要按照习近平总书记提出的"4个切实"的具体要求，切实落实领导责任、切实做到精准扶贫、切实强化社会合力、切实加强基层组织，以实际行动融入国家精准扶贫的宏大战役之中，并有所作为。

三是要把配合政府组织残疾人及家庭生产增收作为加强群众性，密切与残疾群众血肉联系的核心内容。残联组织与残疾人及家庭有着天然而密切的联系，要在新时期继续履行好"代表、服务、管理"职能，就必须发挥好残联组织的桥梁纽带作用，不断提高基层残疾人工作队伍的服务意识和管理水平，通过一个个实实在在的行动，使广大农村贫困残疾人知悉政策、纳入政策、享受政策。同时，做好农村残疾人技术培训与扶贫服务工作，挖掘并激发贫困残疾人的内生动力，使广大农村贫困残疾人主动掌握政策，主动参与精准扶贫。要通过实现残联组织的纽带和桥梁作用，掀起党委政府关心重视贫困残疾人，加快推进残疾人小康进程的新高潮，在新的形势下给予农村贫困残疾人更高的重视、更多的支持和更有效的投入。

四是要把精准掌握贫困残疾人底数作为基层残联组织的看家功夫抓实抓好。到2020年全面建成小康社会只有5年时间了，时间紧、任务重，我国农村贫困残疾人仍有近1,000万人。要充分认识到残疾人精准脱贫的紧迫性与艰巨性，充分认识到加快推进残疾人小康进程的重点难点在农村贫困残疾人。要在这短短五年时间里实现农村贫困残疾人全部脱贫，就必须借助和纳入国家精准扶贫战略，真正实现农村贫困残疾人的精准识别、精准管理、精准帮扶，最终实现残疾人精准脱贫。基层残联组织要切实熟悉国家精准扶贫战略政策措施，将建档立卡与精准帮扶作为最重要的工作配合扶贫等部门抓实抓好，充分发挥村残疾人专职委员的作用，配合乡镇政府和村委会做好残疾人贫困对象的瞄准和建档立卡工作。对纳入建档立卡的残疾人贫困户，分类施策，帮助逐一制定切实可行的帮扶项目和措施，确保每个残疾人扶贫对象及其家庭温饱生活，并逐步增收脱贫。

金秋十月，正是收获的季节。我们祝愿并相信，经过我们的共同努力，我们的收获会更大，精准扶贫成效会更显著，残联组织与各部门配合会更紧密，残联组织履行"代表、服务、管理"职能会更精准，扶贫服务能力更加提升，全社会也更加关注并参与扶贫助残。我们热切希望在座各位各抒己见，共寻残疾人精准扶贫、精准脱贫之策，让每一个贫困残疾人真正得到精确有效的帮扶支持，让贫困残疾人精准脱贫、共享小康的中国梦早日实现。

贫困地区残疾人生活保障的思路与做法

陕西省商洛市残疾人联合会　郭玉强

各位领导，

女士们、先生们：

大家下午好！我来自秦岭东部南麓陕西省商洛市。作为一个残联基层的工作人员，能有幸参加这个论坛，我感到非常高兴。现将我市贫困地区残疾人生活保障的思路与做法，向大家作一汇报和交流。

一、现状

商洛，因境内有商山、洛水而得名，全市辖1区6县，98个镇（办），总面积1.93万平方公里，总人口243万人。商洛是革命老区，程子华、徐海东、李先念、王震等老一辈无产阶级革命家先后在这块红色土地上创建了鄂、豫、陕革命根据地。商洛是一个集中连片的贫困地区，全市7县区均是国家扶贫开发工作重点县区。2014年全市生产总值576亿元，财政总收入42亿元，其中地方财政收入29亿元，城镇居民人均可支配收入24,930元，农民人均纯收入7,035元。

商洛残疾人口数量多，全市共有各类残疾人16.7万，占总人口的6.9%，其中城镇残疾人4.2万人，占残疾人总数的25.1%；农村残疾人12.5万人，占残疾人总数的74.9%。全市共有贫困残疾人8.24万人，占残疾人总数的49.3%，占全市贫困人口总数的六分之一多。2014年全市城镇残疾人家庭年人均收入7,864元，占城镇居民人均总收入的32%；农村残疾人年人均收入2,662元，占农民人均纯收入的38%。

二、思路

商洛市残疾人工作起步于1990年。我从残联成立开始就从事残疾人工作，至今已经26年，负责商洛残联工作13年。作为一名残联工作者，二十多年来，我用感情、责任和执着，见证了商洛残疾人事业的发展；同时，我还是一名残疾人的亲属，我的哥哥是重度智力残疾人。在日常生活中，我了解残疾人的痛苦，知晓他们的期盼，更明白自己肩上担子的沉重。我经常在想，商洛经济基础薄弱，残疾人口数量多，贫困面大，经济收入低，每年仅仅依靠微不足道的项目、资金，只能让很少一部分有特殊需求的残疾人感受到温暖，对于全市16.7万名残疾人来说杯水车薪，如何建立一种制度，通过制度保障，解决更多困难残疾人的基本生活，既为政府分忧，又让残疾人共享改革发展的成果，是我日夜思索的一个问题。带着这一个问题，我先后多次走村入户，与残疾人拉家常，了解他们的生活困难和实际需求，听取基层残联工作者的意见和建议。通过调研使我认识到，商洛有别于其他西部地区，特殊的地理位置、历史背景和经济状况，使残疾人工作面临着更多的困难。要让残疾人幸福生活，就必须不等不靠，敢想敢干，敢为人先，把残疾人生活保障放在首位，让他们与健全人一样，共享阳光、同步小康。

2008年，中共中央、国务院印发了《关于促进残疾人事业发展的意见》，提出了建设残疾人社会保障体系和服务体系的要求。这是残疾人事业发展的难得机遇，更是集中连片贫困地区残疾人工作的突破口。为此，我带领机关干部先后到商南、丹凤等县进行实地调研，到残疾人家里了解情况，深思熟虑后提出了"普惠＋特惠，残疾人得实惠"的工作思路。在市残联执行理事会上，我不止一次讲到，如果残疾人每月能领到政府的几十元钱，就能解决生活必须的油、盐问题，虽然钱不多，但这是关系残疾人切身利益的大事，是关系到残疾人能否脱贫和实现全面小康的关键。我觉得，目前农村困难残疾人家庭收入低，在同等享受城乡低保、医保、养老保险等普惠政策的同时，残疾人生活水平与社会平均水平差距呈拉大趋势。解决农村困难残疾人生活问题，必须建立残疾人生活补贴制度，作为对残疾人的一项"特惠"政策，既体现社会对残疾人的特殊照顾，又使残疾人得到应有的尊严。

三、做法

确立了"普惠＋特惠，残疾人得实惠"这个思路以后，我认真分析，考虑到残疾人生活补贴政策的制定出台，必然面临着思想认识不到位，财政承受力不足，资金渠道如何解决，怎样具体实施等诸多问题，必须精心谋划、稳步推进，用事实赢得政府和社会的理解和支持。为此，我们确定了"先行试点、分步推进、建立制度、提标扩面"的原则，探索建立残疾人生活补贴制度。

2009年9月，我市在商南县开展了残疾人"特惠"政策试点。之所以选择商南县，是因为商南县委、县政府高度重视残疾人工作，支持力度大，且县、镇、村组织机构健全，基层基础扎实。经过协调，商南县政府拿出70多万元，从10月份开始，每月为一、二级残疾人分别发放60元、30元的生活补贴，使4,500多名重度残疾人受益，受到残疾人的赞扬和社会广泛好评。

2010年3月，我又以商洛市政协委员的身份，会同其他委员一起，在市政协二届四次全会上提出了《关于建立贫困残疾人生活补贴制度的建议》，我同时在大会上做了专题发言。通过委员提案和大会发言，为推行残疾人生活补贴制度营造了一定氛围，引起与会代表的共鸣。

2010年4月，市政府在商南县召开了全市残疾人社会保障和服务体系建设现场会，七县区政府分管领导参观学习商南县残疾人生活补贴的经验和做法，通过政府行为，对在全市全面推行困难残疾人生活补贴工作提出了时限要求，确保了政策的一致性和可操作性。

2010年5月，我们又积极争取商洛市人大视察残疾人工作，视察组及人大代表一行30多人，先后深入我市丹凤、洛南两县，专题调研残疾人工作，要求市政府进一步建立完善残疾人社会保障制度，全面出台"普惠＋特惠"政策。人大视察调研有力地推动了残疾人各项社会保障政策的贯彻落实，为困难残疾人生活补贴特惠制度的建立奠定了基础。

2010年8月，在总结经验、深入调研的基础上，市委、市政府制定出台了《关于促进残疾人事业发展的实施意见》，将实施"普惠＋特惠"政策作为重点内容，提出明确要求，使贫困残疾人生活补贴上升到市委、市政府决策层面，形成一项制度，从而确保制度得到持续实施。

残疾人生活补贴制度出台后，我市又采取巡回检查、政府督办、通报进度等措施，抓好政策贯彻落实。2010年12月，7县区政府分别出台文件，明确提出城乡低保对残疾人实现应保尽保，城镇医保、农合疗、城镇养老保险、新农保对一至四级残疾人个人缴费分别给予100％、75％、50％、25％的补助。在此基础上，对一、二级残疾人按月分别发放60元和30元的生活补贴。当年全市累计投入资金1,301.4万元，使1.91万名残疾人直接受益，在全省率先实现了生活补贴县区全普及，"普惠＋特惠"的残疾人社会保障制度基本建立，残疾人生活、医疗、养老"三大难题"得到有效保障。

四、成效

商洛困难残疾人生活补贴的做法，先后被《人民日报》、《陕西日报》等主流媒体进行了专题报道。陕西省委书记赵正永看到商洛残疾人生活补贴的报道后，明确批示在全省推行这一做法。2011年7月,《陕西省残疾人生活补贴实施意见》出台。为了让特惠政策更具针对性，更能体现出不同困难残疾人的特殊需求，我市坚持因地制宜、分档补贴的原则，按照一级残疾人每人每月80元、二级残疾人50元、三级残疾人30元高于省上的补贴标准，与市财政局联合制定了实施意见，并于2012年12月把四级残疾人按每人每月不低于20元标准纳入生活补贴范围，实现了困难残疾人生活补贴提标扩面的目标。当年，全市共争取省级专项资金1,608万元，市、县配套2,339.57万元，为7.15万名1~4级困难残疾人按月发放了生活补贴，实现了残疾人生活补贴"特惠"政策全覆盖。

在有效保障困难残疾人基本生活的同时，我市于2015年5月份制定出台了《商洛市重度残疾人护理补贴实施意见》。从7月1日起，按照人均100元标准，为一级视力、肢体、精神、智力和多重残疾人发放护理补贴，使全市2.3万名因残疾导致长年卧床不起、完全丧失劳动能力的残疾人，家庭护理负担明显减轻，生活水平明显提高。

我市困难残疾人生活补贴制度实施以来，全市累计争取省级专项资金5,899万元，市县配套7,156万元，为近30万残疾人按月发放了生活补贴。与此同时，全市共有4.16万名城乡残疾人享受最低生活保障，5.91万名城乡残疾人参加养老保险，10.5万名城乡残疾人参加医疗保险，4.07万名残疾人实现有效脱贫，形成了以"生活补贴和护理补贴为重点，城乡低保、城乡社会养老保险、医疗保险有效覆盖"的残疾人社会保障体系，率先在集中连片贫困地区，探索出了一条残疾人生活保障的基本途径，在推进残疾人精准扶贫中发挥了积极作用。

但是，我市的工作与残疾人的期望和残疾人事业发展大局的要求还存在着很大差距，加强困难残疾人生活保障，还需要做大量的工作。对于我来说，这次会议提供了一个很好的交流学习机会，在今后的工作中，我将认真学习先进经验和做法，努力做好我市残疾人精准扶贫工作，为促进残疾人同步小康、推动残疾人事业发展不懈努力。

谢谢大家！

推进精准扶贫，助残脱贫奔小康

——四川省巴中市残疾人精准扶贫的探索与实践

李本钦

尊敬的各位领导、专家：

根据会议安排，下面我就四川省巴中市残疾人精准扶贫的主要做法作简要汇报，不妥之处，敬请批评指正。

一、基本市情及残疾人扶贫现状

巴中市地处四川省东北部，位于成都、重庆、西安三大城市的几何中心，幅员 1.23 万平方公里，总人口近 400 万。巴中是革命老区，是全国第二大苏区的首府；是贫困地区、高寒山区，是秦巴扶贫的三大中心城市之一。所辖三县两区均属国家级或省级贫困县，至 2014 年末，全市仍有贫困人口 43.02 万。

我市残疾人达 31.26 万，占总人口的 7.57%。其中：农村残疾人 24.12 万，占 77.8%。贫困残疾人 6.22 万，占残疾人总数的 20%、贫困人口的 14.46%。贫困面大，贫困程度深，扶贫成本高，外出务工致残率和返贫率高是当前最大实际问题。致残原因除疾病、务工、交通、医疗、地质灾害和代际传承外，还存在由于自然条件恶劣，残疾人康复及功能改善等特殊支出高；地方财力紧张，个体脱贫难度大；致贫因素交织，长期性贫困群体大；反贫能力弱，隐蔽性贫困特征突出等特点。

二、残疾人精准扶贫的主要做法

我市坚持"政府主导、市场主力、残疾人主体、残联主责、社会参与"理念，走救济式与开发式结合，资源流转与能力建设并重的残疾人扶贫路子。

（一）坚持统筹城乡理念，科学规划全域扶贫。一是空间上全域规划。将全市划分100个残疾人扶贫片区，逐年梯次推进。二是项目上全面覆盖。将惠残项目（新居、产业、康复、教育、就业创业、保障等）覆盖全市198个乡镇（街道）、2,641个村（社区）。三是时间上全程推进。三年来共建成残疾人扶贫片区57个。做到扶贫规划、项目落实、干部帮扶、技能培训、资源整合五到户。

（二）强化"4+6"扶贫举措，精准破解扶贫难题。采取精准识别定对象，量服扶贫定措施，分类管理定任务，限时完成定责任的"四定"办法，精准识别持证贫困残疾人35,732户、41,927人，并实行脱贫状况网络动态预警。有效实现了"六个清楚"：基本情况清楚，即残疾人本人、家庭基本情况，资源状况，区域产业及自然条件和地方政策清楚；需求情况清楚，摸清残疾人本人及家庭在功能改善、基本保障和产业发展等方面的主要需求；精准扶贫方案清楚，务实科学制定具体扶贫措施；实施流程清楚，根据项目、资源和残疾人急需确定流程和重点；推进动态清楚，对进程及时跟踪分析督查；评估效果清楚，完善改进、确保成效。

（三）实施"十大工程"，夯实残疾人扶贫基础。一是新居扶贫工程。实行规划建设"三统筹"：统筹建设选址、统筹资金整合、统筹设计户型；进退管理"三公开"：公开廉租房权责、公开申请程序、公开退出机制和后续工作"三跟进"：跟进提高残疾人收入、跟进培训残疾人技能、跟进提升残疾人素质。已建成农村残疾人廉租房1,724套，经济适用房6,455套。二是产业扶贫工程。以推进资源流转和确权入股为重心，依托山水资源和地质属性，发展附加值高、带动性强的特色产业，助推"绿色脱贫"。三是康复扶贫工程。以市残疾人康复中心（康复医院）为龙头，县

（区）为中心，乡（镇）为依托，村（社区）为基础，构建残疾人康复服务四级网络，推进残疾人功能性扶贫。四是教育扶贫工程。建立"市办中心、县（区）设点、乡（镇）办班、村（社区）建基地"四级特教体系，做到"学—教—用"有效结合。五是创业就业扶贫工程。采取"分类培训、分类就业"和市办总场、县（区）办分场、村（社区）办基地的办法，促进残疾人多元化创业、大规模就业。恩阳区建立荣川养殖场，对精神病、弱智、自闭症残疾人进行农疗康复的同时，开展分类培训就业，帮助脱贫。在实施托养及日间照料工程、金融扶贫工程、科技扶贫工程、医疗扶贫工程的同时，实施保障扶贫工程，主要实行"四个兜底"：重度、贫困残疾人低保兜底；一、二级重度残疾人护理补贴兜底；重度和贫困残疾人医疗、养老保险财政代缴兜底；重度和贫困残疾人生活补贴兜底。

（四）构建"四大体系"，完善残疾人扶贫格局。一是构建功能完备的基础设施服务体系。构建市特教和康复机构为总部，县（区）为中心，乡（镇）为纽带，村（社区）为站点的四级基础服务体系，同步推进城乡无障碍建设。二是构建高效驱动的组织保障体系。加强残联队伍建设，培育专业服务队伍，引导专门协会、社会组织参与助残扶贫。三是构建互通共融的互联网体系。依托大数据和"互联网+"，开发"智慧量服"残疾人扶贫网络，研发"惠残一卡通"等，鼓励残疾人网络创业。四是构建多层次全覆盖的资金保障体系。严格残保金用途，严格匹配项目资金。推进"功能+能力"建设，以排除功能障碍和消除隐蔽性贫困为重点，激发残疾人自主脱贫潜能；坚持"救济+立体开发"，用制度保障残疾人扶贫工作可持续发展。

三、几点体会

（一）"政府主导、市场主力、残疾人主体、残联主责、社会参与"是核心理念。将残疾人扶贫纳入大扶贫规划，提早介入，主动融入。将区域扶贫与精准扶贫结合，盘活残疾人及家庭资源，鼓励社会多元参与。

（二）发展性保障制度是残疾人脱贫奔小康的前提条件。用发展性的保障政策完善社会配套和公共服务功能，多渠道解决残疾人创业就业，推进残健互助共融脱贫。

（三）能力建设是消除隐蔽性贫困、反贫困的重要手段。通过技能培训等，提高残疾人或其家庭成员的创业就业能力，增强反贫困能力。

（四）救济式扶贫与多维度开发式扶贫相结合是科学途径。采取资源流转、市场推动、发展特色产业等方式，让残疾人成为脱贫主体，推进多维度、自主脱贫。

（五）创新体制机制，加强体系建设，是残疾人扶贫可持续发展的坚强保障。从改革创新体制机制入手，构建残疾人综合扶贫和专业扶贫体系，建立常态化、制度化的残疾人精准扶贫保障体系。

倾情关注弱势群体，精准施策，扶残助残，凝心聚力打好残疾人扶贫攻坚战

中共和政县委和政县人民政府　李国辉

和政县位于甘肃省临夏回族自治州南部，总面积960平方公里，辖6镇7乡，总人口21.31万人。其中，残疾人1.71万人，占总人口的8.02%，是国列、省列重点贫困县之一。

近年来，和政县全面贯彻落实党中央、国务院关于促进残疾人事业发展的一系列重大决策部署，始终把残疾人扶贫工作做为全面建成小康社会的关键所在，按照"纳入大局、整合投入、统筹联动、同步协调"的原则，大力实施助残民生项目，着力健全完善社会保障和服务体系，努力改善残疾人生产生活条件，全面加快残疾人脱贫致富步伐，残疾人扶贫工作取得了阶段性成效。2011年底，全县有贫困残疾人1.37万人，残疾人贫困发生率为80%，经过四年时间的扶贫攻坚，到2014年底，贫困残疾人减少到6,180人，累计减贫7,520人，年脱贫率在13.7%以上。我县被中残联和国务院扶贫办评为"十一五时期残疾人扶贫工作先进集体"，并成功创建"全国白内障无障碍县"，"甘肃省残疾人危房改造示范县"。我们的具体做法是：

一、实施"交钥匙"工程，着力改善残疾人住房条件

我们始终把残疾人当亲人来看待，把残疾人的事当大事来办理，全力破解制约残疾人脱贫致富的瓶颈问题，举全县之力实施了以"交钥匙"工程为主的基础设施建设项目，有效改善了残疾人的生产生活条件。"以

心交心"搞调研。县委、县政府主要领导率先垂范，经常性深入残疾群众家中嘘寒问暖，走访调研，零距离、面对面、心贴心地与残疾人促膝交谈，详细了解他们的生产生活状况，了解他们的所需所盼所愿。通过调研摸清，全县还有5,218名残疾人的危房需要改造，1.2万名残疾人存在行路难问题，8,500名残疾人存在吃水难问题，610名残疾家庭学生存在上学难问题。"倒排序法"定对象。为把建房的重点放在最贫困、最急需的残疾人家庭，结合县情实际和残疾群众期盼，科学制定残疾人危旧房改造方案，并采取"倒排序法"精准确定建房对象。首先，由各乡镇根据家庭贫困程度，列出贫困残疾户倒排序表，按建房指标的150%确定建房户初选名单；然后，由县危旧房改造领导小组逐户实地查看、全面核实，反复筛选，剔除指标外的50%，形成拟建房户名单；最后，在乡、村、社进行三级公示，无异议后，正式确定为建房对象。"差异补助"抓实施。针对我县残疾人大部分生活在偏远农村、生活条件参差不齐的现状，我们提出了"分类实施、差异补助、重点保障"的工作思路。对具有一定经济基础的残疾户纳入住建部门农村危房改造项目，每户按8,000元的标准进行补助；对经济条件较差，且有一定自建能力的残疾户纳入省残联下达的危房改造指标，每户按1~2万元的标准进行补助；对经济最困难、住房最危险、能力最薄弱的重度残疾人家庭、老残一体家庭、孤残一体家庭、一户多残家庭等无能力自建的特困残疾人家庭，整合资金、加大投入，实施"交钥匙工程"，每户按3~4万元的标准进行补助。"政府主导"保入住。县上统一筹措资金、统一设计规划、统一质量标准、统一招标实施，每户建设3间约45平方米的住房，配套建设水电、土炕、顶棚等基本设施，残疾户既不用出资又不用出力，房屋建成后直接"领钥匙"入住。2011年以来，全县投资7,500万元，实施农村残疾人危房改造项目3,866户，占全县农村危房改造资金的44.6%。其中，投资5,000万元，实施"交钥匙"工程1,530户。同时，我们全力改善残疾人行路、吃水、用电等"五难"问题。2011年以来，全县硬化通村道路692公里，硬化率达100%，实施安全饮水工程23项，安全饮水工程入户率达93.8%，

122个村实施了电网升级改造项目，动力电覆盖率达100%。

二、实施"精准滴灌"工程，着力增强残疾人脱贫后劲

我们在全面建成小康社会的伟大实践中不忘残疾人，在扶贫攻坚中倾力关心、关注、支持残疾人，并把贫困残疾人作为精准扶贫、精准脱贫的重点对象，结合残疾人个体差异和实际需求，大胆探索、精准帮扶，走出了一条符合民族贫困地区加快残疾人脱贫致富的新路子。大力推行"一户一策一干部"帮扶模式。结合全省开展的"双联"行动，省、州、县帮扶干部全覆盖联系贫困残疾户，帮助他们理清发展思路，制定发展计划，协调落实扶持项目，增强贫困残疾人脱贫致富后劲。双联行动开展以来，共为贫困残疾人办实事、好事964件，落实各类项目资金1,200万元。深入推进"项目带产业，产业促增收"扶贫模式。大力扶持有劳动能力的贫困残疾人发展旅游、油菜、啤特果、畜牧养殖、中药材等富民产业，对有一定基础、有发展意向的贫困残疾户，优先安排扶持项目，每户给予5,000元的起步资金支持。充分发挥妇女小额贷款、双联惠农贷款、村级产业发展互助社贷款等平台作用。2011年以来，共为残疾人发放各类贷款1.2亿元，有效破解了贫困残疾人发展产业缺资金的问题。同时，引导企业参与残疾人扶贫工作，全面推广"公司＋基地＋农户"的产业发展模式，广泛建立残疾人扶贫基地，鼓励残疾人加入产业发展合作社，与龙头企业建立稳定的契约关系，与种养大户结成对子，帮助残疾人发展壮大富民增收产业。先后建成残疾人扶贫基地33个，残疾人养殖场12个，发展残疾人种养大户155户，带动1,200多名贫困残疾人实现了稳步脱贫。广泛开展"菜单式"技能培训。抓住县职业技术学校被中残联确定为第二批国家级残疾人职业技术培训基地的有利契机，大力实施"雨露计划"、"阳光工程"、"转移再就业工程"、"实用技术培训"、"驾驶技术培训"等项目。根据贫困残疾人的个体需求和身体条件，广泛开展多形式、多层次的"菜单式"培训，着力破解残疾人在生产劳动过程中缺少技术的突出问题，使一大批残疾人掌握了一技之长，增强了自我发

展能力。同时，广泛开辟就业基地，积极拓宽就业渠道，持续加大就业比例和集中就业力度，确保残疾人实现稳定就业。2011年以来，累计培训残疾人4,860多人（次），安排3,200多名残疾人在不同行业实现就业。

三、实施"社会保障"工程，着力解决残疾人生活差距短板

我们始终把推进和完善残疾人社会保障和服务体系作为帮助残疾人共享改革发展成果、实现同步小康的一项主要内容，兜底线、补短板，切实放大扶残助残优惠政策效应。健全机制抓保障。县委、县政府把残疾人扶贫开发工作纳入全县扶贫开发总体计划，统筹安排、同步实施，建立和完善了《和政县残疾人事业"十二五"发展规划》《和政县农村残疾人扶贫开发规划》《和政县关于加快残疾人事业发展的实施意见》《和政县扶助残疾人办法》等制度机制，为残疾人扶贫开发提供了有力的制度保障。普惠特惠抓保障。全面落实残疾人最低生活保障、养老保险、医疗保险等各类社会救助制度，将全县符合条件的13,780名残疾人全部纳入最低生活保障范围，对农村残疾人提高一个档次施保，城镇残疾人低保金提高20%，做到了应保尽保；对全县4,688名一、二级重度残疾人由政府代缴养老保险参保金；对贫困残疾人的医保、新农合取消住院报销门槛，并提高报销比例15%，使残疾人实现了病有所医、老有所养。全民参与抓保障。我们坚持全方位宣传、全社会倡议，整合社会力量，推动全社会助残扶残，积极组织社会各界力量义捐公募1,618万元，设立了和政县"关注弱势群体、构建和谐和政"助学助残基金，积极开展扶贫"五助"（助贫、助学、助老、助残、助立）活动，集中帮扶贫困残疾人解决实际困难问题，特别是累计为480名贫困残疾人家庭学生发放助学金144万元，赢得了广大群众的一致好评，全县上下形成了人人关注残疾人、人人参与残疾人事业的良好氛围。

尽管我们在残疾人扶贫工作中做了一些工作，但与上级的要求和残疾群众的期望相比，还存在一定的差距。在今后的工作中，我们将以这次会议为新的契机，认真学习其他地区的先进经验，凝心聚力，全力解

决残疾人"住有所居、老有所养、行有所畅、病有所医"等问题,努力使广大残疾人生存有保障、生活有尊严、发展有基础,确保到2020年与全县人民同步进入全面小康社会。

加强政策扶持，抓好基地建设，
全力做好残疾人精准扶贫工作

驻马店市残疾人联合会　张银良

近年来，在中残联、省残联的关心和具体指导下，在市委、市政府的高度重视下，我市残联在扶贫工作中认真贯彻执行《河南省扶贫开发纲要（2011年—2020年）》，大力开展"两个体系"建设，在巩固加强基层残疾人社会保障建设的基础上，坚持引导发展、开拓创新的工作模式，以残疾人培训就业、基层党组织助残扶贫、扶贫基地建设等为抓手，加强政策扶持，抓好基层基础，以基地带动和辐射残疾人从业和就业，逐步实现残疾人扶贫工作由"输血型"向"造血型"转变，使广大残疾人得到了实惠，残疾人扶贫工作取得显著的成绩。2014年1月5-7日，由中组部、中国残联组成的农村基层党组织助残扶贫工程督导组来我市调研，对我市农村基层党组织助残扶贫工程取得的成绩和做法给予了充分肯定。

一、基本情况

全市共有3个国家级贫困县（确山、平舆、上蔡），3个省级贫困县（泌阳、正阳、汝南）；按照农民年人均纯收入低于2,300元的扶贫标准，2014年全市有贫困人口将近60万，占河南省的十分之一；共有贫困村704个。2014年，驻马店市地方公共财政预算收入85.65亿元；全年农村居民人均纯收入8,270元；人均生产总值25,352元。

全市残疾人53万，占全市总人口的近7%，重度残疾人7.8万，占全市残疾人数15%。其中农村残疾人45万人，占全市残疾人总数的81%；

贫困残疾人16万多人，占全省贫困残疾人总数12.1%，占全市残疾人数总数的39.7%，其中农村贫困残疾人14万多，城镇贫困残疾人2万多。

二、主要做法

（一）加强领导、形成合力

各级党委政府高度重视，成立残疾人扶贫开发领导小组，将农村贫困残疾人列入扶贫计划，通过考察论证，全市投入资金达270万元，建立残疾人扶贫基地近50个，签订目标责任书，开展多种形式的扶贫帮扶活动。"十二五"期间，市委办公室、市政府办公室相继出台了《驻马店市2011年扶贫开发工作意见的通知》《关于进一步加强驻马店市农村基地建设的意见的通知》和《关于切实做好农村残疾人扶贫开发工作的通知》、《关于印发开展助残帮扶基层服务活动实施方案的通知》等政策性文件，为残疾人扶贫工作有效开展提供了有力的政策保障。同时，加强部门协作，形成工作合力，围绕保障残疾人基本生活、为残疾人提供精准扶贫，市残联与市委组织部、市民政局、市财政局、市住建局等部门联合出台文件，多策并举、多管齐下，切实帮助残疾人真扶贫、扶真贫，市财政每年匹配资金630万元，将符合城乡低保条件的残疾人全部纳入低保，对特别困难的残疾人实行临时救助；市住建局每年都从全市农村残疾人危房改造任务中单列出1,100户，累计投入资金3,100万元，用于农村残疾人危房改造。

"十二五"期间，全市累计扶持贫困残疾人16万人次，托养残疾人2,560名；残疾人危房改造3,600户；残疾人参加城乡医疗保险、新农合近47万人，占应参保残疾人数的99%；残疾人参加城乡社会养老保险38万人，占应参保残疾人数的96%；农村重度残疾人护理补贴人数6.3万，占农村重度残疾人数的81%；农村残疾人生活补助人数39万，占农村残疾人数的87%；另整合资源投入1,000多万元资金，使3万名残疾人摆脱贫困走向富裕。

（二）挖掘潜力、创新模式

在创建扶贫基地中，我们不断积累经验，挖掘潜力，创新模式，使基地建设逐步走上集约化、规模化、产业化的发展道路，帮助更多的残疾人摆脱贫困。我们着重从以下四个方面入手：

一是充分发挥政府的主导作用。扶持残疾人脱贫是一项长期复杂的社会系统工程。为使残疾人脱贫致富奔小康，真正实现残疾人事业与经济社会同步发展，根本问题是要解决残疾人的从业和就业困难，为残疾人奔小康搭建发展平台。为此，我市各级党委政府和有关部门高度重视残疾人扶贫工作，市委、市政府把残疾人扶贫工作列入全市总体规划，把创办基地列入扶贫工作的重要议事日程。市政府专门召开残工委工作会议，进行专题研究，分管副市长多次听取汇报，深入基地调研指导工作，多次协调解决基地建设中的疑难问题，并深入基层对多户残疾人家庭进行调研，全面掌握了残疾人的生活、就业等方面的情况。

二是充分发挥培训作用，提升残疾人自救能力。由于残疾人受教育程度低，从业与就业的能力较差，因而从技能上予以帮扶，是促进残疾人脱贫的重要环节。对有一定劳动能力的残疾人，每年市、县两级组织举办多期农村残疾人实用技术培训班，在种植业、养殖业、园艺业、土特产业、加工业等领域，选择一批成熟的实用科技成果在贫困残疾人中推广应用。以残疾人贫困户学会一门实用技术和找到一条致富路为目标，积极开展残疾人贫困户实用生产知识和技能培训。同时，科技部门也派出专家对基地的残疾人进行技术培训。在培训方法上，讲求实际、实用和实效，并依托农业龙头企业和商品生产基地，有针对性地进行培训。在培训过程中，我们通过召开扶贫现场会的方式，选择有一技之长、已率先脱贫致富并乐于助人的残疾人，现身说法、现场献技，既传授技术和劳动技能，又增强残疾人"自尊、自信、自强、自立"的意识，产生了良好的社会效果，为残疾人参与基地的创业与就业搭建了良好的平台。"十二五"以来，我市共累计培训残疾人23,417人，实现创业就业17,996人，残疾人就业培训率居全省前列。

三是充分发挥扶贫基地服务作用，为残疾人致富搭建平台。在创建扶贫基地中，我们要求基地建设必须要符合"三个一"要求，即找一个有实力又有爱心的老板、一个各种条件基本成熟的场地、一个好项目。各级残联为基地业主积极出谋划策，当好参谋助手，以全心全意为残疾人服务为宗旨，为基地精心规划、筹措资金。我们主动与市扶贫办、财政、农行、信用社等部门协调，积极争取中央康复扶贫贷款和财政专项扶贫资金，认真落实基地建设项目的匹配资金，有效地保障了残疾人扶贫基地工作的开展。去年，在河南省残联的支持下，我们与市农行协作，为新增省级残疾人扶贫基地——河南乐山电缆有限公司争取了121万元的残疾人康复扶贫贴息贷款。该公司从2011—2013年累计安排残疾人就业100多名，使扶贫资金由"及时雨"变成了涓涓"细流"，扶贫基地也成了残疾人脱贫致富的"绿色银行"。目前，已建立省级扶贫基地6个、市级残疾人扶贫示范基地11个、县级残疾人扶贫示范基地30个，通过基地扶持带动，1.9万名贫困残疾人脱贫致富。

四是充分发挥整合社会资源作用，努力做好扶残助残工作。扶残助残不仅仅是一种美德，也是一个国家文明程度的象征，是社会化进程的标尺。做好残疾人事业除了需要健全的残疾人法制和保障体制，还需要每个公民对残疾人和残疾人事业的理解、尊重、支持与关爱，需要我们用创新的思维和行动去扶残助残。近年来，我市在全市范围内开展助残帮扶基层服务活动，对残疾人进行多种形式、多项内容、多种渠道帮扶，整合资源，累计投入资金1,000多万元，帮扶残疾人近10万人次。充分发挥农村基层党组织的政治优势，基层党组织和党员干部对残疾人事业动真情、用真心，真扶贫、扶真贫，全市1,887个单位近万名党员干部参与助残扶贫工作，帮扶残疾人16万人次。

（三）抓住重点、狠抓落实

发挥引导培育作用，兴业致富，帮助残疾人就业创业，促进经济社会又好又快发展。我市各级残联广泛实施以"转变观念、培养自强自立精神、兴业致富、回报社会、服务经济社会发展"为主题的残疾人兴业致富工程。通过大力实施残疾人就业培训工程，让广大残疾人拥有一技之长。各县区都建立了创业培训基地，围绕市场对接、技术对接、人才对接、提高技能，进行了实名制培训，围绕就业，实行定单式培训，通过技能培训提高了残疾人就业创业能力。比如，确山县普会寺乡在乡党委政府的大力支持下，组织残疾人搞大棚种植，乡里为每个大棚直补5,000元，并由乡财政提供贷款担保、协调土地流转等问题，为残疾人发展大棚种植提供全方位服务，激发了残疾人发展大棚种植的热情，涌现出20余个大棚种植大户。汝南县古塔街道政府和残联帮助残疾人贷款建日光温室，种植番茄等反季节蔬菜，让残疾人先富起来。先富带动后富，残疾人在自己致富后，无偿帮助100多户群众解决反季节蔬菜生产上的技术难题，使社区的日光温室由原来的5座发展到1,000多座，形成了规模效益，年增加收入近300多万元。西平县柏亭街道办事处残疾人孙保军2005年筹集资金，自学养鸽技术，在家从事鸽子饲养业，2008年创办了"西平县银鸽养殖有限公司"，鸽子数量从2005年的100对发展到现在的2,450对共4,900只。2011年企业被确定为"西平县残疾人扶贫基地"，在县残疾人培训基地（铁虎技校）举办了多期残疾人及其亲属养鸽技术培训班，带动西平县10户残疾人从事鸽子饲养，并提供种鸽、技术指导跟踪服务和成鸽回收。目前，全县残疾人饲养鸽子7,680对15,360只，年收利668,000元。像这样的例子还有很多很多。截至目前，我市累计扶持残疾人种植养殖大户360户，带动了一大批残疾人通过种植养殖走上了发家致富之路，成为我市农业结构调整，发展现代农业的一大亮点。

再比如，上蔡县黄埠镇依托丝瓜水生物科技公司，建立丝瓜种植基地，将周边119户残疾人家庭的土地流转集中用于种植丝瓜，让残疾人既可在种植环节得到土地流转收入，也可在产品加工环节得到工资性收入，2013年每户残疾人家庭实现年增收3,000元以上。

正阳县在国家农业部、省畜牧厅重点种猪场——河南诸美有限公司设立残疾人扶贫基地，以"公司+农户"的形式辐射带动残疾人发展养殖业。基地每年凭正阳县残联的担保书为贫困残疾人赊销种猪、商品猪、并提供跟踪技术服务，仔猪、商品猪出栏后，返还基地销售成本，养殖过程中确系不可抗拒原因发生死亡损伤的，经县残联调查核实后，由担保方（县残疾人联合会）负责偿还种猪、商品猪销售成本。

贫困残疾人购买种猪、商品猪后，凭基地销售证明，由县残联免费供给每头500市斤的优质饲料，确保种猪、商品猪产仔销售出栏。扶贫基地共安置12名残疾人进场就业，辐射带动20户贫困残疾人发展养殖业，销售种猪82头，商品猪261头，帮助产生经济效益110多万元，其中，16户贫困残疾人脱贫致富，收到了良好的经济和社会效益。

通过努力实践，基地起到了辐射到户、带动到人的作用，被安置和辐射扶持的残疾人得到了实实在在的利益，残疾人的思想观念开始转变，从过去的救济型向自我劳动型过渡，精神面貌发生了极大变化。

三、存在的问题

我市残疾人扶贫工作虽然取得了一定的成绩，但由于我市经济社会发展水平的差距，加之贫困残疾人数较多，目前工作中还存在不少薄弱环节和问题：

一是发展不平衡。国家级贫困县利用国家扶贫政策较好，但是有的县区残疾人扶贫开发享受国家政策不到位。

二是扶贫经费筹集困难。大部分县区残疾人根本没有能力进行扶贫开发项目，虽然迫切希望能搞一些种养殖业项目，但苦于没有资金，银行贷款门槛过高，就连残疾人康复扶贫贷款也贷不下来。

三是个别县区扶贫部门认识不到位。个别县区扶贫项目被一些正常人开办的企业、公司所垄断，项目资金没有考虑到残疾人。

四、几点建议

一是将农村残疾人扶贫开发工作真正纳入国家大扶贫计划之中，各级党委、政府加强对残疾人扶贫工作的领导，列入重要议事日程。

二是国家结合省市经济实际，制定出台操作性强的特惠政策，多向经济欠发达地区倾斜。

三是加大扶贫资金的投放力度，探索有效的银行贷款抵押方式，让残疾人能够贷得起、贷得出扶贫款。

四是加大残疾人扶贫基地建设力度，努力上规模、上档次，上水平。选择适合残疾人入股就业发展的扶贫基地，采取有偿和无偿扶持相结合，加强技术、信息、产销等方面的服务，形成规模经营，提高效益，带动周边的残疾人更多的就业。

五是对农村残疾人扶贫开发重点进行种植业开发，大力开展温室大棚、经济作物的种植。

以上是我们在农村残疾人扶贫工作中的一些探索和体会。此次论坛的举办很有必要，也非常及时，对指导基层做好今后一段时期的精准扶贫工作有很大的意义。我受益匪浅，收获颇多。今后，我们将在中残联、省残联的指导下，以这次论坛为契机，在市委、市政府的领导下，认真贯彻执行国务院《农村残疾人扶贫开发纲要（2011 年—2020 年）》，以更加求实的作风，更加务实有效的措施，锐意进取、创新工作，为推动我市残疾人扶贫工作再上一个新台阶而努力奋斗。

残疾人精准扶贫探究
——来自四川巴中的实践

庄天慧

消除极端贫困是联合国2015年后全球发展议程的首要目标，中国政府一直致力于减贫与发展，并把2020年全面建成小康社会，实现贫困人口如期脱贫作为"十三五"奋斗目标。十八大以来，党中央把精准扶贫作为新阶段我国扶贫开发重要方略，高位推进扶贫攻坚。贫困残疾人是扶贫攻坚中难啃的"硬骨头"。截至2014年末，我国仍有8,500万残疾人，其中尚有1,230万农村残疾人未脱贫，占同期全国贫困人口的17%；残疾人贫困发生率高达10%。残疾人扶贫具有特殊性，致贫原因更加复杂，扶贫需求更加多样，脱贫时间更加漫长，是扶贫攻坚中的"堡垒"。因此认真总结残疾人精准扶贫、精准脱贫的实践与经验，探究残疾人精准扶贫的机制与模式，提高残疾人扶贫成效，既是我国全面建成小康社会的迫切需要，更是为全球减贫事业做出新贡献的必然要求。

一、巴中市残疾人贫困特征分析

四川省巴中市地处秦巴山区，辖三县两区，幅员1.23万平方公里，总人口400万，是我国新阶段集中连片特困地区之一，也是中国革命第二大苏区——川陕革命根据地的首府。由于自然环境和历史等诸多原因，巴中贫困问题依然突出，现有3个国家级贫困县，2个省级贫困县，贫困人口43.02万，其中贫困残疾人6.22万，占贫困人口总数14.46%，占残疾人总数20.06%。巴中市残疾人贫困呈现出"三性"：

一是家庭贫困与个体贫困交错，呈现交织性。调研显示，有70%的贫困残疾人需要家庭成员或亲戚照料。而贫困残疾人家庭平均每户人口为3人，劳动力每户不足2人，家庭劳动力照顾残疾人挤占了经济活动时间，加重了家庭贫困，而贫困残疾人可支配收入一半以上是来自家庭，家庭贫困必然影响残疾人个人生活水平。

二是收入贫困与人类贫困叠加，呈现多维性。调研显示，贫困残疾人在多个维度出现贫困。收入上普遍存在入不敷出，56%的贫困残疾人收入难以满足基本开支，平均每年医疗支出高达8,672元，贷款达33,069元；教育方面，成年贫困残疾人中小学或文盲占比高达63%；就业方面，43%的贫困残疾人有就业意愿，但无法实现就业；家庭住房方面，自有住房为危房或无房者高达45%；心理方面，贫困残疾人多有自卑心理，38%的贫困残疾人社会资源缺乏。

三是因残致贫与因病返贫并存，呈现顽固性。因残致贫现象突出，残疾人自身健康风险较大，因病致残并导致贫困的群体脱贫难度大，暂时脱贫之后，又常常因身体健康恶化而返贫。因残致贫与因病致贫且易返贫，增加了扶贫难度。

二、巴中市残疾人精准扶贫的实践

针对残疾人扶贫的特殊性，近年来，巴中市积极探索残疾人精准扶贫的体制机制，始终坚持以残疾人脱贫、福祉提升为目标，创新残疾人贫困识别标准，精准瞄定贫困残疾人帮扶需求，聚合多元帮扶力量，弘扬吃苦耐劳、艰苦奋斗、自强不息的老区精神，走出了一条残疾人精准扶贫的巴中特色之路。

（一）精准识别：克服隐蔽性贫困下识别难题的新探索

残疾人收支状况中存在着隐蔽性贫困问题，即残疾人的医疗康复消费高，在传统收入标准贫困线的衡量下，可能将贫困残疾人视为非贫困人口，从而出现瞄准偏误。调查显示，虽然仅有39%的贫困残疾人人均可支配收入在国家贫困线以下，但其人均医疗开支占到可支配收入的

89%，如果仅以收入贫困线识别，必然出现漏出。为确保残疾人贫困识别的精准性，巴中市采取了以下措施：

制定多维识别标准：从收入、健康、就业、住房、社会保障、教育等六个维度构建了残疾人贫困识别指标体系，当残疾人在以上任意一个维度出现低于相应识别标准时，就认为该残疾人在这个维度出现了贫困，是该维度的贫困残疾人。这一标准考虑了残疾人的特殊情况（如医疗、护理、托养等），使贫困识别更加精准。

瞄准"到家到人"：对残疾人贫困识别，不仅根据其个人贫困程度，而且考虑家庭的帮扶能力。对有能力解决残疾人生存和发展问题的家庭，尽量实行家庭内部帮扶；对家庭自扶能力弱的，则将其优先纳入扶贫范围，确定为贫困家庭，瞄准到家。

搭建"个性化"服务动态监测平台：通过"残联+残协+残疾人专干"的组织体系，对贫困残疾人展开线下精准识别，并依托网络信息平台，将贫困残疾人的基本信息和扶贫需求录入信息库，进行动态管理，并为制定精准扶贫措施提供依据。

（二）精准帮扶：残疾人多维贫困治理的新路径

"八权一股"，聚贫困残疾人稳定收入源：巴中市积极探索残疾人物质资源资产化、资产股权化、资产资本化和资本市场化的"四化"模式，在遵守现有土地所有制和不改变土地使用性质，并尊重残疾人意愿前提下，将残疾人家庭所拥有的农村土地经营权、特色产业所有权、标准化产业基地物权、林权、小型水利工程产权、集体土地所有权、集体建设用地使用权、房屋产权和集体资产资源股权融为一体，以"八权一股"的方式确权颁证到贫困残疾人家庭，并入股到当地产业或流入市场交易，变固定资产为流通资本，促进贫困残疾人家庭及残疾人个体增收。

"量化扶贫"，搭多维帮扶精确滴灌管道："量化扶贫"是根据每个贫困残疾人的致贫原因和帮扶需求，开展"一人一策"的帮扶服务，并运用互联网进行管理的帮扶模式。量化扶贫的具体措施包括：新居建设、产业发展、康复与预防、教育培训、文化体育、就业服务、无障碍建设等。

"互联网+"，拓"手拉手"智慧助残空间：利用互联网信息技术，实现了"残疾人个性化服务信息平台"、"扶贫开发建档立卡信息管理平台"和"爱心扶贫网"等网络信息平台的数据共享、精准对接，拓展了残疾人精准扶贫的潜力空间，实现了扶贫主体与扶贫对象"一对一"的精准帮扶，降低了助残帮扶的交易成本，实现了扶贫资源的优化配置。

（三）精准管理：建设精准扶贫高效运行的软环境

"1+N"组织体系：以残疾人工作委员会为中枢，形成了政府部门、事业单位、社会组织、农村基层党组织，以及志愿者等组成的多元、立体的扶贫主体组织体系。各主体间既充分发挥各自优势，又相互联动、信息资源共享，降低了扶贫成本，实现了扶贫效率的最大化。

"1+2"顶层设计体系：以国家《残疾人保障法》为依据，以《农村残疾人扶贫开发纲要（2011-2020年）》为指导，以巴中市《残疾人扶贫规划（2011-2020年）》为目标，以实施《残疾人精准扶贫开发实施办法》为基础，构筑起残疾人精准扶贫自上而下，有机统一，层层推进的顶层设计体系。

"X+Y"扶贫管理体系：构建以管理制度为核心的正式制度体系（X），以传统文化、风俗习惯、本土知识等组成的非正式制度体系（Y）相结合的扶贫管理体系。正式制度方面，有效利用监督考核机制，激发扶贫主体的内在动力。非正式制度方面，注重发扬尊老爱幼、扶弱济贫的优良传统；利用村规民约等风俗习惯，形成熟人社会守望相助、友爱和谐的氛围；充分挖掘红军文化，形成扶贫助残的浓厚社会环境；同时鼓励残疾人自立自强、主动脱贫。

三、巴中市残疾人精准扶贫成效

巴中市在贫困残疾人精准扶贫工作中的积极探索，取得了显著成效。

贫困发生率大幅下降。贫困残疾人数量从2012年底的16.88万，减少到目前的6.22万，降幅达34.44%。

医疗康复条件明显改善。自2013年以来,新建市、县(区)残疾人康复中心4个,乡(镇)残疾人康复站188个,村(社区)残疾人康复点2,557个,构建起残疾人康复服务三级网络体系。

发展能力显著增强。自2013年以来,新建特教校3所,改建1所,特教在校学生800余人;累计帮助1.6万名义务教育阶段残疾儿童随班就读;建成残疾人就业(创业)培训基地59个,累计提供贫困残疾人就业(创业)技术培训2.71万人次。

获得感普遍提升。调查显示,92%的贫困残疾人对目前的生活表示满意,还有30%的表示非常满意。

四、巴中市残疾人精准扶贫的主要启示

(一)多维识别、到家到人,是残疾人精准扶贫之前提

贫困残疾人存在难以克服的隐蔽性贫困难题。巴中经验表明:从多个维度瞄准贫困残疾人比单纯以收入贫困线识别贫困残疾人更精准,科学制定识别标准,既要以收入标准衡量"贫",又要以多维标准综合反映健康、就业、住房、教育等生活方面的"困",多维度反映残疾人贫困状况。同时,将瞄准个人与瞄准家庭相结合,及时帮扶贫困残疾人家庭释放劳动力或增收,能起到更好地发挥家庭自我扶助贫困残疾人的作用。

(二)个性帮扶、数据共享,是残疾人精准脱贫之关键

巴中市残疾人扶贫形成了以政府为主导、信息化平台为载体,多主体共同参与的新型残疾人扶贫体系,走上了扶贫主体多元化、扶贫资源社会化、扶贫方式多样化、帮扶效果精准化的新路子,有效地推动对残疾人的个性帮扶。

巴中经验表明:针对残疾人贫困的多维特征,实施"一人一策"的量化扶贫,利用互联网信息技术为基础的大数据平台,搭建扶贫部门和社会组织对贫困残疾人的"精确滴灌",是整合扶贫资源、降低交易成本、提高扶贫效率和提升扶贫精准性的优选路径。

(三)权益保障、提升福祉,是残疾人精准脱贫之核心

根据巴中实践，贫困残疾人参与就业、教育以及扶贫项目的机会越均等，残疾人贫困发生率越低，残疾人贫困的代际传递概率越小，对扶贫工作和自身生活越满意。

巴中经验表明：残疾人精准扶贫必须把贫困残疾人人格平等、权利平等、机会平等作为核心内容，保障其就业、教育、医疗等权利，以人为本引导贫困残疾人自主创造幸福生活，让其拥有更多"获得感"和"幸福感"，这既是实现脱贫的根本之道，更是贫困残疾人获得认可、重塑尊严的重要途径。

（四）聚心合力、文化传承，是残疾人精准扶贫之根本

残疾人扶贫既是"攻坚战"，更是"持久战"。既需要全社会共同关注、共同关心、整合资源、合力推进，又需要充分调动贫困残疾人自身的主观能动性，实现外部"拉力"和内生"动力"双轮驱动。

巴中经验表明：残疾人扶贫政府的主导作用是关键，社会力量的协同和文化制度的引导是内核，残疾人精准扶贫要"软硬兼施"，一手抓组织体系，协调扶贫部门，完善组织管理；一手抓制度文化建设，强化制度保障，弘扬传统文化，利用本土知识，形成全社会帮扶、关爱贫困残疾人的文化氛围，汇聚成残疾人精准扶贫不竭之力量源泉。

五、研究展望

深化残疾人精准扶贫基础研究。本研究探讨了残疾人扶贫的精准识别、精准帮扶、精准管理等问题，但在扶贫攻坚高位推进时期，残疾人精准扶贫相关理论研究还跟进不够，亟待探究残疾人与贫困的内在机理，厘清残疾人精准扶贫的内涵，探讨残疾人精准脱贫的有效路径和驱动机制。

关注现实挑战探究破解途径。当前残疾人精准扶贫面临重大现实挑战，贫困地区因灾致残、因残致贫、返贫问题凸显；因贫致残、因残致贫因素交织。同时在城市化与工业化进程中，大量农村劳动力转移到城市务工，由于保障体系不健全，农民工因工而残，因残而贫，成为新的残疾人贫困群体。此外,我国农村家庭结构正面临新的变化,家庭规模缩小,家庭帮扶能力逐渐减弱,以家庭为主的帮扶路径受到挑战。基于以上现实,亟待从理论层面进一步探讨破解残疾人精准脱贫的有效路径,为残疾人精准扶贫提供重要理论支撑。

图书在版编目(CIP)数据

2015减贫与发展高层论坛文集 / 10·17论坛组委会秘书处
主编. —北京：世界知识出版社，2017.1
ISBN 978-7-5012-5378-4

Ⅰ.①2… Ⅱ.①1… Ⅲ.①贫困问题—世界—国际学术会
议—文集 Ⅳ.①F113.9-53

中国版本图书馆CIP数据核字（2016）第309313号

责任编辑	王晓娟
责任出版	王勇刚
责任校对	张 琨

书　　名	**2015减贫与发展高层论坛文集** 2015 Global Poverty Reduction & Development Forum Collection
作　　者	10·17论坛组委会秘书处主编
出版发行	世界知识出版社
地址邮编	北京市东城区干面胡同51号（100010）
网　　址	www.ishizhi.cn
电　　话	010-65265923（发行）　010-85119023（邮购）
经　　销	新华书店
印　　刷	北京艺堂印刷有限公司
开本印张	710×1000毫米　1/16　22¾印张
字　　数	315千字
版次印次	2017年1月第一版　2017年1月第一次印刷
标准书号	ISBN 978-7-5012-5378-4
定　　价	45.00元